INDUSTRIAL SPATIAL DISTRIBUTION, REGIONAL WAGE DIFFERENTIALS AND NEW URBANIZATION IN CHINA

河南大学经济学学术文库

产业空间分布、地区间工资差异与我国新型城镇化研究

李恒 著

社会科学文献出版社
SOCIAL SCIENCES ACADEMIC PRESS (CHINA)

国家社会科学基金项目
(15BJL052)

河南省"四个一批"人才项目
(豫宣干〔2017〕40号)

河南省软科学研究项目"产业集聚与河南新型城镇化发展的模式及政策研究"
(162400410004)

河南省高等学校哲学社会科学创新团队支持计划
(2014-CXTD-03)

总　序

　　河南大学经济学科自1927年诞生以来，至今已有近90年的历史了。一代一代的经济学人在此耕耘、收获。中共早期领导人之一的罗章龙、著名经济学家关梦觉等都在此留下了足迹。

　　新中国成立前夕，曾留学日本的著名老一辈《资本论》研究专家周守正教授从香港辗转来到河南大学，成为新中国河南大学经济学科发展的奠基人。1978年我国恢复研究生培养制度以后，周先生率先在政治经济学专业招收、培养硕士研究生，并于1981年获得首批该专业的硕士学位授予权。1979年，河南大学成立了全国第一个专门的《资本论》研究室。1985年以后，又组建了河南大学历史上的第一个经济研究所，相继恢复和组建了财经系、经济系、贸易系和改革与发展研究院，并在此基础上成立了经济学院。目前，学院已发展成拥有6个本科专业、3个一级学科及18个二级学科硕士学位授权点、1个一级学科及12个二级学科博士学位授权点、2个博士后流动站、2个一级省重点学科点、3000多名师生规模的教学研究机构。30多年中，河南大学经济学院培养了大批本科生和硕士、博士研究生，并且为政府、企业和社会培训了大批专门人才。他们分布在全国各地，服务于大学、企业、政府等各种各样的机构，为国家的经济发展、社会进步、学术繁荣做出了或正在做出自己的贡献，其中也不乏造诣颇深的经济学家。

　　在培养和输出大量人才的同时，河南大学经济学科自身也造就了一支日益成熟、规模超过120人的学术队伍。近年来，60岁左右的老一代学术带头人以其功力、洞察力、影响力，正发挥着越来越大的引领和示范作用；一批50岁左右的学者凭借其扎实的学术功底和丰厚的知识积累，已进入著述的高峰期；一批40岁左右的学者以其良好的现代经济学素养，开始脱颖而出，显现领导学术潮流的志向和实力；更有一大批30岁左右受过系统经济学教育的年轻人正蓄势待发，不少已崭露头角，初步展现了河南大学经济学科的巨大潜力和光辉未来。

我们有理由相信河南大学经济学科的明天会更好，经过数年的积累和凝练，它已拥有了支撑自己持续前进的内生动力。这种内生动力的源泉有二：一是确立了崇尚学术、尊重学人、多元发展、合作共赢的理念，营造了良好的学术氛围；二是形成了问题导向、服务社会的学术研究新方法，并据此与政府部门共建了中原发展研究院这一智库型研究平台，获批了新型城镇化与中原经济区建设河南省协同创新中心。学术研究越来越得到社会的认同和支持，也对社会进步产生了越来越大的影响力和推动力。

河南大学经济学科组织出版相关学术著作始自世纪交替的2000年前后，时任经济学院院长许兴亚教授主持编辑出版了数十本学术专著，在国内学术界产生了一定的影响，也对河南大学经济学科的发展起到了促进作用。

为了进一步展示河南大学经济学院经济学科各层次、各领域学者的研究成果，更为了能够使这些成果与更多的读者见面，以便有机会得到读者尤其是同行专家的批评，促进河南大学经济学学术研究水平的不断提升，为繁荣和发展中国的经济学理论、推动中国经济发展和社会进步做出更多的贡献，我们从2004年开始组织出版"河南大学经济学学术文库"。每年选择若干种河南大学经济学院在编教师的精品著述资助出版，也选入少量国内外访问学者、客座教授及在站博士后研究人员的相关著述。该文库分批分年度连续出版，至今已持续10年之久，出版著作总数多达几十种。

感谢曾任社会科学文献出版社总编辑的邹东涛教授，是他对经济学学术事业满腔热情的支持和高效率工作，使本套丛书的出版计划得以尽快达成并付诸实施，也感谢社会科学文献出版社具体组织编辑这套丛书的相关负责人及各位编辑为本丛书的出版付出的辛劳。还要感谢曾经具体负责组织和仍在组织本丛书著作遴选和出版联络工作的时任河南大学经济学院副院长刘东勋教授和现任副院长高保中教授，他们以严谨的科学精神和不辞劳苦的工作，回报了同志们对他们的信任。最后，要感谢现任河南大学经济学院院长宋丙涛教授，他崇尚学术的精神和对河南大学经济学术事业的执着，以及对我本人的信任，使得"河南大学经济学学术文库"得以继续编撰出版。

分年度出版"河南大学经济学学术文库"，虽然在十几年的实践中积累了一些经验，但由于学科不断横向拓展、学术前沿不断延伸，加之队伍不断扩大、情况日益复杂，如何公平和科学地选择著述品种，从而保证著述的质量，需要在实践中不断探索。此外，由于选编机制的不完善和作者水平的限制，选入丛书的著述难免会存在种种问题，恳请广大读者及同行专家批评指正。

耿明斋

2004年10月5日第一稿，2007年12月10日修订稿，2014年6月21日第三次修订

摘 要

城市是经济学中一类重要的空间现象，城市不但具有空间分布规律和等级规模，而且与产业的区域分布关联极深。从城市的发生来看，市场潜力是城市增长的重要因素，新经济地理学和贸易理论认为较大的市场潜力能够提高城市增长速度，并对周边地区的经济发展产生带动效应；但区位竞争理论和城市等级体系理论则认为大城市的竞争效应会导致城市的空间远离，即大城市的周边多是小型城市，认为市场潜力对城市规模发展是不利的。观察我国的现实，城市体系的空间演化存在中小城市发展过多而大型城市集聚相对不足的状况，这与理论描述存在较大差距。究其原因，传统城镇化过于强调城镇化的速度，强调行政主导的以人口集中为目的的城市化推进模式，从而忽略了城镇化进程中的产业支撑和就业支撑。2012年，我国常住人口城镇化率为52.6%，但按能够享受市民待遇的完全城镇化率来计算，真实的城镇化率仅为42.2%，这表明还需要深入研究城镇化与产业发展之间的关系，特别是提出促进产业发展以推进新型城镇化的政策。

产业空间分布的理论研究主要有三种思路：企业微观区位选择、产业空间集聚和地区专业化。产业集聚实际上是企业区位选择的宏观表达，在研究产业空间集聚的同时更应考察地区专业化水平，但从现实来看产业高集聚和地区低专业化并存，暗示了不同地区的企业生产率存在差异性，如果不存在劳动力市场的价格扭曲，市场潜能的区域差异会体现为工资差异，并成为促进劳动力跨区域流动的动力，最终形成符合新经济地理学的"中心－外围"结构。如果根据上述理论，我们应该能够观察到随劳动力转移而提高的工业化和城镇化水平，以及城镇体系结构的优化，但经济运行的现实与理论仍然存在差距，这导致我们对产业空间分布与城镇体系演化的内在机制、人口增长与产业空间集聚的复杂过程以及城镇化水平与城镇体系的关系还需要深入研究。

本研究即从上述问题出发,研究我国产业空间分布、工资水平及新型城镇化的一系列主题。其内容主要包括如下七个方面。

第一,要素禀赋、产业空间分布与我国城镇化的区域差异。城市分布和产业分布表现出一些典型规律,同时又显著受区域要素禀赋的作用。本书以我国284个地级以上城市为研究对象,研究了2004~2014年产业空间分布的结构和性质,发现就经济密度而言,省会城市高于地级城市,东部经济发达地区高于中西部地区,而从制造业集中度来看,则是地级城市高于省会城市,且从时序上看专业化程度呈下降趋势。通过研究要素禀赋条件、产业空间分布与城镇化关系,结果显示我国城镇化与工业化密切相关,城镇化速度快、水平高的地区,其现代产业集中度也越高,经济密度也越大。城市规模越大、城市层级越高其功能也越齐全,但对不同类别的城市而言,劳动参与率与城镇化发展均呈显著正相关,验证了改革以来人口红利不断释放作为城镇化重要推动力的事实。

第二,工资水平、地区间劳动生产率差异与新型城镇化。首先,工资水平的区域差异体现了经济发展的区域格局,同时又是产业升级和城市化发展的制约因素。由于不同地区和不同层级的城市的发展性质具有差异性,劳动生产率与新型城镇化发展的关系具有复杂性质。本书以240个城市1995~2015年的数据为基础,研究了工资水平、地区间劳动生产率差异对新型城镇化的作用,结果发现,工资水平存在地区差异和行业差异,对我国而言,由于改革开放的地区性时序差异,工资水平的地区差异较为明显,东部地区工资水平较高,而且上升较快。其次,工资对城镇化发展的影响具有复杂的结果,总体来看工资水平与城镇化水平是正向相关的,即城镇化水平越高的地区工资水平越高。东部地区及省会城市的工资水平较高,其劳动生产率水平也较高,但由于在城市化进程中人口集中快于产业集中和产业升级,劳动生产率与城市规模扩张之间呈负相关。

第三,工资水平、城市规模与新型城镇化。人们对工资水平与城市规模之间存在什么样的关系有着极大兴趣,如果在更大城市不能得到更高收入,那为什么大城市会吸引更多的人?通过对我国1995~2016年地级以上城市发展变动的情况的分析,发现地级以上城市数目在不同地区均有不同程度的增长，东部地区增长最少，而西部地区增长最多。但从50万人口以上大中城市增长速度来看，则是中部地区增长最快，东部其次，西部最慢。工资水平与城市规模之间的关系并不是线性的，由于城市发展受地区发展水平、人口总量和资源水平的影响，从而形成了多种新型城镇化发展模式。东部地区是大城市和中小城市同步协调发展模式，其发展支撑主要在于产业发展，并带来工资水平的快速提升；中部地区则是人口集中型的城镇化模式，大城市发展速度快而小城市发展不足；西部地区由于人口稀少，人口和产业向城市的集中均不足。

第四，产业集聚、产业结构优化升级与新型城镇化。产业集聚是产业空间分布的主要内容，而城市又是一类重要的集聚经济形式，虽然人们对产业向城市地域集中对新型城镇化的作用已经取得共识，但二者相互作用的机制和过程还需要探讨。对全国31个省区市（港澳台除外）1996～2014年的数据进行分析，对省级产业结构高度化和产业结构合理化进行计算和测度，研究其对新型城镇化的作用，结果发现，产业集聚与新型城镇化之间存在高相关性，北京、天津、浙江等城镇化水平高的地区，其产业集聚度和产业结构合理化指标也相对较高。产业集聚是通过产业结构高度化和合理化来推进新型城镇化进程的，这包括产业集聚的技术创新效应对产业结构的优化作用、产业集聚带来的就业机会增加对产业结构合理化的作用和集聚带来的规模效应等诸方面，并基于上述研究提出了促进产业结构优化升级的政策建议。

第五，产业集聚、知识溢出与城市经济增长。城市既是集聚的平台，也是创新的平台，同时集聚也是促进创新的重要机制。已有研究证实了产业集聚对技术提升、人力资本积累和非正式交流等实现知识溢出的机制，但产业集聚对知识溢出的渠道和机制尚存在较大的研究空间。第五章从产业集聚带来的专业化溢出和多样化溢出两个方面研究了知识溢出的渠道和机制，并用28个城市2005～2014年的数据进行了实证研究，结果发现：城市对其腹地的带动作用与城市自身经济实力和发展水平密切相关，经济发展水平越高的城市的知识溢出能力也越强，对外围地区的带动作用也越大；但对城市经济增长而言，多样化的知识溢出对城市经济增长具有显著的促进作用，但专业化的知识溢出对城市经济增长不具正效应；城市化水平与知识溢出产生的条件密切相关，城市化水平越高、城市产学研机构越多，对知识溢出的作用也越强，这表明在城镇化建设中，要注重城市的整体发展，提高其综合水平。

第六，产业集聚与城市首位度。城市规模结构分布是否合理是衡量一个区域发展水平的重要标志，也是区域经济发展模式是否均衡的有效体现。由于经济、行政和社会因素的多重交织，我国不同省份的城市体系存在较大差异，多数地区形成以省会城市为核心的一城独大格局，也有较多地区形成两城并立的格局。本书通过计算24个省份2003年到2013年城市首位度的结构和走势，并从产业集聚的角度对其进行了实证分析，结果表明，产业集聚的结构和性质对城市首位度的作用显著。技术密集型产业的集聚使城市辐射力增强，进而对周边城市发展带动也强，区域城市首位度分布趋于均衡；劳动密集型产业使首位城市对人口集聚力增强，首位城市相对于其他城市扩张快，城市规模分布趋于极化。此外，研究还发现，经济发展水平也影响城市规模分布，经济落后的中西部地区，城市首位度就较高。

第七，人口集中、城市群发展与经济增长。新型城镇化以人为核心，人口增长和经济增长都是解释城市发生的重要因素，和传统城镇化相比，新型城镇化更强调人的就业，单个城市在吸引人口实现就业转变方面和城市群应该有不同的机制。我们用城市化速度和工业化速度之比来度量人口向城市集中的不同性质，结果发现，地级城市的工业化速度大于城市化速度，而省会城市的城市化速度大于工业化速度。为进一步研究这种性质，以中国十大城市群为对象进行了实证研究，结果表明，城市群经济联系对城市经济增长的作用较为显著，而城市化与工业化发展越协调，对经济增长的正向作用越显著，二者越不协调，对经济增长的作用越不显著，这进一步证明了产业发展和就业增长才是城市经济增长的动力。

目 录

第一章　要素禀赋、产业空间分布与我国城镇化的区域差异 …………… 1
　　第一节　研究背景与文献评述 ………………………………………… 1
　　第二节　产业空间分布及其专业化结构 ……………………………… 5
　　第三节　要素禀赋结构及描述 ………………………………………… 11
　　第四节　实证研究 ……………………………………………………… 16
　　第五节　结论与政策建议 ……………………………………………… 20

第二章　工资水平、地区间劳动生产率差异与新型城镇化 …………… 22
　　第一节　研究背景与文献评述 ………………………………………… 22
　　第二节　工资水平与劳动生产率的地区差异 ………………………… 31
　　第三节　实证分析及结果 ……………………………………………… 44

第三章　工资水平、城市规模与新型城镇化 …………………………… 49
　　第一节　研究背景与文献评述 ………………………………………… 49
　　第二节　我国城市规模的区域差异 …………………………………… 57
　　第三节　工资水平、城市规模与新型城镇化模式 …………………… 65

第四章　产业集聚、产业结构优化升级与新型城镇化 ………………… 78
　　第一节　研究背景与文献评述 ………………………………………… 78

第二节　我国产业结构优化升级与新型城镇化测度 …………… 82
第三节　实证分析及结论 ………………………………………… 96
第四节　结论与政策建议 ………………………………………… 102

第五章　产业集聚、知识溢出与城市经济增长 …………………… 104
第一节　研究背景与文献评述 …………………………………… 104
第二节　产业集聚、知识溢出与城市经济增长的理论及机制 …… 110
第三节　指标与数据 ……………………………………………… 122
第四节　实证研究及结果 ………………………………………… 129
第五节　结论 ……………………………………………………… 138

第六章　产业集聚与城市首位度 …………………………………… 140
第一节　研究背景与文献评述 …………………………………… 140
第二节　我国城市首位度的测度及结构 ………………………… 148
第三节　产业集聚与城市首位度关系的实证研究 ……………… 161
第四节　结论 ……………………………………………………… 171

第七章　人口集中、城市群发展与经济增长 ……………………… 173
第一节　研究背景与文献评述 …………………………………… 173
第二节　人口集中与城市群经济效应 …………………………… 174
第三节　城市群经济的形成机理与结构性质 …………………… 180
第四节　城市群经济与增长的实证研究 ………………………… 186
第五节　结论与启示 ……………………………………………… 191

参考文献 …………………………………………………………… 192

后　记 ……………………………………………………………… 209

第一章　要素禀赋、产业空间分布与我国城镇化的区域差异

第一节　研究背景与文献评述

一　研究背景

世界上星罗棋布地分布着无数个城市，它们形成的原因各不相同，但发展到现在都具备了较完善的功能，并且在空间上形成了一定的结构，成为区域发展的核心。城市是与乡村相对应的，城市具有非常复杂的内涵，从人类发展的历史来看，城市的发生意味着文明的进步。对传统社会而言，社会整体变迁意义上的进步莫过于城市社会取代农业社会（马克思、恩格斯，1971）。但城市社会对农业社会的取代显然不仅是农民向城市的迁移，而且包括社会结构、产业升级、人口集中、制度结构、文化理念以及聚落景观的转变，特别是，在经济社会发展过程中，城市承担着更为重要的任务，按照配第－克拉克定律，产业结构高级化有其内在规律，随着人均国民收入水平的提高，劳动力会从第一产业向第二产业转移，继而向第三产业转移。由于农业社会以第一产业为主，而第二、第三产业主要以城市为其载体，则产业结构在高级化的进程中，是与城市化进程相伴的。后进国家的发展和追赶过程往往以大规模的工业化为手段，推进工业化以实现转型和推进城市化也是一致的。

这样来看，城市本应是作为经济社会发展的结果出现的，但正是基于城市的上述功能，大多数的发展中国家政府将城市化作为转型发展的手

段,通过城市化战略来推动经济发展和社会转型。在这一过程中,不同区域即根据其区位或资源建设城市,如依托海、河、湖建设港口城市,比较典型的有上海、天津、武汉等,也有依托地形地势和位置来建设城市的,如兰州、郑州等,更多的则是依托资源来建设城市,如攀枝花、鞍山等。当城市在其建设和发展中对当地要素禀赋具有较强的依赖时,会形成基于其上的产业结构,这对城市的发展会带来一些影响。一种影响是它会强化城市的功能,提供城市的物质基础;另一种影响与之对应,当城市过于依赖某一结构时会由于资源的兴衰而兴衰,像鞍山这些过度依赖资源的城市在资源枯竭时也就失去了发展的依托,随产业衰落而衰落。

与此同时,我们也注意到了另外一些重要的现象,从全国层面来看,城市的分布和产业的分布虽然受区域要素禀赋的作用,但城市分布和产业分布也表现出一些典型的规律,我们注意到在人口密集地区城市也较密集,人口稀疏地区城市也较稀疏,这表明城市最终仍然与人口密切相关。而从产业分布来观察,改革开放以来,我国的地区专业化和产业集聚也在逐渐提高,产业向沿海地区集聚明显,产业和人口的共同集聚实际上也是禀赋与产业分布的空间表达,但如果深入产业内部,产业的集聚与区域要素禀赋对城市发展的作用存在更为复杂的关系,现代产业向大城市不断集中,传统产业则向边远地区转移,即使是依托资源兴起的城市,从产业分布的时序性差异来看也存在诸多复杂的运行机理。为对上述现象进行具体描述,并刻画这些因素之间的关系,本章从如下三个方面展开:一是对我国产业空间分布的专业化和多样化进行描述,并研究其时序性变化情况;二是对不同区域的要素禀赋结构进行研究;三是研究上述二者共同作用下的城市化发展格局。

二 文献评述

从决定人类活动的自然条件来看,地理决定论无疑是从要素禀赋来讨论经济活动的最早理论,地理决定论概念的形成过程可追溯至德国地理学家在写作《古意大利》时的考察(谢英彦,2000),并在随后不同学科的研究中在不同角度涉及,如马尔萨斯关于人口与环境关系的描述也体现了人口发展受环境约束的观点。Diamond(1997)认为地理因素对经济具有至关重要的影响,地理位置、气候、生态等差异,港口、土地的富饶程度等均是影响经济绩效的内生变量,不但对经济活动带来影响,而且会形成累积循环,决定一国在世界经济中的格局,并从地理因素角度分析了欧亚大陆比非洲更富裕的原因。在传统经济体系下,农业是经济活动的主体,农业生产受自然环境约束较大,地理决定论有其合理的方面。如果扩展地理因素所包括的范围,则自然资源和区位因素在经济活动中至今仍然具有重要影响。一般而言,人们倾向于认为丰裕的资源对经济发展具有促进作用,这在美国、加拿大等国具有明显体现;但观察世界经济中不同类型的国家发现,一些资源贫乏的国家如日本、瑞士等在经济上却取得了骄人的成绩,而一些资源丰裕的国家却陷入贫穷。这导致一些人对资源作为经济发展充分条件提出了怀疑,Auty(1993)用资源诅咒这一概念来描述这一现象,将资源丰裕作为经济的一种制约而非优势来看待,从而引发了学术界的讨论和争论。实际上,经济发展依赖的要素具有综合性和复杂性,自然资源只是其中一类,而且其作用还受其他因素影响。

从生产的角度来看,劳动和资本是最重要的两大要素,这从广为使用的柯布－道格拉斯生产函数的结构即可理解。在柯布－道格拉斯生产函数中,劳动和资本被重点强调,并描述了二者确定的函数关系,而其他因素的作用都被归于一个未被数学定义的系数。如果把一个国家看作一个不动的点,则建立在劳动与资本两大要素禀赋基础上的H－O模型也是对要素禀赋给予足够重视并作为理论研究的核心解释。该理论认为,当两个国家要素禀赋不同时,相对丰裕的要素在市场供求机制作用下其价格就会相对便宜,则密集使用其作为投入的产品的价格也会相对低从而具有竞争力,这会使其在国际贸易中获利,而这一丰裕要素的所有者也会因此获得更高的收入。可见,H－O模型虽然是解释两国贸易起因的理论,但同时也解释了要素禀赋和产业分布之间的逻辑关系。

除劳动和资本外,人们又发现有很多不能被忽视的要素,包括人力资本、技术、制度等,这些被视为外生给定的因素都需要给予重新审视。在索罗模型中,人力资本还是外生变量,但内生增长理论已经给予其强烈的强调,如Aghion和Howitt(1998)认为人力资本是影响经济增长的两大方式中的一种,当人力资本具有不同的积累率时,会影响经济增长率。但人力资本的界定不如物质资本那么简单,存在一些计量和概念的辨析问题。在Lucas(1988)那里,人力资本的形成主要来源于教育,教育投资越多意味着越高的经济增长，教育投资低的地方其经济增长实绩就差。但对教育投资的研究也存在诸多问题，因为政府对教育的投资是确定的，家族对教育的投资是无法准确计量的，一些文献试图通过政府教育投资和非政府教育投资来分析均衡条件下教育投入与增长的关系（于凌云，2008），但更多的文献只关注政府的作用。更多的研究则深入教育内部进行分类，如郭庆旺和贾俊雪（2009）构建了一个包含基础教育和高等教育两个阶段的人力资本积累模型，考察了公共教育支出规模、结构和高等教育可获取性对不同教育背景的家庭的人力资本投资行为、熟练和非熟练劳动力的相对供给和相对效率的影响。结果表明，我国地方公共教育投入政策并未充分发挥对地区经济增长的促进作用，且不利于缩小劳动力工资水平差异；教育资源更多地向基础教育倾斜将更好地促进我国地区经济增长，也有利于降低人力资本溢价水平，但后一种影响并不显著；中等职业技术教育支出和高等教育支出政策对地区经济增长和人力资本溢价水平的影响总体上较为模糊。郭志仪和逯进（2006）以人力资本溢出模型为依据，通过教育年限法和教育成本法比较研究了改革开放后中国西北地区要素投入与经济增长之间的关系。结果表明，虽然西北地区的经济增长总体来看是资本推动型的，但各省份人力资本的产出弹性和贡献率较高，而且人力资本的溢出效应较为明显。此外，各省份人力资本对经济增长的贡献率有较大差别。

人们对技术的作用很早就有较充分的认识，但在技术进步进入经济模型也经历了一些复杂过程。和对人力资本问题的研究相似，在新增长理论之前，人们把技术视为外生，直到内生增长理论的两部门模型才把技术纳入系统来研究。和人力资本不同的是，技术和知识的传播与溢出具有跨区域作用的特征，一国的技术进步和知识增进不但对本国本地区增长起作用，而且对其他区域的增长也起作用。关键是，人们还没有弄清楚哪些技术在跨区域传播时比较突出，而又有哪些技术必须近距离才能溢出（李恒，2008）。

近来的研究开始向制度对经济作用的方向偏移，诺斯的著名研究不但重新定义了制度，而且给出了制度研究的基本框架和方法（North，1990）。较早的学者注重从历史事件和案例对制度变迁进行描述性论述，并讨论制度对经济绩效的关系，随着研究的进展，人们开始利用大量数据，运用计量方法来对二者的关系进行准确分析（孙圣民，2008）。但数据支持的前提是对指标的严格限定,制度作为一种博弈规则,如产权制度、民主宪法和体制等进行度量存在诸多困难,一些学者采用政治稳定性、腐败和法律仲裁执行情况等来作为产权制度的替代变量,也得到了一些较确定的结论,如 Acemoglu 和 Johnson(2005)对产权安全的研究等。在国家间的比较分析中,对民主宪法、专制体制的研究较多,如总统制、议会制的差别,立法者产生的办法等,通过对一些文献大截面数据的研究,发现政体类型和选举规则对政策的作用是显著的(Pesrson and Tabellini,2006)。但在一国内部,由于面临的国家政体是一致的,民主宪法和专制体制也是一致的,对制度的研究更多的是市场化的深入程度、法律执行层面的问题。

上述研究列举了要素对增长的作用,以及文献对相关问题的处理方法,但要素禀赋对区域发展的作用是多方面的,包括对城市发展和城镇体系演化的作用。要素禀赋决定地区产业结构的优势发挥,而产业结构及产业空间分布又反映了城镇化的性质和结构,本章力图对这一主题进行分析,以讨论它们之间的关系并解释我国城镇化区域差异。

第二节 产业空间分布及其专业化结构

一 产业空间分布

产业发展有多种描述方式,产业结构和产业组织是两个主要维度。从产业结构角度来看,主要研究国民经济部门之间的关系。在传统经济体系下,国民经济的主要部门是第一产业,研究第一产业的内部生产结构及其变动是这一时期的主要任务。由于第一产业对自然条件的依赖较重,光热水土分布基本上决定了种植业的结构。但不论是何种农业生产类型,在传统生产条件下,我国的农业以家庭为主要生产组织单元,家庭既是生产者,同时又是消费的基本单位,这导致农业生产无法按市场规律去组织。产业结构升级从宏观层面而言是从单一的传统农业部门向现代工业部门转型,再向现代服务业部门转型的过程。和农业生产相比,工业生产具有集约化特征,而且不受自然条件的约束,其生产的连续性也为劳动生产率的提高奠定了基础。从投入来看,农业生产在其传统阶段是以人力投入为主，工业则以资本投入为主，但到现代服务业阶段又以人力投入为主，在不同阶段伴随社会结构的上升，其内容和技术水平存在较大差异。

产业结构既包括三大产业结构的关系和变动，也包括产业内的行业结构变动，既包括产值和就业的比例，更多的则是产业的技术水平和劳动生产率变迁。进入工业社会以后，人们更多关注的是产业内部的结构优化和升级，特别是工业结构的优化升级，因为工业化本质上是一个国家（或地区）由以农业经济为主向以工业经济为主过渡的现代化过程中不可逾越的发展过程（张培刚，2001）。这一过程中，产业结构必须适应社会经济变化以实现自身的合理化，并向深加工化、高附加值化的方向发展，由此推动经济持续发展。对工业结构优化升级一般遵循两条路径：一是新兴产业比重的持续上升和传统产业比重的持续下降；二是以劳动生产率提高的分解来衡量，即劳动力由低生产率行业向高生产率行业的转移（薛继亮，2013）。

从产业组织角度来看，产业组织作为一种理论体系源于美国的 SCP 范式，即"市场结构—市场行为—市场绩效"范式。这一范式存在单向的密切因果关系，即市场结构决定企业的市场行为，而企业的市场行为最终决定市场绩效，从某种角度来看，市场集中度是理解 SCP 范式的核心（牛丽贤、张寿庭，2010）。SCP 范式受到诸多质疑，虽然经由不同学者完善、补充和发展，但均是把企业当作一个黑箱来看待，过于强调企业作为一个点的市场行为在一定程度上有效，在当前的分工趋于细化、企业发展趋于扁平化的形势下，可能需要进入企业内部予以探究，新制度经济学从所有权结构、组织结构来细化分析企业行为的方法开始向内部结构讨论，从而提供了一种有效的视角。

但不论是产业结构还是产业组织，都有其真实的空间表达，从产业的空间分布来理解产业发展和产业升级则是当前研究的重点。从城市经济学的角度来看，城市是一类特殊的集聚经济，而这种集聚从产业的角度是有别于农村的，其是以现代工业为主，并在一定时期向服务业转移。

二 地区专业化

地区专业是对产业空间分布的一种最重要的度量方法，它试图解释产业空间分布中广泛存在的现象，一些产业在一些地区集聚，而另外的产业在另外的地区集聚。这种产业空间分布在传统的竞争理论上是很难解释的，因为传统建模的需要没有把收益递增包含在内，但随着新经济地理学的发展，不完全竞争理论、规模经济及企业产品竞争力差异等理论和模型的不断完善，人们对地区专业化的解释越来越全面，同时也出现了大量的实证研究文献。如克鲁格曼（Krugman，1991）用区位基尼系数研究了产业空间分布情况，计算了美国三位数行业的空间基尼系数；Amiti（1998）则计算了欧盟10个国家三位数的27个行业的基尼系数及5个国家65个行业的基尼系数，以检验欧盟国家在1968年到1990年的工业是否更为集中。地区专业化的计算有多种方法（樊福卓，2007），包括产业结构差异系数、地区化专业指数、行业分工指数、地区基尼系数等，每个指数在度量中均有其差别化的指向，也存在不同程度的不足。从本书研究的出发点而言，要讨论城市化经济的性质及其结果，应更注重集聚而非分工的作用，则在本部分主要讨论两个指标：一个是地区经济密度，即各城市建成区的平均工业增加值来观察各城市的经济密度差异及其变化情况；另一个是工业地区区位熵，以考察地区专业化情况。

（一）经济密度

2015年我国城市化水平为56.1%，城镇常住人口为77116万人，比2014年末增加了2200万人，而1996年我国城市化水平仅为30.48%，可见城市化进展迅速。从城市经济发展来看，2014年城市市辖区生产总值为396268.19亿元，人均92255.8元，而1995年则分别为31203.71亿元和6530元，分别增长了11.7倍和13.1倍。随着城市化的进程，各城市的建成区面积也有不同程度的扩张，如果从经济密度的角度来看，情况会有不同。2004年我国地级以上城市286个，建成区面积为30406平方千米，每平方千米产出25044万元；到2014年，地级以上城市为292个，建成区面积为49772平方千米，每平方千米产出达到79616万元，是2004年的3.18倍。

但如果观察单个城市的发展变化情况，又有较复杂的局面。过去十多年是我国城镇化快速发展时期，随着城市建设的推进，多数城市的建成区面积均有了大幅度的增长。总体来看，城镇建成区面积在十年间增长了64.88%，一些城市如鄂尔多斯、揭阳等增长了3.9倍、3.4倍；也有一些城市如双鸭山建成区面积反而减少了。以深圳市为例，作为我国开放发展的前沿城市，其建成区面积在 2004~2014 年增长了 61%，与全国总体城市发展情况持平；但从经济密度来看，其每平方千米国民生产总值从 2004 年的 62119 万元增长到 2014 年的 179795 万元，增长了 1.89 倍，高于全国城市总体的 1.62 倍的涨幅。值得注意的是，北京和上海两特大城市的涨幅分别为 3.3 倍和 2.1 倍，虽然其经济密度的绝对数值远低于深圳这样的开放前沿城市，但其增长速度远高于中小城市。

为了更全面地理解城市经济密度的结构和性质，我们研究了 2004~2014 年 284 个[①]地级以上城市的城市经济密度的详细情况，发现如下特征。

1. 省会城市或直辖市经济密度总体上高于地级城市

在具有有效数据的 284 个城市中，涉及省会城市或直辖市 30 个，总体上看，省会城市或直辖市的经济密度高于地级城市。2004 年 284 个城市平均经济密度为 48386 万元/平方千米，高于平均经济密度的城市为 112 个，占全部城市的 39.4%，高于平均经济密度的省会城市或直辖市为 23 个，占省会城市或直辖市的 76.7%；在省会城市或直辖市中，经济密度最高的是上海市，为 94382 万元/平方千米，最低为银川市，仅有 14654 万元/平方千米，前者是后者的 6.44 倍。2014 年，284 个城市的平均经济密度为 75026 万元/平方千米，高于平均经济密度的城市为 108 个，占全部城市的 38%，与 2004 年相比略有下降。其中，高于平均经济密度的省会城市或直辖市为 22 个，占比为 73.33%，与 2004 年基本持平。从增长幅度来看，2004 年到 2014 年城市经济密度平均增长 184%，有 198 个城市低于平均增速，20 个省会城市或直辖市低于平均增速。而建成区在 2004~2014 年平均增长了 75%，其中有 139 个城市低于平均增速，15 个省会城市或直辖市低于平均增速。可见，省会城市或直辖市经济密度总体上显著高于地级城市，但其增速的优势并不明显。

2. 东部城市经济密度总体上高于中西部地区

城市经济密度的地区差异也非常明显，东部地区总体上显著高于中西部地区。观察 30 个省会城市或直辖市，2004 年的 7 个和 2014 年的 8 个经济密度低于平均值的省会城市均在中西部地区，省会城市或直辖市经济密

---

① 选取 2004~2014 年连续存续的地级以上城市，并剔除数据不全的西藏以及青海和新疆的地级市。

度与其所在地区经济发展水平高度相关,基本上呈东、中、西依次递减趋势(见图1-1)。但各城市经济密度的增幅在地区之间的差异并不明显,处于西部地区的西宁、银川、成都、呼和浩特等城市增幅均在200%以上,同时北京、天津、南京这些东部城市增幅也在200%以上,但上海、武汉这些特大城市的增幅排名居末(见图1-2)。

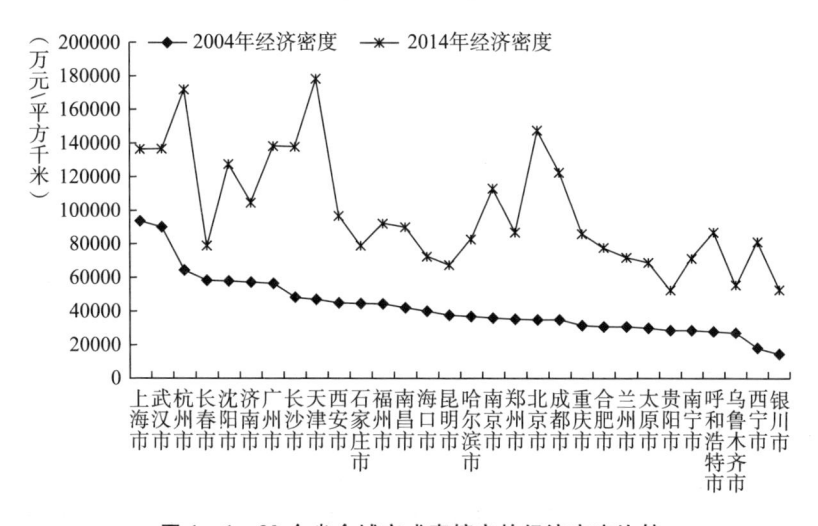

图1-1 30个省会城市或直辖市的经济密度比较

资料来源:据《中国城市年鉴》2005年、2015年相关数据计算。

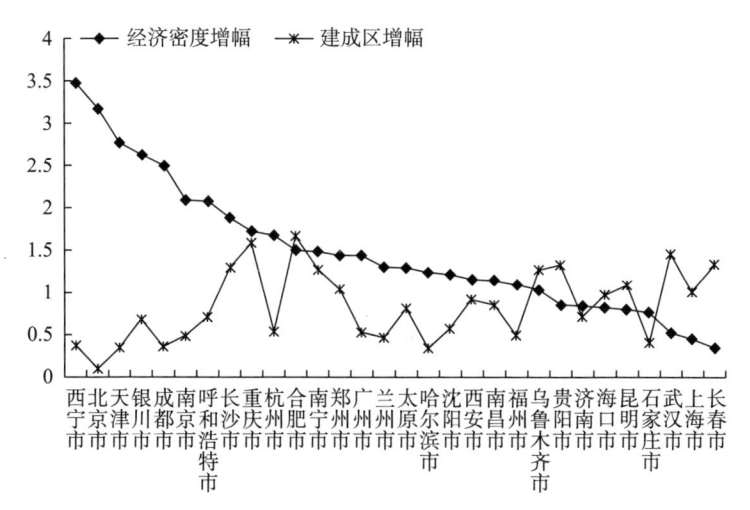

图1-2 30个省会城市或直辖市的经济密度和建成区增长比较

资料来源:据《中国城市年鉴》2005年、2015年相关数据计算。

(二) 工业区位熵

对城市的地区专业化度量有多种方法，但观察我国城市化进程和经济转型的主要层面会发现，制造业的发展已经成为促进一个地区转型发展的主要力量，制造业的结构和性质也决定了一个地区经济发展的结构和性质。基于此，本部分以制造业区位熵来度量城市专业化程度。其结构如下：

$$LQ_{ij} = \frac{S_{ij}}{S_j} \qquad (1.1)$$

其中：

$S_{ij} = \dfrac{E_{ij}}{\sum_{j=1}^{n} E_{ij}}$，如果 E_{ij} 代表 i 地区 j 产业的产值（或就业），则 S_{ij} 代表 i 地区 j 产业的地区产值（或就业）份额；

$S_j = \dfrac{\sum_{i=1}^{m} E_{ij}}{\sum_{i=1}^{m}\sum_{j=1}^{n} E_{ij}}$，代表 j 产业在全国产值（或就业）中的份额。

一般认为，当区位熵大于1时，表明地区存在生产的专业化，反之不存在专业化。

分别计算2004年和2014年284个地级及以上城市的制造业区位熵，有如下发现。

1. 地级城市的制造业区位熵高于省会城市或直辖市

2004年制造业区位熵大于1的城市一共有112个，占比为39.4%。其中存在制造业专业化的省会城市或直辖市为10个，占全部省会城市或直辖市的1/3，而地级城市具有专业化的比例则为40%。到2014年，制造业区位熵大于1的城市仍然为112个，但省会城市或直辖市制造业区位熵大于1的城市增加到11个。但30个省会城市或直辖市区位熵的平均值则从2004年的0.87下降到2014年的0.82。

2. 城市制造业专业化程度总体上呈下降趋势

观察城市制造业区位熵在十年间的变动趋势，总体上专业化程度存在下降趋势，284个地级以上城市中162个城市的制造业区位熵是下降的，占比为57%，其中省级城市下降更多，在观察的30个省会城市或直辖市中仅有杭州市、南京市等8个城市的专业化程度在上升，其余22个城市均存在不同程度的下降趋势（见图1-3）。

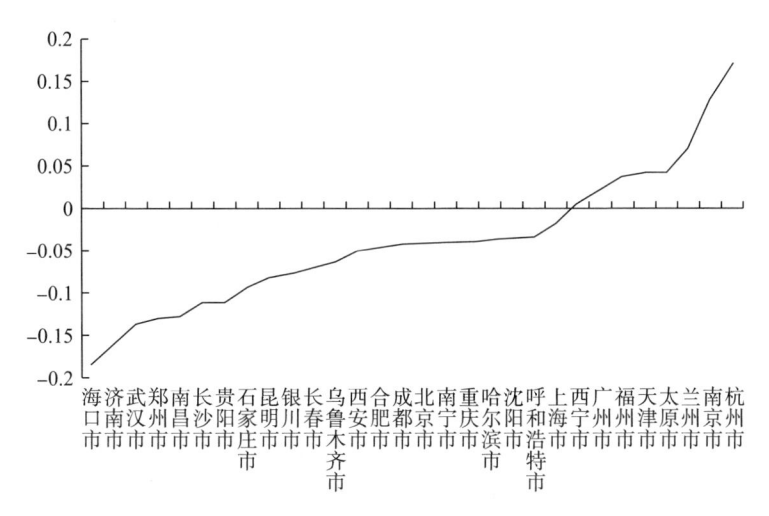

图1-3 2004~2014年30个省会城市或直辖市制造业区位熵变动趋势

资料来源：据《中国城市统计年鉴》2005~2015年相关数据计算。

第三节 要素禀赋结构及描述

究竟是什么因素决定了现代产业的空间分布？这在理论上虽然引起诸多争论，但要素禀赋结构作为影响产业的基本因素得到了一致的认可。从古典经济学开始，人们就发现了投入对产出的决定作用，而投入的主要要素是劳动和资本，这从柯布-道格拉斯生产函数的结构上就可以得到较为清晰的体现，此后的研究基本上是在CD函数的基础上扩展得来。从国际经济理论来看，其对要素禀赋结构的强调更为突出，国际贸易的绝对优势理论和比较优势理论均强调了劳动生产率的国际差异，以及这一差异带来的交换利益。要素禀赋理论已经开始从要素禀赋结构来探讨比较优势的来源，并据此分析国家间的产业结构与分工形态。虽然后期的技术贸易理论、需求重叠论、产业内贸易理论等突破了传统国际贸易理论的框架，对国家间技术、需求及规模的差异进行研究，其本质仍然是对要素禀赋结构的拓展。产业是经济的实体部门，产业分布是经济空间布局的直观表达，其背后体现了一个地区要素禀赋的性质及其结构。根据对理论和文献的研究，一个地区的要素禀赋结构主要在于资源禀赋、劳动、资本、技术等诸方面。

一 资源条件

自然资源和产业分布的关系是最初的，也是最直接的。但从经济发展的实际来考察，资源对产业升级和经济发展的作用存在两面性。一般认为，资源禀赋决定产业分布，则资源越是丰裕的地区其经济发展速度也越快，经济发展水平也越高，但对世界经济发展中的一些现象观察发现，资源贫乏的国家其经济发展未必就差，而资源丰裕的国家反而在结构、速度和水平等诸方面的发展不尽如人意。在一个开放的经济体系内，一国经济受贸易影响，过度开发资源会导致制造业发展受到削弱。"荷兰病"即表明对于一个已经建立较为完整的现代产业体系的国家，当其过度开发资源并出口获利时，会削弱其制成品的国际竞争力，从而回归到传统的发展道路上。为了避免这一现象，一些国家会通过价格扭曲来促进技术升级和制度创新。本研究用从事采掘业的职工占全部职工的比重来作为衡量不同城市资源禀赋的指标。

（一）省会城市的资源条件

大部分省会城市的采矿业从业人员都比较少，根据《中国城市统计年鉴》（2015），除合肥和广州两市无数据外，其余28个省会城市中最低的南宁市采矿业从业人员仅37人，占比为0.046‰，而最高的太原市为9.9万人，占比为9.66%，显然省会城市的资源条件与整个省区的资源条件是一致的。但总体来看，由于省会城市是现代第二、第三产业的集聚地，其采矿业从业人员比例显著低于全国水平。2014年全国城镇采矿业从业人员占比为3.26%，但省会城市仅有1.28%。

（二）地级城市的资源条件

和省会城市不同，大量地级城市因资源而建，其兴衰与资源密切相关,如鸡西、鹤岗、克拉玛依等,采矿业从业人员占比均在40%以上。在有数据的181个城市中,采矿业从业人员占比在10%以上的城市一共有40个,这些城市均是地级市,几乎是因矿而设的城市(见表1-1)。

表1-1 2014年采矿业从业人数占比在10%以上城市

单位:%

城市	资源条件	城市	资源条件	城市	资源条件	城市	资源条件
崇左	10.04	唐山	16.20	大庆	25.75	东营	39.30
济宁	10.05	邯郸	16.70	枣庄	26.37	大同	39.76
宿州	10.44	焦作	18.40	鹤壁	27.02	盘锦	41.42
莱芜	10.92	白银	18.54	白山	27.25	松原	41.74
萍乡	11.29	辽源	22.52	阜新	32.05	克拉玛依	43.75
抚顺	11.94	濮阳	23.43	平顶山	33.23	鸡西	45.48
赤峰	13.19	六盘水	23.70	庆阳	33.30	鹤岗	45.78
马鞍山	14.26	朔州	23.98	晋城	34.63	阳泉	46.16
邢台	15.15	乌海	24.29	淮南	37.41	淮北	50.46
呼伦贝尔	15.68	铜川	25.23	双鸭山	38.54	七台河	60.56

资料来源:据《中国城市统计年鉴》2015年数据计算。

二 劳动与资本

劳动作为投入和作为禀赋的理解在不同层面上存在差异,在柯布-道格拉斯生产函数中,劳动是作为投入要素来看待的,虽然在理论研究中把劳动定义为劳动投入时间,由于劳动的质量在实际中很难观察,而且劳动与劳动者也不可分离,在实际研究中,是用劳动者作为劳动的替代变量的。在生产函数最初的度量中,柯布和道格拉斯选用的是制造业的雇佣工人数。在本研究中,作为劳动投入的替代变量我们选取职工人数。而作为禀赋的劳动是经济中能够提供的劳动总量,与职工对应,其意是指适龄劳动人口。

通过计算284个地级以上城市的劳动情况,发现各城市的劳动参与率在较高的同时存在较大差异。2014年我国共有适龄人口9.16亿人,经济活动人口7.969亿人,总体劳动参与率高达86.99%。为了讨论可比性,我们取从业人员来代替经济活动人口,则年底从业人员总数为7.7253亿人,劳动参与率为84.33%。由于我国城乡就业存在较大差异,城市劳动参与率低于农村劳动参与率大致 10 个百分点，分别为 78.33% 和 91.53%。但分城市来看存在复杂性，改革开放后，我国东南沿海地区加工制造业迅猛发展，对劳动力的需求快速增长，远超本地劳动供给的水平，在一些城市的就业中有大量外来劳动力，从而形成从业人员远大于户籍人数的情况。如 2014 年末，深圳、东莞和珠海经济活动人口分别为 222.5 万人、128.2 万人和 73.8 万人，但其从业人员分别高达 484.4 万人、238.7 万人和 75.2 万人，高出经济活动人口数量。根据《中国城市统计年鉴》2015 年的数据，地级以上城市市辖区从业人员为 11168.29 万人，市辖区年末总人口为 42953.2 万人，如果仍然按全国平均 67% 的适龄人口比例来计算，城市劳动参与率为 38.81%，则高于平均数的城市有 85 个，占比仅为 29.92%，这体现了多数城市具有人口城市化的特征，人口增长并没有与之匹配的就业增长。而高于平均值的省会城市或直辖市有 27 个，占比为 90%，其中北京、上海和广州三大城市的劳动参与率分别高达 87.33%、78.19% 和 65.54%（见图 1-4）。可见，省会城市或直辖市虽然人口增长快，但就业增长也快，体现出城市规模越大，其经济结构越完善，经济增长的动力来自经济方向的推动也越突出。

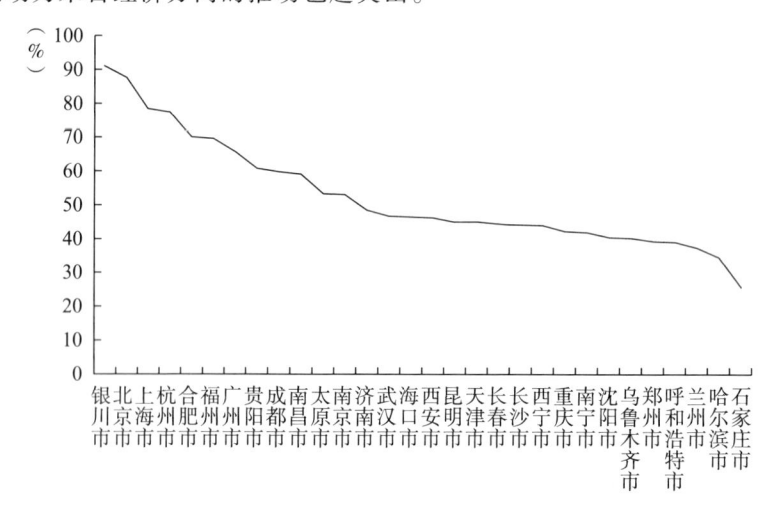

图 1-4　2014 年省会城市或直辖市劳动参与率

资料来源：据《中国城市统计年鉴》2015 年数据计算。

资本则不同，在柯布-道格拉斯的传统研究中，资本是指机器、厂房等固定资产，而且不包括用于生产的流动资本以及土地等。实际上，资本形成由于通过投资实现，资本存量涉及多种复杂的计算方法，包括每年的投资及折旧，基年确定以及基年资本存量的估算等。一些学者以省份为界对我国的资本存量进行了系统研究，但他们的计算结果也存在较大差异（王小鲁，2000；贺菊煌，1992；张军，2002；张军等，2004；Holz，2006）。由于本部分是基于 284 个地级城市的研究，不论按照上述哪一个方法来对各城市资本存量进行估算均存在较大难度。从资本形成的来源来看，投资受储蓄水平的约束，虽然储蓄在向投资转化过程中涉及多种机制和条件，但储蓄可视为资本形成的禀赋条件。

三 教育与技术

教育对经济发展和产业分布的作用是显而易见的，正是教育的作用才有了知识的积累和技术的进步。虽然人们很早就清楚知识在经济发展中的作用，但在新增长理论以前，知识和技术一直被视为外生变量，并不深入讨论知识对增长的作用机制。新增长理论通过把经济中的部门划分为知识生产和物质生产两大部门来把知识引入增长模型，并在这一模型中强调了人口在不同部门就业所导致的增长后果。实际上，教育对增长的作用主要体现在人上，教育的作用使受教育程度不同的人在生产率方面存在差异，特别是当受不同程度教育的人具有不完全替代性质时，产业发展的基础将存在根本差异。对一个国家或地区而言，其受高等教育的工人数量越多，则表明其资本密集型和技术密集型产业发展越具备基础，有利于其产业结构的优化升级，更有利于其向更高生产率的经济体系迈进。在本研究中，我们用城市职工平均受教育年限来度量教育水平，同时加入财政支出中用于教育的比例作为教育的控制变量。

技术水平实际上是一个综合概念，在新古典增长模型里通过增长分解把劳动和资本解释之外的部分定义为索洛剩余，即由技术进步来解释，由于除技术外还有诸多因素影响增长，则索洛剩余只是新古典增长模型严格假定下的一种度量思路而已。在一些研究中把企业的研发投入作为技术投入指标而把专利申请作为研发产出指标来处理，但这些实际上都无法体现一个地区的技术水平，考虑到从禀赋角度来研究技术，本书关注政府对技术的重视程度，仍然选取财政支出中用于科学技术支出的比例来代替。

四 市场化与对外开放

由于发展中国家在经济起飞之初大多面临资本缺口,因此吸引外商直接投资成为弥补资本短缺的重要手段,同时也借助于外商直接投资引进发达国家的先进技术。但外资进入东道国后对具体的区位选择也具有复杂的理论,在邓宁(Dunning,1973、1977、1988)的国际生产折中理论中,区位优势即跨国公司向海外投资的三大优势之一,并把区位优势归为四类:市场因素、贸易壁垒、成本因素和投资环境。这种区位优势一开始被强调的是地理上的区位,如接近供应来源从而有效降低成本等,则近海、河、湖、港成为吸引外资的主要区位禀赋条件。目前来看,除传统的区位优势,投资环境快速上升成为吸引外资的主导因素。投资环境又包括基础环境和政策环境两类。从基础环境来看,一个城市的基础设施建设、原有的产业基础,特别是前期外资进入的规模和领域成为主要因素(李恒,2008),而政策因素既包括政府的产业优惠和扶持方向,也包括制度建设、审批手续简化等方面,而这些都体现在引资规模上。在本研究中,用各城市吸引 FDI 占国内生产总值的比重来表示开放程度。

第四节 实证研究

一 模型和变量

对城镇化发展模式的描述有多种思路,一种简单的方法是从人口城镇化出发讨论人口城镇化的速度,另一种则关注城镇化的区域差异,并把城镇体系的结构及其演变作为研究的重点。实际上,上述研究是两条并行不悖的思路,城镇化与城镇体系二者不论是从概念的内涵还是外延来看都是不一致的。城镇化传统农业社会向现代社会转型的集中体现,是人的就业、生活由农村农业向城市非农业产业转换的过程;而城镇体系则是城市间关系及其结构性质,二者非但不可替代,亦没有必然的互补。

从城镇化的重点来看,强调人向城市地域的集中,还是强调产业向城市的集中会导致不一样的政策后果,但城镇化发展的模式除了人口集中的速度与规模存在差异外,产业分布呈现的特征具有更为重要的经济意义,而且这种产业分布与要素的禀赋条件具有内在的关联。由此我们建立如下计量模型。

$$\ln U_{it} = \alpha + \gamma_1 res_{it} + \gamma_2 lab_{it} + \gamma_3 sav_{it} + \gamma_4 edu_{it} + \gamma_5 rd_{it} + \gamma_6 fdi_{it} \\ + \gamma_7 den_{it} + \gamma_8 lq_{it} + \varepsilon_{it} \tag{1.2}$$

其中,U 为城镇化发展模式,res 为资源条件,lab 为劳动禀赋,sav 为居民储蓄余额,代表资本禀赋,edu 为教育禀赋条件,rd 为技术禀赋,fdi 为对外开放度,ε_{it} 为随机冲击。i 和 t 分别表示时间和地区。

本研究以 2004~2014 年我国 284 个地级以上城市作为研究样本,以考察要素禀赋与城镇化发展的区域差异。实证研究所涉及的变量数据说明如下。

(1) 城镇化发展模式 (U)。如前所述,鉴于多数文献从人口角度来讨论城镇化,特别是从城市常住人口或户籍人口来度量城镇化,本研究则关注城镇发展的经济过程,分别用经济增长 U1 和建成区增长 U2 来表示城镇化发展的区域差异。

(2) 资源条件 (res)。资源条件用各城市采矿业从业人员占从业人员比例来表示。

(3) 劳动禀赋 (lab)。劳动禀赋即一个地区的经济活动人口数量,由于经济活动人口数量与城市规模有关,但本研究讨论的各地区的禀赋条件其实质是一种相对的概念,则劳动禀赋用劳动参与率来代替,即从业人员与经济活动人口的比值。

(4) 资本禀赋 (sav)。资本形成主要有两个来源,一是国内储蓄,二是吸引外资。考虑到本研究把吸引外资作为开放度的替代指标,则资本禀赋直接使用居民储蓄余额来表示。

(5) 教育条件 (edu) 和技术条件 (rd)。教育和技术禀赋强调了经济发展中的教育积累和技术水平,从数据可得性来看,本研究分别选取财政支出中的教育支出和研发支出作为城市教育禀赋和技术禀赋。

(6) 对外开放度 (fdi)。对外贸易体现了一个城市的产业结构,但吸引外资对地区资本形成、产业升级和经济发展均具有基础作用,本研究使用各城市吸引外商直接投资占国内生产总值的比重来度量其对外开放度。

(7) 产业空间分布。本研究使用两个度量城市产业集中度的指标作为替代变量，即经济密度（den）和工业区位熵（lq），以其作为集聚因素的考量。

二 回归结果及解释

对公式（1.2）进行回归，其结果如表 1-2 所示。不论是对于以产出还是建成区度量的城镇化进程而言，劳动禀赋和资本禀赋都是重要的，对城镇化起着积极的推动作用。劳动对城镇化的正向效应是显著的，由于本研究是用劳动参与率来度量劳动禀赋的，这也表明在城镇化的进程中，劳动参与率体现出来的经济活跃程度与城镇化进程是一致的。但资本不同，虽然资本也是显著正向作用，但其系数较小，这体现了储蓄向投资的转化中仍然存在一些障碍和问题。与之对应的是对外开放度，对于发展中国家而言，吸引外资虽然具有一揽子吸引资本、技术、管理等要素的作用，但根据双缺口理论，外资对国内储蓄不足具有较强的替代效应，观察对外开放的作用，对城镇化的作用也是正向，且系数较高，特别是对产出增长的效应是显著的，在城市总体回归、省会城市回归和地级城市回归上具有一致性。

表 1-2 要素禀赋与城镇化发展的估计结果

	产出增长	面积增长	产出增长（省会）	面积增长（省会）	产出增长（地级）	面积增长（地级）
C	14.191 (0.235)***	3.834 (0.211)***	16.187 (0.613)***	5.661 (0.618)***	14.046 (0.211)***	3.798 (0.171)***
资源禀赋	-0.136 (0.468)	0.035 (0.421)	-2.032 (3.759)	-1.535 (3.829)	1.067 (0.408)**	1.219 (0.331)***
劳动禀赋	0.671 (0.285)**	0.608 (0.256)**	0.512 (0.567)	0.429 (0.572)	0.525 (0.309)*	0.771 (0.251)**
资本禀赋	0.001 (0.001)***	0.001 (0.000)***	0.001 (0.000)***	0.001 (0.000)***	0.002 (0.000)***	0.002 (0.000)***
教育禀赋	-0.193 (1.076)	-0.151 (0.967)	-3.156 (2.532)	-2.723 (2.555)	0.039 0.915	-0.076 (0.742)
技术禀赋	4.949 (2.991)*	4.698 (2.687)*	5.120 (6.469)	6.559 (6.528)	5.550 (2.573)*	5.345 (2.087)*

续表

	产出增长	面积增长	产出增长（省会）	面积增长（省会）	产出增长（地级）	面积增长（地级）
对外开放	4.056 (2.025)*	2.604 (1.819)	3.826 (3.879)*	3.801 (3.915)	3.079 (1.822)*	1.349 (1.478)
经济密度	0.090 (0.012)***	-0.003 (0.011)	0.077 (0.040)*	-0.025 (0.040)	0.070 (0.011)***	-0.029 (0.009)**
工业区位熵	0.311 (0.138)**	0.289 (0.124)*	0.635 (0.299)*	0.585 (0.302)*	0.635 (0.125)***	0.595 (0.101)***
调整 R^2	0.7005	0.5728	0.8727	0.7559	0.7034	0.6057
DW	1.3396	1.5422	1.9203	1.8116	1.3527	1.8389

注：系数下方括号内的值是标准差，***、**、*分别表示在1％、5％和10％水平上显著。

教育禀赋对城镇化的效应不显著，且系数为负。财政支出中教育支出的比重长期居于稳定水平，教育支出在不同城市具有不同的流向，城市越小其基础教育比重越大，城市越大高等学校越多。这导致教育财政支出对城镇化而言无法观察到确切的关系。但技术财政支出在不同层面均体现显著的正向作用，研究和开发越来越受人们重视，在产业和城市集中的过程中，研究和开发支出不论是从重视程度还是从支出规模来看都在增长。

自然资源在城镇化进程中的作用具有复杂性质，我国是一个幅员辽阔、资源分布不均的国家，在工业化过程中对资源的依赖较强，这就出现了大批以资源为基础的城市，如前所述，这些城市因资源而建，也因资源的兴衰而兴衰。表1-2可见，从城市总体来看，资源禀赋对城镇化的作用是负向的，且不显著，对省会城市而言，资源禀赋不论是对经济增长还是建成区增长均呈负相关，但对地级城市则有相反的表现，在以产业度量和以建成区度量的城镇化发展指标的回归均呈显著正相关，这表明在不同层级的城市建设中，对资源的强调存在差异。但总体来看，城镇化进程的推动主要是现代产业，采矿业在经济总体中的比重较小，由于存在一定数量的地级城市是建立在采矿业基础上的，从而体现出上述结果。

经济密度在不同类型城市有不同体现，越大城市其经济密度增长也越快，这表明大城市对城市建设和经济发展方面具有较强的集聚优势。经济密度对城镇化过程中的产业增长具有显著正向效应，但对建成区增长的作用不显著，这不但对城市经济增长与集聚的关系做了进一步的阐释，而且也从另外的角度表明，过度关注城市建成区增长，拉大城市框架的城镇化发展其经济意义较低。比较来看，制造业区位熵对城镇化的作用不但是正向的，而且显著，这进一步印证了我国的城镇化与工业化发展具有同步性，同时具有相互促进的特征。

第五节　结论与政策建议

一　结　论

基于本章的研究，得到如下结论。

第一，我国的城镇化与工业化密切相关，城镇化速度较快、水平较高的地区，其现代产业集中度也越高，经济密度也越大。由于行政力量在城镇化进程中的作用，也体现为不同层级的城市在吸取资源时具有不同的性质，省会城市的经济密度要大于地级城市。经济发展水平高的东部地区的城市经济密度也显著高于中西部地区城市。

第二，城市规模越大其功能也越齐全。从制造业集中度来看，地级城市高于省会城市，这也意味着地级城市层面上的城市化与工业化具有更一致的特征，而省会城市的产业结构具有全面性特征。这也从资源禀赋条件得到了印证，省会城市的资源性特征不明显，而地级城市则较为突出，一些地级城市因资源而建而兴而衰。

第三，劳动参与率不论是对城市经济增长而言，还是对城市规模的扩张而言都是显著的，这既体现了我国经济增长对劳动投入的高度依赖特征，也体现了其对城市化的推动作用。城镇化的本质是人向城市地域的集中，但由于人具有生产和消费的双重性质，城镇化进程也具有生产和消费两种性质，从这一点而言这种契合是有基础的。但改革开放以来四十年的增长表明，人口红利的不断释放仍然是最重要的动力。

二　政策建议

从新型城镇化的内涵来看，从以户籍为统计到以人为核心的转变需要对发展理念具有新的认识，虽然在本章的研究中我们发现了要素投入驱动推动工业化以实现城镇化的传统路径，但在政策层面仍需要转变增长方式以促进新型城镇化的导向。

一是转变投入效率为中心。传统城镇化发展的基础是经济增长，而经济增长依赖投入的增长在短期内的转变尚无迹象，这导致城镇化对劳动参与度具有较强的依赖性。我国的城镇化在很大程度上能够被刘易斯模型解释，既与改革开放以来大量农村劳动力向城市的迁移有关，也与强调投入的粗放增长模式有关，转变投入效率为中心，要鼓励创新，提高新技术的采用，提高要素的生产效率。

二是从传统工业化向现代产业转变。工业化和城镇化是我国长期以来经济社会发展的两条主线，强调工业化和强调城镇化是并行不悖的，从一开始的城乡隔离到现在城市开发区的建设，实际上都是在给城镇化匹配必要的工业内容。从世界上的经验来看，城市在其快速发展的阶段总是以工业的快速发展为支撑的。但就我国的实际来看，过度依赖工业特别是制造业的发展，削弱了城市的创新功能，当城市过度强调其增长极作用时，虽然能够为经济增长和区域发展提供动力，但从长期来看对社会转型和产业升级是不利的，这需要完善城市功能，发展现代产业，特别是高新技术产业，以促进经济社会转型升级。

三是新型城镇化进程中的城镇关系重塑。理论已经证明城镇在空间布局上有其内在逻辑，城市之间具有严谨的秩序和结构，但这种结构不仅是简单的地理空间上的几何结构，也非简单的规模差异和行政层级，而是城市功能的系统一致、产业间的相互联系。我国多数城市因矿而建，功能单一，产业脆弱，城市与城市之间缺乏必要的产业联系和功能联系，这导致城市的产业基础非常脆弱。政府在产业政策和区域政策的制定时要注重对城镇关系的重塑，着眼于区域和区域城市整体，注重产业关系和功能联系。

第二章　工资水平、地区间劳动生产率差异与新型城镇化

第一节　研究背景与文献评述

一　研究背景

城镇化是推动我国经济发展的重要动力，但传统城镇化模式主要体现为粗放扩张型，这种发展模式导致的各种城市问题已经开始出现并有加剧的趋势。为解决这些问题，促进城镇化健康发展，十八大报告明确提出要走中国特色新型城镇化道路。新型城镇化不再是传统意义上的城镇化，还包括社会城镇化、生态环境城镇化等内容。但是目前各个地区新型城镇化发展水平存在空间差异。从全国范围来看，大致呈东高西低的基本特征，并且东部地区新型城镇化速度较快，中西部地区新型城镇化发展普遍缓慢。

改革开放以来，我国整体经济发展水平不断上升，但与此同时，地区之间受开放程度、教育水平以及政策倾向等因素的影响，地区间工资水平也存在差异。以广东省和河南省为例，2000年职工年平均工资分别为13873元和6658元，到2011年分别为45226元和30094元。

早在自由竞争与原始积累的古典经济学时期，西方经济学界就产生了有关工资与劳动生产率关联机制的研究。亚当·斯密认为，更高的工资水平不仅有利于提升劳动者的素质、增强工人体力，而且会让人们对晚年幸福生活充满希望，从而激励人们更加努力、勤勉地工作，最终使劳动者的

身心健康均得到改善，从而对工作中劳动生产率的提高产生积极影响。大卫·李嘉图的工资理论指出，工人工资取决于生活必需品的价格。当劳动生产率提高时，生活必需品价值下降，此时，工资水平随之降低；相反，当劳动生产率降低时，由于工人维持生存的生活必需品价值上升，工资随之上涨。从这个角度看，大卫·李嘉图认为劳动生产率与工人工资呈负相关。美国经济学家约翰·贝茨·克拉克用边际生产力概念解释工资水平，认为工人的工资水平由最后追加的工人所生产的产量来决定。效率工资理论认为，企业的劳动生产率依赖于企业支付给工人的工资。企业支付的工资越高，工人的生产效率越高。

从现有研究来看，当代经济学界普遍认为工资水平与劳动生产率是有密切联系的。根据我国现实情况与未来发展的趋势，可以预见，我国的工资水平将持续提高，发展策略也将由依靠劳动力数量优势转变为依靠更高素质的人力资源、更有效的劳动生产率。工资与劳动生产率一直是备受经济学界关注的两个重要话题，工资水平与劳动生产率的高低都将对经济社会发展产生重要影响。国内外许多学者对两者进行了深入的研究和探讨。然而随着新型城镇化的推进，我国的工资水平和劳动生产率都出现了非常明显的地区间差异，这无疑会对经济社会的均衡发展造成不良影响。如何缩小工资水平和地区间劳动生产率的差异，有序推进新型城镇化建设就成了一个亟待解决的问题。目前，学者对影响工资水平、地区间劳动生产率差异的因素给出了大量的分析，对于新型城镇化的测度虽然还没有达成一致的意见，但也取得了很大的进展。而关于它们之间关系的研究更多是从新型城镇化对工资水平和劳动生产率的影响出发，从工资水平和劳动生产率的角度去考察对新型城镇化影响的文献较少。本章以工资水平为出发点，经由劳动生产率的地区差异来研究新型城镇化的发展模式，这对于拓宽相关研究领域，扩大研究范围有着十分重要的理论意义。

二 文献评述

（一）有关工资水平的研究

大量文献对工资水平存在的差异进行了数据描述。李滨生（2010）总结了职工工资收入总体状况和不同户籍、不同性别职工的工资变动情况，发现工资收入分布于 1000~1500 元的职工所占比例最高，达到 29.22%；城镇职工月平均工资收入明显高于农民工工资收入；男性工资收入明显高于女性。杨艳玲（2015）回顾了自改革开放以来，不同时期东、中、西部地区工资水平的变化趋势和增长速度。1985~2000 年东部地区的工资水平呈持续上升趋势，高于中、西部地区的工资增速；2000~2007 年，东部地区整体工资水平一直较高，其次是西部、中部地区，东、西部工资差距有所下降，但幅度有限；2008~2013 年东部地区工资水平仍然较高，但中、西部地区工资水平增速更快。

此外，近年来国内外一些学者运用不同的理论从不同方面对地区间工资水平差异进行了研究。Bala Ramasamy（2010）、万广华等（2005）、张建红等（2006）和孙楚仁（2008）运用新古典经济增长理论从劳动力流动、人力资本、外商直接投资、经济全球化、对外开放、地理位置等方面对我国地区工资或收入差距的形成与原因进行分析。Bala Ramasamy（2010）认为外商直接投资的引进对工资有正向促进作用，这或许与中国的劳动力廉价有关。万广华等（2005）认为，全球化对地区收入差距影响很大并在逐渐加强，资本成为影响地区收入差距最重要的因素，而教育、地理位置等因素对地区收入差距的影响在减弱。张建红等（2006）认为工资体制、所有制改革、地方保护、对外开放、教育水平和资本投入等因素对地区工资水平和差距都有一定的影响，马晓君和刘璇（2010）也得出了类似的结论。孙楚仁（2008）使用面板数据变截距模型对外资开放度与地区间工资差异的检验表明，外资开放度的确是不同地区间工资差异的影响因素，随着地区外资水平的增加，外资对地区工资差距的影响会逐渐增强。

Mion 和 Naticchion（2005）、Fingleton（2006）、刘修岩和殷醒民（2009）、张文武和梁琦（2011）、何雄浪和杨霞（2012）等学者运用新经济地理学相关理论进行研究。Mion 和 Naticchion（2005）认为意大利就业密度和市场潜能对地区工资水平均具有正向显著性。Fingleton（2006）运用英国工资数据对比分析新古典经济增长理论和新经济地理学的工资方程，结果发现新经济地理学的工资方程的解释力更为显著。刘修岩和殷醒民（2009）研究发现，市场潜能对地区工资水平具有正向影响，就业密度对工资水平具有非线性影响，存在"门槛效应"。张文武和梁琦（2011）

认为，人力资本存量是影响地区收入差距的重要因素，人力资本集中度上升会提高地区收入水平，目前各省份人力资本分布不均衡可能会进一步扩大地区收入差距。何雄浪和杨霞（2012）从全国角度分析认为市场开放度和人力资本的增加对工资增长的贡献效应非常显著，劳动生产率的提高和外商直接投资的增加虽然对工资增长的贡献效应为正，但效果并不明显。在分地区研究后，得出影响我国地区工资差距的因素主要在于各个地区的经济发展程度，与区位因素的关系并不明显的结论。

还有一些学者运用城市经济学的空间集聚理论进行研究。范剑勇（2006）认为，非农产业规模报酬递增地方化是产业集聚的源泉，并提高了该地区的劳动生产率，并进一步对地区差距产生持久的影响。王海宁和陈媛媛（2010）研究发现，产业内集聚对提高地区工资水平有显著作用，而产业间集聚对地区工资水平作用不显著。杨仁发（2013）以2003~2010年我国269个地级及以上城市为样本，分析产业集聚与地区工资差距之间的内在联系。研究表明：制造业集聚对地区工资水平的影响为负的显著性；服务业集聚显著提高地区工资水平，且对地区工资水平影响力较大；制造业与服务业的共同集聚对地区工资水平的影响具有显著性作用。

（二）有关劳动生产率的研究

范剑勇（2006）和赖永剑（2011）通过数据发现各个地区间劳动生产率差异是非常明显的。总体呈现的特征是东部地区劳动生产率显著高于全国平均水平，而中部地区次之，西部地区居末，中西部的劳动生产率均低于全国平均水平。随着时间的推移，东部地区劳动生产率的优势地位日益凸显，而且有逐渐扩大的趋势，而中西部地区劳动生产率表现出某种收敛态势。

1. 劳动生产率的影响因素

国外学者对这一研究起步较早，从不同的角度对影响劳动生产率的因素做出了分析。Engelbrecht（1997）从劳动力素质、人力资本投资角度展开，认为人力资本质量的提高使生产前沿运动，生产前沿运动直接带动劳动生产效率提高。Ciccone（2002）通过对法国、德国、意大利、西班牙和英国五个国家县级市的经济集聚密度进行研究，发现经济密度对劳动生产率有非常显著的影响。Pietrobelli等（2002）从产业结构优化升级展开，主要考虑资源在不同部门之间合理分配,资源由劳动生产率低的部门流向劳动生产率高的部门,主导部门发生变化,从而引起技术创新,劳动生产率上升。Usai 等（2001）从产业集聚角度展开,侧重于产业布局,主要观点认为合理的产业集聚可以形成规模经济效应,促进劳动生产率提高。Hall（2005）从经济总量角度展开,认为经济总量快速增长引起消费者需求结构快速变化,消费者需求结构快速变化进而引起生产结构的大幅转变,从而拉动劳动生产率提高。Bala Ramasamy（2010）认为劳动生产率与外商直接投资呈正相关关系,但外商直接投资并不是提高劳动生产率的决定性因素。

目前国内学者也从技术进步、产业结构、人均资本存量、经济集聚等方面对影响劳动生产率的因素进行研究。叶援（2004）指出技术进步对我国建筑业劳动生产率的提高做出了主要贡献。陶洪和戴昌钧（2007）也指出中国工业劳动生产率的提高主要来源于技术进步。毛丰付和潘加顺（2012）发现在快速城市化时期,资本存量、产业结构和城市规模等因素对中国城市劳动生产率的提升有显著作用,并且呈现阶段性和趋势性特征。陈洁雄（2010）研究非农产业劳动生产率影响因素的动态发展趋势及其区域特征,发现技术效率和人均资本存量是劳动生产率出现差异的主要原因,但处在不同发展水平的地区,劳动生产率受各种因素影响的程度也会有所区别。技术效率是影响东部劳动生产率的首要因素,加快资本积累、提高人均资本存量则是中西部城市提升效率的关键。彭文慧（2013）经过实证研究得出经济集聚是影响工业劳动生产率提高的重要因素。社会资本也是影响工业劳动生产率提高的重要力量,但不同结构、不同性质的社会资本的作用机制和作用结果也不同。

2. 劳动生产率的分解

劳动生产率的分解方法主要有两种：Hall 和 Jones（1999）以 Solow（1957）的核算方法为基础,通过柯布-道格拉斯生产函数的变形,将劳动生产率分解成物质资本、人力资本和全要素生产率；Kumar 和 Russell（2002）采用 DEA 方法把劳动生产率分解为技术进步（生产前沿的移动）、技术赶超（相对于生产前沿的移动）和资本积累（沿着生产前沿的移动）三个部分。Henderson 和 Russell（2005）采用类似的技术又进一步将劳均产出分解为技术进步、技术赶超、人力资本积累和物质资本积累四个部分。

目前对我国劳动生产率的分解方法主要存在以下几种。杨文举（2006）将1990~2004年中国各省份的劳动生产率变化分解为技术效率、技术进步和资本深化三个部分。陶洪和戴昌钧（2007）以人均资本为投入指标，基于DEA前沿生产方面，将劳动生产率分解为技术效率变化、纯技术进步、人均资本的规模效率变化和资本强度变化四项指标。吴建新（2010）用非参数生产前沿方法将我国1978~2007年工业劳动生产率提高分解为效率变化、技术变化、物质资本和人力资本变化的贡献四个部分。赖永剑（2011）运用偏离－份额法将1985~2008年地区劳动生产率差异分解成产业结构效应、纯生产率效应和配置效应。曾先峰和张浩阳（2012）将工业整体劳动生产率的增长率分解为生产率增长效应、静态再配置效应和动态效应三部分。赵文军（2015）对我国各省份劳动生产率的变化进行四重分解，将劳动生产率的增长率差异分解为技术效率贡献差异、技术进步贡献差异、物质资本贡献差异和人力资本贡献差异四个部分。

（三）有关新型城镇化的研究

目前国内学者对新型城镇化的发展方向具有较为统一的认识，但对其具体内涵的理解还存在一定的差异。吴江等（2009）、彭红碧和杨峰（2010）认为，新型城镇化是以科学发展观为统领，追求人口、经济、社会、资源、环境等协调发展的城乡一体化的城市化发展道路。张占仓（2010）认为新型城镇化是相对传统城镇化而言，是大中小城市和小城镇协调发展、个性鲜明的城镇化。王新越（2014）认为新型城镇化是以人为核心的城镇化，是城镇功能普遍提升的城镇化，是可持续发展的城镇化。综上所述，本书认为新型城镇化是对传统城镇化经验的全面总结与创新，是在科学发展观的指导下，以全面提升城镇化的质量和水平为目标，强调以人为本、城乡统筹、集约发展、规模结构合理、环境友好、社会和谐的城镇化发展模式（曾群华、徐长乐，2014）。

1. 新型城镇化的评价指标

学者们也对如何测度新型城镇化的发展水平做出了大量研究。陈明星（2009）从城市化概念的内涵出发，将城市化综合测度指标体系归纳为人口城市化类、经济城市化类、土地城市化类和社会城市化类四个方面。薛俊菲（2010）将城市化水平界定为人口城市化、经济城市化与空间城市化三个分量的综合。孙学英（2012）从经济指标、人口指标、社会指标、生态指标四个方面选取综合测度城市化水平放入参评因素因子。王新越（2014）得出一个由人口、经济、空间、社会、生态环境、生活方式、城乡一体化、创新与研发8个子系统、22类要素和42个基本变量组成的多层次、多指标的新型城镇化评价体系。吕丹等（2014）认为现有的指标体系在公共服务均等化方面的评价指标设计不足，选取了人口城镇化指数、经济发展指数、生态环境支持指数、城乡统筹指数和基本公共服务均等化指数五个方面的指标，重构了新型城镇化质量的评价指标体系。王际宇（2015）构建的新型城镇化指标体系包含经济、人文、社会和环境4个一级指标和23个二级指标。

2. 新型城镇化的影响因素

从现有的研究可以看出，对影响新型城镇化因素的研究正在逐步完善。一方面对影响因素的研究更加全面，不仅考虑人口因素，而且考虑产业结构、社会保障、经济体制、生态环境等因素。张丽琴和陈烈（2013）用主成分分析法对河北省新型城镇化影响因素进行研究，发现经济发展水平和产业结构调整对新型城镇化促进作用明显，而科技教育和基础设施建设的推动作用低于预期。赵永平和徐盈之（2014）指出市场机制对我国新型城镇化的驱动作用最为显著，其次是外部机制和政府机制，而内在机制表现较弱，并且四大驱动机制的作用在东、中、西三大区域具有明显的地域差异性特征。于燕（2015）得出地方财政支出及工业发展水平对我国城镇化有显著促进作用的结论。赵大伟（2015）指出产业集聚通过不断吸引劳动人口、资本、技术等生产要素向城镇集聚，以及土地使用方式由粗放向集约的转变可以逐步推动新型城镇化进程，全面提升新型城镇化的质量。何文举（2016）认为全要素生产率可以通过影响经济增长速度以及增长效益对城镇化经济发展水平产生影响，进而影响新型城镇化质量水平。张雪玲、叶露迪（2017）以"创新驱动"为视角，研究发现人力资本、技术创新、机构创新和制度创新等创新驱动因素对江、浙、沪新型城镇化发展质量提升起到重要的推动作用。

另一方面研究方法也更加科学，从定性描述分析向定量数量模型研究转变，并且将空间因素也纳入模型之中。李长亮（2015）以全国 31 个省份（港澳台除外）为研究对象，利用 2003~2012 年城镇化相关数据，采用空间固定效应的 SDM 对影响中国新型城镇化的因素进行分析，认为各省份的经济发展水平、产业结构非农化、社会保障水平、固定资产投资和外商直接投资对本地区的新型城镇化具有显著的促进作用，但是各因素对邻接省份的影响则不同。王建康等（2016）对中国 2003~2012 年 285 个地级市的新型城镇化水平进行测度，对其空间格局的演变进行深刻剖析。基于距离平方倒数权重矩阵，检验空间相关性，建立空间计量模型，得出中国城市的新型城镇化水平具有明显的空间相关性，劳动力、投资水平、经济发展、政府能力、基础设施以及产业结构均起到正向的促进作用，且经济发展、劳动力与基础设施具有显著的正向空间溢出效应，其他几个变量均为负溢出。

（四）工资水平、劳动生产率与新型城镇化关系的研究

1. 工资水平与劳动生产率的关系

张军和刘晓峰（2012）发现 20 世纪 90 年代以来，我国制造业企业的劳动生产率在较大程度上高于其工资水平，并且两者之间的差距在不断扩大。制造业企业与劳动生产率之间存在显著的正相关关系，但 90 年代末期以来，劳动生产率与工资之间的这种正相关性总体在降低。丁元（2007）、李立春和董丽（2008）、李红涛和党国英（2012）、王宏（2014）都指出劳动生产率与工资之间的变动具有较强的一致性。

丁元（2007）通过对广东省全员劳动生产率与工资的脉冲响应分析，发现劳动生产率是工资增长的内生决定性因素。企业的边际劳动生产率水平是形成工资最基础的部分（都阳、曲玥，2009），并且，工资增长的可持续性也需依赖劳动生产率的提高（蔡昉，2012）。李红涛和党国英（2012）、王宏（2014）发现劳动生产率的提高对中国的工资有一定的正面影响，但在工资形成机制中的作用还不够显著。叶援（2004）提出工资的提高可以有效推动建筑业劳动生产率的提高，是提高建筑业劳动生产率的一种有效激励手段。姚先国、曾国华（2012）指出，1999~2007 年我国地区劳动生产率与劳动力成本呈显著正相关，劳动力成本提升对劳动生产率的总体效应达 0.8 以上，对劳动生产率具有非常强的促进作用。

2. 工资水平、劳动生产率与新型城镇化的关系

目前关于工资水平、劳动生产率与新型城镇化之间关系的研究比较少，而且更多是从新型城镇化对工资水平以及劳动生产率的促进作用角度来进行研究的。

赵永平（2016）基于2000~2012年的省际面板数据，实证研究了新型城镇化、集聚经济对劳动生产率的影响效应，对劳动生产率的门槛效应进行了实证检验，指出新型城镇化、集聚经济对劳动生产率具有显著的促进作用，并且新型城镇化对东部地区具有显著的正向促进作用，对西部地区的促进作用远不及东部地区，对中部地区的促进作用则不明显。孙叶飞等（2016）研究显示，新型城镇化通过发挥其"选择效应"可以推动新兴产业集聚、优化产业结构，进一步提高劳动生产率。赵春明（2016）从贸易开放的角度分析，在贸易开放后，比较优势发挥作用，东部地区出口大量的劳动密集型产品。东部地区出口部门劳动力的工资收入因出口而上升，中西部地区受运输成本等因素制约，参与贸易开放的广度和深度远低于东部，中西部地区劳动力工资上涨的幅度也自然小于东部地区。两地区工资收入的绝对或相对差异，促使中西部地区的劳动力向东部地区迁移。大量劳动力在工资差异的影响下向东部迁移，会推动东部地区的人口集聚及城镇化。

综上所述，国内外学者对工资水平、劳动生产率以及新型城镇化等问题都进行了许多有意义的探索研究，从不同的视角，采用不同的方法，取得了很多突破性的成果，总结出很多值得借鉴的结论，也对本书的写作提供了思路和方法上的指导。但是研究大都侧重宏观层面，成果有些零散，没有形成系统的论述，还存在研究不足的地方。

首先，关于工资水平和劳动生产率的研究多将重点放在省内地区间差异的比较，缺少从地级城市的层面进行研究。其次，在研究工资水平与劳动生产率关系时多引入其他关联机制的影响，很少将两者直接放于一个框架检验两者的关系。最后，现有的研究很少涉及工资水平、劳动生产率与新型城镇化之间的关系，工资水平以及劳动生产率对新型城镇化影响方面的文献更是少之又少，还可以进行更深入的研究。

第二节 工资水平与劳动生产率的地区差异

一 工资水平的地区差异

改革开放以来,我国的工资制度经过了多次调整,居民的工资水平有了很大的变化。我国各地的工资水平整体呈现上升的趋势,但是工资收入差异问题也逐渐地显现出来。从工资差异的经验证据看,虽然各国之间工资差异的程度有所不同,但是各国工资差异都呈现随时间不断上升的趋势(杨继东,2012)。这种差异主要表现在地区和行业等方面。本部分就从不同地区和行业的角度分析我国工资水平的差异。衡量工资水平的指标选取为在岗职工平均工资,样本为全国地级及以上城市。

1. 时间差异

我国统计资料显示,从1995年到2015年我国在岗职工年平均工资由5500元上涨到63241元。不考虑价格变动因素的影响,在岗职工年平均工资上涨了10.5倍,仅就这一统计数字的绝对额变动情况来看,其增长变动十分显著。

表2-1显示了我国1995~2015年在岗职工年平均工资及平均货币工资指数、平均实际工资指数的情况。其中平均货币工资指数=报告期在岗职工平均工资/基期在岗职工平均工资×100%,平均实际工资指数则是在考虑物价波动影响的基础上,将价格因素予以扣除后反映在岗职工实际工资变动的情况。

表2-1 1995~2015年我国在岗职工年平均工资水平

年份	在岗职工年平均工资(元)	平均货币工资指数(上年=100)	平均实际工资指数(上年=100)
1995	5500	100.0	100
1996	6210	112.9	103.8
1997	6470	104.2	101.1
1998	7479	106.6	107.2

续表

年份	在岗职工年平均工资（元）	平均货币工资指数（上年=100）	平均实际工资指数（上年=100）
1999	8346	111.6	113.1
2000	9371	112.3	111.4
2001	10870	116.0	115.2
2002	12422	114.3	115.5
2003	14040	113.0	112.0
2004	16024	114.1	110.5
2005	18364	114.6	112.8
2006	21001	114.4	112.7
2007	24932	118.7	113.6
2008	29229	117.2	111.0
2009	32736	112.0	113.0
2010	37147	113.5	110.0
2011	42452	114.3	108.5
2012	47593	112.1	109.2
2013	52388	110.1	107.3
2014	57361	109.5	107.2
2015	63241	110.3	108.6

资料来源：《中国统计年鉴》（1996~2016年）。

表2-1数据资料显示，我国在岗职工年平均工资呈现逐年增加的态势。平均货币工资指数大都保持在110的水平以上，考虑物价后的平均实际工资指数虽然有所下降，但总体上也呈逐年上升的趋势，说明我国工资水平在时间维度上的差异是十分明显的。图2-1更加直观地反映出我国在岗职工年平均工资的变动情况。

为了进一步分析工资水平的时间差异，采用时序回归法，建立各地级及以上城市在岗职工年平均工资与时间的线性模型：

$$W_t = c + bT_t + \mu \tag{2.1}$$

其中，W为在岗职工年平均工资，T为年份自变量，其中1995年为$T=1$，1996年$T=2$，并以此类推，得到1995~2015年我国271个城市在

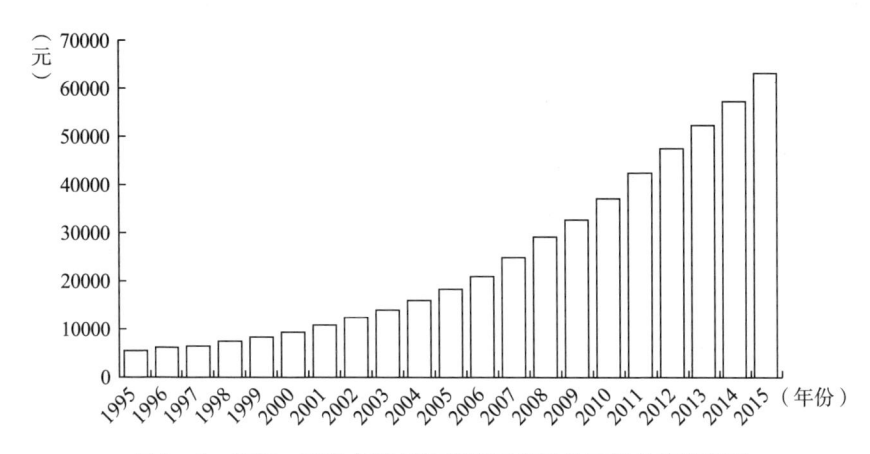

图 2-1　1995～2015 年我国在岗职工年平均工资的变动情况

资料来源：《中国统计年鉴》（1996～2016 年）。

岗职工年平均工资的回归结果。

1995～2015 年我国 271 个城市在岗职工年平均工资具有很强的时序特征，调整后的 R^2 都在 0.8 以上，其中有很多城市在 0.9 以上，而且所有 t 的 P 值均为 0.0000，方程拟合较好，并且 t 前面的系数均为正值，说明随着时间的推移，各城市的在岗职工年平均工资均呈线性增长趋势。

2. 地区差异

工资体制的不断调整，一方面激发了职工的生产积极性，另一方面使地区间的工资差距有不断拉大的趋势。地区工资水平差异越来越大，不仅会威胁到经济的持续增长，也会导致社会不稳定因素的增加。

将全国划分为东部、中部和西部三个区域。东部地区包含北京、天津、河北、辽宁、上海、江苏、浙江、福建、山东、广东、海南 11 个省份，中部地区包含山西、吉林、黑龙江、安徽、江西、河南、湖北、湖南 8 个省份，西部地区包含内蒙古、广西、重庆、四川、贵州、云南、西藏、陕西、甘肃、青海、宁夏、新疆 12 个省份。

根据获得的数据并进行整理得出表 2-2。由表中数据可以看出，东部地区工资水平一直较高，其次是西部、中部地区。1995～2005 年，东部地区的工资水平持续上升，并且高于中、西部地区的平均增速；2006～2015 年东部地区工资水平仍然较高，但中、西部地区工资水平的平均增速更快。

表2-2 1995~2015年我国东、中、西部地区在岗职工年平均工资水平

单位：元

年份	东部地区	中部地区	西部地区
1995	6265.8	4662.1	4993.8
1996	6913.9	5200.7	5555.8
1997	7534.2	5635.2	6123.8
1998	8502.0	6517.6	6989.8
1999	9501.3	7046.6	7627.8
2000	10697.2	7589.9	8444.8
2001	12329.2	9003.8	9868.0
2002	15152.4	10021.0	11037.6
2003	15851.0	11320.1	12266.8
2004	17919.1	13060.0	13925.8
2005	20182.1	14812.2	15715.5
2006	22544.7	16789.9	19633.9
2007	26157.8	20639.5	21946.4
2008	30457.8	23671.1	25739.8
2009	33617.2	26372.3	28951.4
2010	37788.3	30230.1	32561.4
2011	42856.9	35003.2	37719.8
2012	48539.9	39956.0	43113.8
2013	51830.6	42979.3	47936.6
2014	56377.8	47365.5	50713.6
2015	61755.8	51388.9	57366.3

资料来源：《中国城市统计年鉴》（1996~2016年）。

从目前的研究成果来看，引起工资地区差异的原因主要有两点。一是中国地区间经济发展程度的差异直接导致地区间工资差异（何雄浪，2012）。东部地区的经济发展程度明显高于中、西部地区，因此东部地区的工资水平也相对较高。二是随着全球化程度的不断加深，对外资的开放度会影响工资水平，并且这种影响会随着地区外资水平的增加逐渐增强

（孙楚仁，2008）。东部地区是我国吸收外商直接投资（FDI）的主体，相对而言，中、西部地区处于不利地位。FDI的区域分布不均衡导致地区工资水平的差异。

但是伴随中、西部地区工资水平的增速不断上升，由区域因素带来的工资差异会呈现下降的情况。2001年到2005年，区域因素对工资差异的贡献有所上升，推动泰尔指数由0.144上升到0.175，但从2005年到2010年，由区域因素所带来的工资差异则明显下降，达到0.093，明显低于2001年的水平（蔡昉，2011）。

3. 行业差异

在我国，不同行业之间工资水平的差异是一直存在的，并且这种差异十分显著。目前，我国东部地区服务业比较发达，中、西部地区以工业为主。本部分就分别对服务业（东部地区）和工业（中、西部地区）间各行业的工资水平进行比较。

根据统计资料显示，服务业分成14个行业，工业分成4个行业。2015年，东部地区服务业平均工资水平为76698.8元。其中工资水平最高的3个行业分别是金融业，信息传输、软件和信息技术服务业，科学研究和技术服务业；工资水平最低的3个行业分别是住宿和餐饮业，居民服务、修理和其他服务业，水利、环境和公共设施管理业。2015年中、西部地区工业平均工资水平为56543.4元，其中工资水平最高的为电力、热力、燃气及水生产和供应业，其余依次是采矿业、制造业和建筑业。

通过对比发现，服务业中金融业工资水平是住宿和餐饮业工资水平的3倍，工业中电力、热力、燃气及水生产和供应业工资水平是建筑业工资水平的1.5倍。此外，工业中工资水平最高的电力、热力、燃气及水生产和供应业还没有达到服务业的平均水平，尽管其中存在地区差异的影响，但依然可以看出各个行业之间存在巨大的差异。

存在行业差异的原因在于不同行业对人力资本的要求不同，进入该行业所需付出的先期成本也不同，因此不同行业职工的平均工资收入肯定是有差异的。此外，对不同行业来说，随着工资水平的提高，劳动效率所能达到的最优点也是不一样的。因此，使各个行业达到最优效率的工资也不同。

二 劳动生产率的地区差异

1. 劳动生产率的测算

Esteban（2000）提出可以应用偏离-份额方法（shift-share）将地区劳动生产率分解成三种成分，即产业结构效应、纯生产率效应和配置效应，从而研究地区劳动生产率差异的内在结构及其影响机理。

以 P_i^j 代表 i 地区（$i=1,2,\cdots,I$）j 行业（$j=1,2,\cdots,J$）的就业份额，有 $\sum_j P_i^j = 1$。P^j 表示行业 j 在全国的就业份额，同样有 $\sum_j P^j = 1$。那么以就业份额为权重的地区劳动生产率的形式如下：

$$X_i = \prod_j \left(\frac{V_{ij}}{L_{ij}}\right)^{P_i^j}; \quad X = \prod_j \left(\frac{V_j}{L_j}\right)^{P^j} \tag{2.2}$$

其中，V_{ij} 为 i 地区 j 行业生产总值，V_j 是全国 j 行业的生产总值，L_{ij} 是 i 地区 j 行业的劳动力数量，L_j 是全国 j 行业的劳动力数量。

求对数得：

$$\ln X_i = \sum_j P_i^j \ln\left(\frac{V_{ij}}{L_{ij}}\right); \quad \ln X_i = \sum_j P_i^j \ln\left(\frac{V_{ij}}{L_{ij}}\right) \tag{2.3}$$

令 $\ln X_i - \ln X = \mu_i + \pi_i + \alpha_i$，则 $\ln X_i - \ln X$ 为对数形式的 i 地区总劳动生产率与全国平均劳动生产率的离差，用于表示某地区和全国平均水平的劳动生产率差异。

参照 Esteban（2000）的方法，则有：

$$\mu_i = \sum_j (P_i^j - P^j) \ln X^j, \quad 其中 \ln X^j = \ln\left(\frac{V_j}{L_j}\right) \tag{2.4}$$

$$\pi_i = \sum_j (\ln X_i^j - \ln X^j), \quad 其中 \ln X^j = \ln\left(\frac{V_j}{L_j}\right); \ln X_i^j = \ln\left(\frac{V_{ij}}{L_{ij}}\right) \tag{2.5}$$

$$\alpha_i = \sum_j (P_i^j - P^j)(\ln X_i^j - \ln X^j) \tag{2.6}$$

μ_i 被称为产业结构效应，由于地区专业化程度可以在就业份额上反映出来，因此他度量了地区产业结构状况；如果某地区在劳动生产率比较高的行业具有较高的专业化水平，则 μ_i 值较大，否则 μ_i 值较小。π_i 被称为纯生产率效应，它表示在同一产业内，地区行业劳动生产率与全国平均的行业劳动生产率之间的差异性，如果某地区行业劳动生产率较高，则 π_i 为正数，否则为负。α_i 称为配置效应，它反映了资源（主要是资本和劳动力）在产业间的配置作用对劳动生产率差异的影响。

即地区劳动生产率和国家劳动生产率的差异可以分解为三个方面，不管是产业结构差异、纯劳动生产率差异，还是资源配置差异都可能是地区差异的原因。

2. 数据来源

所使用的数据均出自各年的《中国统计年鉴》。在计算劳动生产率过程中，产值使用 GDP 进行衡量，全国和各省各产业的就业人数作为劳动力投入，由于数据可获得性的限制，按照三次产业进行分类，包括第一产业、第二产业和第三产业。地区划分的标准和上文一致。

3. 分解结果

运用偏离-份额方法，可以计算出各个地区的产业结构效应、纯生产率效应和配置效应。表2-3列出了各个地区的劳动生产率差异与分解得到的三个效应的数值；图2-2到图2-5分别表示三大地区劳动生产率差异和三种效应的变化趋势。

表2-3 地区劳动生产率差异及其分解（1995~2010年）

年份	地区	劳动生产率差异 ($\ln X_i - \ln X$)	产业结构效应 (μ_i)	纯生产率效应 (π_i)	配置效应 (α_i)
1995	东部	0.6135	0.2765	0.4017	-0.0646
	中部	-0.1304	0.0155	-0.1322	-0.0136
	西部	-0.3898	-0.1659	-0.1913	-0.0326
2000	东部	1.6275	0.2168	1.0961	0.3147
	中部	0.0513	-0.0998	0.1602	-0.0092
	西部	-0.2394	-0.2553	0.0690	-0.0531
2005	东部	0.7896	0.2505	0.5244	0.0147
	中部	-0.0610	-0.0681	0.0071	-0.0001
	西部	-0.3594	-0.1842	-0.1373	-0.0379
2010	东部	0.5711	0.1991	0.3618	0.0103
	中部	-0.1555	-0.0645	-0.0767	-0.0143
	西部	-0.4307	-0.1849	-0.1874	-0.0585

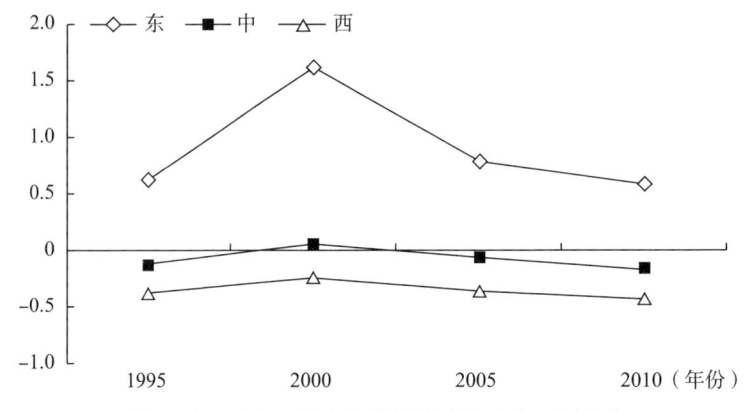

图 2-2　1995~2010 年地区劳动生产率差异变化

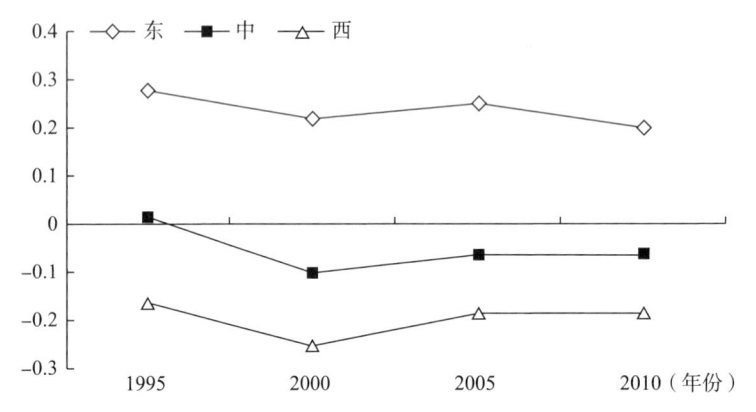

图 2-3　1995~2010 年地区产业结构效应（μ_i）变化

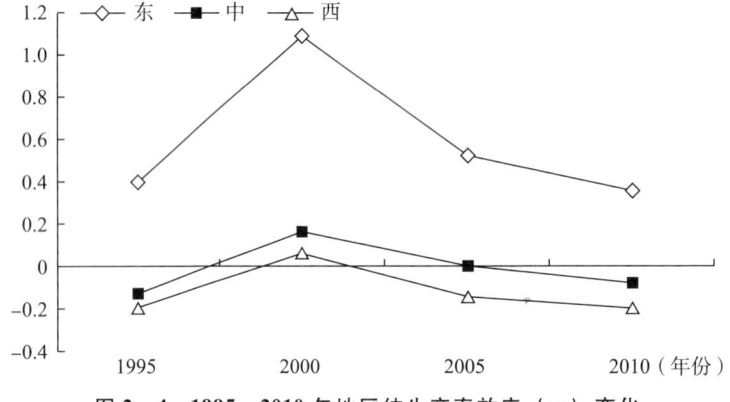

图 2-4　1995~2010 年地区纯生产率效应（π_i）变化

通过图 2-2，各个地区劳动生产率差异是非常明显的。东部地区劳动生产率显著高于全国平均水平，而中部地区次之，西部地区居末；中西部

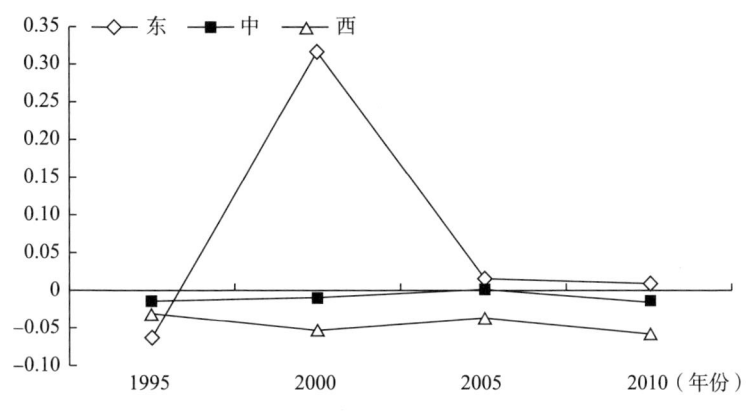

图 2-5　1995~2010 年地区配置效应（α_i）变化

的劳动生产率均低于全国平均水平。随着时间的推移，东部地区劳动生产率的优势逐渐缩小。

将各地区的总劳动生产率差异进行分解，图 2-3、图 2-4、图 2-5 分别表示各地区劳动生产率差异分解后得到的产业结构效应、纯生产率效应和配置效应的变化趋势。图 2-3 表明，产业结构效应在各个地区之间也表现出非常强的差异性，东部地区的产业结构效应远高于中西部地区，而中西部地区产业结构效应低于全国平均水平。这主要是因为东部地区在劳动生产率比较高的第二产业和第三产业拥有更高的专业化水平。

从图 2-4 可以看到，东部地区和中西部地区相比，其纯生产率效应也处于领先地位。其中，西部地区的纯生产率效应要小于中部地区，并且中部地区与西部地区纯生产率效应具有非常一致的变化趋势。

配置效应从图 2-5 可以看出，该效应比起其他两个效应而言较小。总体仍然是东部地区最高，中西部地区低于全国平均水平。在 2005 年以后东部地区和中西部地区之间的差异缩小。

三　新型城镇化及其决定因素

（一）新型城镇化的相关概念及测度

1. 新型城镇化的概念

A. Serda（1867）最早提出城市化的概念。在经济学中，城市化是指伴随工业化的发展，人口不断向城市集中的过程。城市化具有三个主要特征：一是农村人口在地理位置上转移；二是非农产业逐步向城镇集聚；三是剩余劳动力转变为非农业劳动力。

城镇化是由中国学者创造的，是具有中国特色的城市化。随着城镇化进程的演进和城镇化率的提高，我国提出了新型城镇化的概念。和传统城镇化相比，新型城镇化不仅注重城镇化率的提高，还要兼顾城镇化的质量，不仅是人口城镇化，还包含经济、社会、生态多方面内容。

新型城镇化是对传统城镇化经验的全面总结与创新，是在科学发展观的指导下，以全面提升城镇化的质量和水平为目标，强调以人为本、城乡统筹、集约发展、规模结构合理、环境友好、社会和谐的城镇化发展模式（曾群华、徐长乐，2014）。

2. 新型城镇化水平的测度

关于城镇化水平的测度大致分为两种方法，即单一指标法和综合指标法。

单一指标法即用一种指标作为衡量标准，主要用非农人口比重或城镇人口比重来衡量城镇化水平。非农人口比重是计算某一地区非农人口占总人口的比重，城镇人口比重是计算某一地区城镇人口占总人口的比重。

综合指标法是指构建一个测度城镇化水平的评价体系，体系中包含人口、经济、社会和区域环境等多方面指标。从人口方面衡量城镇化水平，除单一指标的两种方法，还可以从人口自然增长率、第三产业从业人员比重等方面衡量。从经济方面衡量城镇化水平，可以从产业结构、经济总量等方面来测度。从社会方面衡量城镇化水平，可以从医疗条件、交通运输、城镇建设、科技水平、教育水平等方面进行综合测度。从区域环境方面考察城镇化水平，可以采用建成区绿化覆盖率、人均公共绿地面积等来衡量。

与单一指标法相比，大多数学者使用综合指标法，构建一个综合指标体系对城镇化水平进行测度。并且仅从单一指标对城镇化水平测度，也不符合新型城镇化的内涵。

（二）城镇化的影响因素及作用机制

1. 工资水平

城镇化的核心是人口的城镇化，工资收入作为主要的收入来源，工资水平直接影响到人口城镇化率。工资水平及地区间、城乡间工资水平存在的差异都会影响城镇化发展。

其一,通过影响人口迁移的方向推动城镇化发展。这种影响从两个方面发生作用:一是促进人口迁移;二是阻碍人口迁移。促进人口迁移的动力,从迁入地和迁出地不同的角度来看,又可以分为人口迁移的推力和拉力。人口迁移的推力是由于迁出地的经济发展水平和工资水平较低,对其居民产生的一种排斥力。相反,人口迁移的拉力则是由于迁入地的经济发展水平和工资水平较高,对外地居民产生的一种吸引力。各地人口受到推力和拉力两种力的共同作用会进行各种形式转移,由农村向城镇的人口迁移是我国目前人口迁移的主流,极大地推动了城镇化的进程。

其二,通过吸引劳动力由工资水平低的地区向工资水平高的地区集聚推动城镇化发展。城镇化本质就是劳动力等要素的高度集中。在集聚经济的支配下,城镇成为一定地域空间的引力中心,新到来的要素必然吸引更多生产要素向它集聚,为城镇化奠定基础。

其三,工资水平的提高会加快农业转移人口市民化,提高城镇化水平。城镇化过程中的主力军是农民工。徐辉、陈芳(2015)通过实证分析表明,农民工工资性收入的增长能明显促进城镇化的发展,农民工工资性收入每增加1%,两年后我国的城镇化率将提高1.843%。农民工工资性收入和城镇化水平均有明显的累积效应,当年的水平将直接影响其后续8~10年的发展。

2. 劳动生产率

劳动生产率作为衡量地区经济发展水平的重要指标,在不同地区不同行业之间会存在差异。这种差异的存在会对城镇化产生不利影响。

其一,刘易斯(1954)在二元经济结构理论中指出发展中国家的经济结构具有二元性,包括落后的农业部门与现代化的工业部门两方面,受到农业发展所产生的"推力"和非农产业发展所产生的"拉力"的双重作用。农村剩余劳动力会由劳动生产率低的农业部门转向劳动生产率高的工业部门。配第-克拉克定理认为:伴随经济社会进步,居民收入的增多,在全部劳动力中,从事第一产业的劳动力占比不断减少,从事第二、第三产业的劳动力占比不断增多。劳动力在部门之间的流动会推动城镇化发展。

其二，在三大产业中，我国农业劳动生产率远远低于第二、第三产业，不仅制约了农业农村经济的发展和农民增收，而且也不利于农村剩余劳动力的转移。通过推进农业现代化，提高农业劳动生产率，缩小农业与第二、第三产业劳动生产率的差异，可以解放潜在的农业剩余劳动力，促使农业剩余人口向工业、服务业部门流动（于燕，2015）。加快农业农村剩余劳动力转移是提高城镇化水平的必由之路（杨志诚，2014）。

其三，缩小劳动生产率差异会促进产业结构转换，推动城镇化发展。卫言认为新型城镇化的核心动力是产业结构转换（卫言，2012）。加快传统产业向优势新兴产业的调整和转移，着力培育高附加值的服务业和新兴产业等业态，加快第一、第二、第三产业融合，壮大产业集群，优化产业内部要素配置，会对城镇化发展起到推动作用。

3. 人力资本

城镇发展的根本动力是人力资本。Eaton 和 Eckstein（1997）开发了一个基于人力资本积累的城市化及增长模型，运用法国和日本的城市增长数据，通过估计城市规模的 Markov 转移矩阵来分析城市增长的演化过程，显示出人力资本作用于城镇化发展的路径不是单一的（陈春林，2014）。

其一，人力资本通过影响选择性人口迁移促进城镇化。张艳华和李秉龙（2006）、高文书（2009）、黄乾（2009）指出人力资本水平的提高会加快农村人口的非农化转变，人力资本水平高的流动人口获得稳定就业的机会更大，从而有利于农民工进城。

其二，人力资本通过提高人口市民化水平促进城镇化。随着人力资本水平的提高，流动人口在城市的居住性增强，有助于社会融合，增加其在城市长期生存和发展的能力，促进农民转化为市民。

其三，人力资本通过经济内生性增长促进城镇化。人力资本具有外部性和累积循环性，它成为发达国家城市化进程持续推进的原动力。范剑勇（2006）认为人力资本是规模报酬递增的源泉，而规模报酬递增的地方化是城市发展的关键性因素。Glaeser（2003）认为之所以拥有更多人力资本的城市发展得更快，是因为知识溢出使城市拥有更高的生产率。

其四，人力资本通过产业结构升级促进城镇化。人力资本能通过产业结构调整和升级推进城镇化发展。城镇化进程是一个产业结构升级的过程，而在产业结构升级的过程中，人力资本起着核心的作用。

人力资本对城镇化过程的影响，已经超越单纯的物质资本投资，它带来的城镇化远比城镇规模的简单扩张意义重大。总体而言，在城镇化发展的初、中级阶段，人力资本投资对城镇化率有正向影响。在城镇化发展的高级阶段，随专业化分工的转移，人力资本投资对城镇化率的关系开始淡化，对城镇化发展质量和内涵提升的作用开始强化。

4. 外商直接投资（FDI）

FDI流入东道国会带来资本投资、技术管理、劳动就业以及思想观念，这些都将会对东道国城市经济以及城镇化发展产生深远影响。

其一，FDI通过推动经济增长促进城镇化。众多学者的研究表明，城镇化与经济增长有必然联系，即经济增长必然带来城镇化水平的提高，城镇化水平的提高必然会加快经济增长。一方面，FDI的流入为东道国带来了资本与技术，解决了资本短缺的问题；另一方面，通过直接效用和间接效用促进了东道国的出口和消费。总体来说，FDI推动了东道国经济增长的三驾马车——投资、消费和出口，从而促进城市经济的增长，成为城镇化的重要动力来源之一。

其二，FDI通过改变经济结构促进城镇化。首先，FDI加速了传统农业经济的解体，农业剩余的不断增加推动了城镇化发展。其次，FDI可以提高工业化水平。城市与区域经济理论研究表明，工业化是城镇化的基本动力，城镇化水平会随着第二产业的发展稳步提高。最后，FDI促进了第三产业的兴起与扩张，成为城镇化的后续动力。第三产业的发展完善了软硬件设施，提高了人民生活水平，使城镇化水平实现质的提升。

其三，FDI通过改善区域制度环境促进城镇化。一般来说，一个良好的制度环境能够吸引FDI，而FDI流入之后会改变区域的制度环境，影响制度变迁，改变外部的制度环境并导致各经济主体之间的利益格局发生变化，从而加速当地新的制度安排的形成，并最终作用于城镇化。在FDI促进和国内政治经济体制改革推动的共同作用下，我国城镇化呈现由上而下城镇化与由下而上城镇化相结合的发展态势。

其四，FDI通过改变人口城乡迁移的机制对城镇化过程产生或大或小、或正或反的作用。FDI促进经济增长，会带来更多的就业机会，从而吸引农村剩余劳动力和区域外劳动力向城市迁移，提高城镇化水平。城市的人口规模越大，表明其劳动力数量越大，基础配套设施越完善，对FDI越具有吸引力。因此，FDI 和城市人口迁移之间存在双向互动作用。但是 FDI 提供的就业机会是否能引起跨地区人口迁移并推动城镇化发展，还受制度与政策、传统文化观念等其他因素的制约。

第三节　实证分析及结果

前文理论分析结果显示，工资水平和劳动生产率水平会影响新型城镇化进程。为进一步对这一结果进行验证，本节建立计量模型，实证研究工资水平和劳动生产率水平对新型城镇化的作用。

一　变量与模型

1. 变量介绍

本部分以 1995~2015 年我国 240 个地级市的新型城镇化水平、工资水平、劳动生产率、外商直接投资和人力资本水平等指标为基础进行实证研究。其中，新型城镇化水平使用三个相互佐证的指标，分别是城市化率（U）、建成区增长率（S）和人口密度增长率（D）。解释变量主要包括：工资水平（W），使用职工平均工资表示，平均工资水平更能反映一个地区的实际工资水平；劳动生产率（L），用国内生产总值与单位从业人员数之比表示；外商直接投资（I），使用各市外商实际投资额表示；人力资本水平（H），用高等学校在校生人数表示。

数据主要来源于《中国城市统计年鉴》（1996~2016 年）和国家统计局网站。对于部分地区部分年份数据缺失的情况，本部分利用 Eviews7.2 软件对相关年份数据进行预测，使数据完整、连续。考虑到价格因素的影响，本部分以 1995 年为基期对相关名义数据进行平减处理，消除通胀因素的影响。

2. 模型设定

根据理论假设，以各城市的新型城镇化水平为被解释变量，以工资、劳动生产率为解释变量，以外商直接投资和人力资本水平为控制变量，同时出于保持数据的平稳性和消除异方差的考虑，设立以下对数形式的面板回归模型。

$$\ln U_{it} = \beta_0 + \beta_1 \ln W_{it} + \beta_2 \ln L_{it} + \beta_3 \ln H_{it} + \beta_4 \ln I_{it} + \varepsilon_{it} \qquad (2.7)$$

式（2.7）中 i 代表面板数据中的城市，$i=1,2,3,\cdots,240$；t 代表面板中的年份，$t=1995,1996,\cdots,2015$。U_{it} 为被解释变量，代表第 i 个城市第 t 年的新型城镇化水平；W_{it}、L_{it}、H_{it}、I_{it} 分别为第 i 个省份第 t 年的工资水平、劳动生产率、外商实际投资额、高等学校在校生人数；ε_{it} 为随机误差项。

由于面板数据的二维特性，模型设定直接决定了参数估计的有效性。因此在式（2.7）的基础上，还必须对其估计形式进行检验。检验的目的主要是确定模型参数在截面样本点和时间上是否具有相同的常数，从而可以在混合效应模型、固定效应模型和随机效应模型中确定具体采用何种估计形式。具体检验的方法有 F 检验和 Hausman 检验。F 检验主要是判断面板数据应该建立混合效应模型还是固定效应模型，在给定的显著性水平下，若接受原假设，则选取混合效应模型进行估计，否则选取固定效应模型或随机效应模型。下一步采用 Hausman 检验来识别究竟是选择固定效应模型还是随机效应模型估计。如果 Hausman 检验拒绝原假设，就表示应建立固定效应模型，否则应建立随机效应模型。

二 回归结果

对式（2.7）进行回归，结果如表 2-4 所示。

表 2-4 全样本回归结果

	（1）FE	（2）FE	（3）FE	（4）FE	（5）FE	（6）FE
样本（个）	240	240	240	240	240	240
观测数（个）	5040	5040	5040	5040	5040	5040
被解释变量	城市化率	建城区	人口密度	城市化率	建城区	人口密度
C	0.2708 (0.042)***	3.2545 (0.063)***	1.3309 (0.1589)***	0.2968 (0.0428)***	3.1796 (0.0635)***	1.2846 (0.1612)***
工资	0.0111 (0.016)***	-0.1397 (0.025)***	-0.1875 (0.063)***	0.0109 (0.0167)***	-0.1423 (0.0248)***	-0.1936 (0.0631)**
劳动生产率	-0.0185 (0.011)	-0.1885 (0.0176)***	-0.4191 (0.0441)***	-0.0199 (0.0116)*	-0.1851 (0.0173)***	-0.4181 (0.0441)***
人力资本	0.2577 (0.006)***	0.1568 (0.0095)***	1.0685 (0.0239)***	0.2534 (0.0065)***	0.1842 (0.0096)***	1.1056 (0.0245)***

续表

被解释变量	城市化率	建城区	人口密度	城市化率	建城区	人口密度
外资	0.1325 (0.005)***	0.1387 (0.007)***	0.6236 (0.0177)***	0.1395 (0.0052)***	0.0966 (0.007)***	0.5681 (0.0196)***
东部地区				−0.0338 (0.0093)***	0.1740 (0.0138)***	0.2113 (0.0352)**
中西部地区				−0.0294 (0.0086)***	0.0938 (0.0128)***	0.0710 (0.0325)***
调整的 R^2	0.5906	0.1996	0.6092	0.9889	0.5913	0.6127
Hausman 检验，P 值	0.0001	0.0096	0.0005	0.0004	0.0000	0.0104

注：FE 指固定效应；系数下方括号内的值是标准差，***、**、* 分别表示在 1%、5% 和 10% 水平上显著。

方程（1）显示，工资与城市化率之间存在显著的正相关关系，即工资推动了城市化进程，城市化越快的城市其工资上涨也越快。这和发展经济学的理论是一致的，由于我国的城市化进程在很大程度上仍然体现为人口向城市地域的集中，这来源于工资的吸引，同时也推动了工资上涨的进程。比较而言，劳动生产率虽然对城市化率的作用不显著，但呈负相关关系，由于我国的城市化过于强调人口的集中，生产集中往往滞后于人口集中。方程（2）是城市建成区面积增长率，比较而言，建成区面积增长率和劳动生产率之间的负相关关系就比较显著，这也印证了上述分析。但从工资来看，工资水平与城市面积扩张之间却呈现负相关，即工资水平高的城市未必是城区扩张最快的城市，这表明要深入理解城区扩张和工资的关系，还需要对不同类型的城市进行区分对待。

人力资本积累在城镇化进程中具有显著的推动作用，从教育分布来看，越是高层级的城市其教育层级越高，教育资源也越集中。我们是用高等学校在校人数来度量人力资本积累的，这考虑到三个方面的因素：一是高校是知识的生产部门，关注高校的作用实际上关注了知识在城镇化中的作用；二是高校与当地就业的质量密切相关，对建立现代产业体系具有重要作用；三是高校是当前教育经费投入的主要领域，通过考察高校在校人数比例来理解一个城市的教育积累和教育禀赋。虽然人力资本在各个层面都显著地促进了城市化发展，但在越高等级城市以及经济发达地区的作用更突出。

方程（4）、(5) 和 (6) 是分别加入了地区的回归结果，我们注意到一个有趣的现象，即除了城市化率外，城区扩张和城市人口密度在地区上是显著相关的。为了进一步讨论其差异，我们分地区进行了回归，同时也对省会城市和地级城市分级进行了回归，结果如表 2 - 5 所示。

表 2 - 5　分地区回归结果

	(7) FE	(8) FE	(9) FE	(10) FE	(11) FE	(12) FE
样本（个）	98	98	142	142	26	214
观测数（个）	2053	2053	2964	2964	545	4472
被解释变量	建城区	人口密度	建城区	人口密度	建城区	建城区
C	3.7862 (0.0971)***	-0.2524 (0.0739)***	0.5250 (0.0515)***	3.1544 (0.0840)***	-0.4610 (0.0983)***	0.3055 (0.0436)***
工资	0.3764 (0.0469)***	0.1243 (0.0357)***	-0.0130 (0.0184)	-0.0926 (0.0301)***	0.2879 (0.0584)***	-0.0193 (0.0170)*
劳动生产率	-0.0273 (0.0302)	-0.0586 (0.0230)**	-0.0241 (0.0134)*	-0.2380 (0.0219)***	0.1576 (0.0472)***	0.0325 (0.0121)***
人力资本	0.1627 (0.0135)***	0.2785 (0.0103)***	0.2384 (0.0082)***	0.1863 (0.0134)***	0.3451 (0.0227)***	0.1837 (0.0074)***
外资	0.0599 (0.0103)***	0.1703 (0.0078)***	0.1198 (0.0066)***	0.1361 (0.0108)***	0.1173 (0.0983)	0.1232 (0.0048)***
调整的 R^2	0.5906	0.1315	0.6333	0.2209	0.7321	0.4703
Hausman 检验，P 值	0.0001	0.0096	0.0096	0.0004	0.0000	0.0104

注：FE 指固定效应；系数下方括号内的值是标准差，***、**、* 分别表示在 1%、5% 和 10% 水平上显著。

方程（7）和方程（8）是东部地区 98 个城市的回归结果，而方程（9）和方程（10）则是中西部地区 142 个城市的回归结果。比较发现，工资上升能够解释东部地区的城市建城区面积增长和人口密度增长，但对中西部地区城市而言，工资并不能解释城市发展。从我国改革开放以来经济发展的区域差异来看，由于东部地区的先行先试，获得了较为优惠的前期政策，经济增长也体现在城镇化发展方面，随着人口由中西部内陆向东部沿海地区的快速转移，东部地区的工资水平也快速上升，2004～2005 年东部地区出现了制造业"民工荒"是对东部地区工资成本上升的最好例证。

分地区回归后,劳动生产率前的符号仍然为负,这进一步说明我国的城市化进程更多地依靠数量型增长的推动,包括人口数量型增长和投资数量型增长。

从省会城市来看,工资也能够解释城市规模的扩大。在另外的章节,我们的研究发现,省会城市和地级城市在规模扩张上存在不一致性,省会城市的规模扩张较小而地级城市规模扩张较大。在我国,层级越高的城市其内涵发展越突出,而层级越低的城市越注重通过规模扩张来推进城市化。从劳动生产率来看,地级城市的劳动生产率普遍不高,对城镇化的推进影响不大,但对于省会城市而言,劳动生产率则存在正向的显著推动效应,这体现了大城市和中小城市发展的不同道路。

三 结论

本章研究得到如下结论。

第一,工资水平存在地区差异和行业差异。对我国而言,由于改革开放的地区性时序差异,工资水平的地区差异较为明显,东部地区工资水平较高,而且上升较快。这在初期体现为城市发展速度较快,现代产业发展迅速,从而吸引了劳动力的快速流入。但工资水平的快速提高也削弱了产业的竞争力,2008年国际金融危机以后,产业开始向内陆地区转移,也带动了中西部地区的产业发展和城镇化水平提高。

第二,工资对城镇化发展的影响具有复杂的结果。总体来看工资水平与城镇化水平是正相关的,即城镇化水平越高的地区工资水平越高,在这一指标的实证结果上东部地区要高于中西部地区。而从城市层级来看,省会城市的工资水平总体上高于地级城市的工资水平,相应的,工资水平在省会城市的发展中具有显著的推动作用,而对地级城市的推动作用相对较弱。

第三,工资和劳动生产率在新型城镇化发展中具有相互引征的体现。工资水平是要素价格的主要方面,既是产业发展水平的体现,也形成了产业发展的成本;而劳动生产率则是产业现代化的主要指标。从我国分地区分层级城市的情况来看,东部地区及省会城市的工资水平较高,其劳动生产率水平也较高,但由于在城市化进程中人口集中快于产业集中和产业升级,劳动生产率与城市规模扩张之间呈负相关。

第三章 工资水平、城市规模与新型城镇化

第一节 研究背景与文献评述

一 研究背景

改革开放以来,特别是近年来我国的城镇化速度不断加快,城镇人口不断增加。截至 2016 年底,城镇常住人口超过 7.9 亿人,城镇化率达到 57.35%。伴随城镇化的进程,城市规模也快速扩张。城镇化的推动使地区间、城市间劳动力可以自由流动,劳动者的自由流动会使城市的资源配置效率得到一定的提高,劳动者的工资水平也会得到提高。人们都愿意到大城市去,城市越大收入越高吗?实际上,我国的劳动工资水平在不同地区、不同规模城市之间存在显著的差异,大城市的工资水平明显高于小城市。2016 年,特大城市北京的年末市辖区职工平均工资为 113073 元,上海为 101476 元;大城市青岛、郑州、苏州分别为 75262 元、57509 元、74298 元;中等城市咸阳为 46383 元;小城市开封为 44004 元。城镇化使劳动力市场自由化程度不断提高,不同规模城市间的劳动者工资水平差异随着劳动力的自由流动应不断缩小,趋于一致。因此不同城市规模间的工资差异问题逐步显现,成为关注的焦点。

目前我国处于新型城镇化迅速发展阶段,不同地区的新型城镇化模式对城镇化的良好发展有着十分重要的意义。但是城镇化过程中出现了一些问题阻碍其发展进程,大城市与中小城市的发展矛盾、过多的人口涌向大

城市造成的"城市病"引起了社会各界的关注,虽然采取了一定的措施限制城市的不断扩张,有所缓解,却未从根本上找到解决的路径。因此对工资水平、城市规模与新型城镇化模式之间关系研究更为必要。

从现实层面来看,随着中国城镇化进程的加快,以及我国劳动力市场化水平逐步改善,劳动者可以自由地选择就业和生活的地区及城市,然而更多的劳动者往往聚集到大城市以及较为发达的地区。这一现象导致我国不同地区间、不同城市规模间的劳动者的工资水平有着明显差距,成为一个亟待解决的社会问题。大多数的学者将研究的焦点聚集到这一领域,国内的学者研究多集中于地区间的工资水平差距问题,对不同城市规模之间的工资水平差距问题的研究和结论较少;而国外的学者则已经开始关注不同城市规模之间的工资差距原因,这些在我国的研究尚不充分。这些研究的一个共同方面是,国内外学者均没有对这一过程中新型城镇化的模式进行比较分析。

此外,在快速城镇化进程中,虽然城市规模的扩张给自由流动的劳动者提供了宽广的择业空间,但是不断扩大的城市间的工资差距对我国区域经济协调发展、大城市与中小城市协同发展形成了阻碍。研究不同城市规模之间的工资水平,首先有助于找出造成差距的原因哪些是阶段性的,哪些是可以克服的,对政府制定政策、合理优化资源配置以缩小城市间的工资水平差距有着十分重要的参考价值;其次,我国未来的城镇化速度必将加快,中小城市与大城市协调发展是城镇化道路的重要路径,找出造成差距的原因,劳动者不必再向大城市聚集,而是可以就近选择就业,可以减轻大城市的交通、住房、就业等压力,促进城市优化布局;最后,通过研究也可以比较新型城镇化发展模式的区域差异,通过对比发现自身的长处与不足,找出其中的原因和影响因素,对城市今后的发展提供借鉴。

二 文献评述

从表象来看,不同规模的城市其工资水平也存在差异,这在世界上的不同国家和历史上的不同时期普遍存在,特别是在经历快速城镇化过程的那些国家,这种现象尤为突出,从而也吸引了学者的更大关注。比较而言,国外研究起步较早,相关的理论研究和研究成果也较为丰富。

（一）国外研究现状

国外理论界对这一问题的关注较早，无论是从理论研究，还是从实证研究都有一定的成果，但是并没有达成一致的结论，对不同城市规模间的工资水平不同主要从以下三个角度进行分析，即劳动者自身差异、生活成本差异和聚集效应。

1. 劳动者自身差异

劳动者本身存在异质性，其能力也存在差异，这在一定程度上造成了城市间的工资水平不同。Combes等人（2012）通过对法国劳动力流动的研究，发现能力高于平均水平的劳动者倾向于向大城市集中，能力低于平均水平的劳动者则倾向于向中小城市集中。进一步研究表明，大城市对高技能和低技能劳动者都具有极大的吸引力，只是二者的工资水平存在显著的差距。另据他们早期同样是对法国工人的能力水平进行的研究，表明40%~50%的工资差距能够用劳动者的能力不同进行解释（Combes et al., 2008）。由于工会在发达国家的劳动市场上扮演着极其重要的角色，对劳动者维护其合法权益，帮助其争取更高的工资具有重要作用，大部分劳动者会加入工会。Yankow（2006）在剔除了劳动者参加工会这一因素之后进行分析发现，城市间的工资水平差距会有一定的下降趋势，但在大城市工作的劳动者仍然有19%的工资优势；同时发现大城市吸引了较多的不可观测的高能力劳动者是美国城市间工资水平存在差异的主要原因。Fu和Ross（2011）在剔除了不可观测的能力这一因素之后发现，美国不同规模城市间的工资水平具有较大差异，大城市的劳动者工资水平高于中小城市。这是因为大城市具有完善的维权诉讼渠道，完善的工会组织能够保证劳动者的合法权益不受侵犯，生活和工作在大城市中的劳动者也具有很高的法律意识，当受到侵犯时维权意识较中小城市的劳动者高，可以利用工会和厂商进行谈判来保护其合法权益，以获取更高工资。通过Yankow、Fu和Ross的研究可以看出，劳动者是否参加工会与城市间的工资差距有一定的关系。Bacolod等人（2009）的研究证明，大城市能够为高技能劳动者提供更加便利的条件，使其获得较高的认知能力，增加其社交能力，因此能够吸引更多的高能力劳动者，其工资水平也就显著高于中小城市劳动者。Baum和Pavan（2013）认为城市的扩张与辖区内劳动者的工资存在密切联系，指出劳动者经验所得到的回报很大程度上受城市规模大小的影响，在某种程度上工作经验上的差异导致了不同城市规模之间工资水平的差异，因为劳动者很容易在大城市找到与自己的能力和经验相匹配的工作，获得与之相对应的工资回报。

2. 生活成本差异

大城市高工资的背后往往存在多种因素的共同作用，劳动者在大城市获取了更高的工资，但可能牺牲了其他方面，高工资是对他们的一种补偿。劳动者得到的工资往往是名义工资，如果考虑所在城市的消费水平、房价等因素，其工资就要有一定幅度的下降。劳动力市场理论认为，劳动力市场化水平越高，大城市与中小城市之间的实际工资水平就越一致。大城市拥堵的交通状况对劳动者的时间造成损失，恶劣的空气条件对劳动者的身体健康也有较大的影响，这都需要通过高工资来对其进行补偿。Moretti（2010）利用市场均衡理论对大城市工资和房价较高的原因给出了解释，他认为，大城市优越的条件和较高的劳动生产率将会吸引更多的劳动者。在这一过程中，城市人口的不断扩张以及有限的土地供给，将会抬高城市的房价水平，当达到饱和状态时，劳动者认为进入大城市无利可图，他们便放弃进入大城市工作。房屋和劳动者的供给弹性决定劳动者和房屋所有者获得利益的大小。而且劳动者在流动的过程中，必将产生许多费用，这些费用有的是可以计量的，有的是很难估计的。Bayer和Juessen（2012）研究发现，劳动者在迁移的过程中还存在较高的迁移成本，包括直接的物质成本，还包括精神方面的成本，而这一方面的成本确实很难估计，因此不同规模城市间的工资水平要有足够的差距才能对他们进行弥补。随着城镇化速度的加快，城市规模的不断扩张，土地供给弹性是有限的，势必会引起城市租金的上升，进一步分摊到劳动者身上，过高的房价和生活成本必然会引起名义工资的上升。Tabuchi和Yoshida（2000）通过对日本1992年的城市数据进行分析，对名义工资进行调整发现，城市规模扩张1倍，实际工资水平将下降7%~12%，这一下降部分是劳动者在大城市获得的其他便利条件所做出的牺牲，或者说比实际工资高的名义工资是对劳动者高生活成本、高房价的补偿。Combes等人（2012）通过研究法国的数据得出：城市住房成本每增加1%，城市规模将扩大4.1%。而他们（2008）通过数据分析得出的估计是：城市规模每增加1%，工资水平将增加1.5%~

3%。这一结果间接表明劳动者过高的工资是对过高的住房成本的一种补偿。Yankow（2006）的研究表明，大城市的生活成本较中小城市有明显的差距，高工资是对高成本的回报。大城市劳动力成本高必须以高的劳动生产率来保证企业的效益，因此如果没有较高的工资进行弥补，生活成本、住房、交通等方面的压力势必会影响劳动者的积极性，降低生产效率，进而失去对高能力劳动者的吸引，因此需要对在大城市工作的劳动者支付较高的工资以调动生产的积极性，增加企业效率。Glaeser 和 Mare（2001）将美国的城市按人口划分进行实证检验发现，人口密度大的城市工资水平与人口密度小的城市之间存在较大差距，可达到25%~30%，但是在对美国商业研究者协会办公室发布的生活成本指数进行的实证分析中得出的结论为美国大城市的高工资并不能用生活成本差异进行解释。Krashinsky（2011）进一步指出，以往固定效应方法存在较小移民样本的缺陷，故寻求新的计量方法和数据十分必要。作者巧妙地利用同卵双胞胎数据消除个人先天能力影响，发现大城市存在显著的工资溢价，而加入家庭固定效应大大降低城市工资溢价的显著性，但生活成本并不影响工资差异幅度。

3. 聚集经济

无论是企业还是劳动者都希望获得更高的效益和工资收入，因此企业会向那些资源丰富、地理位置优越、资本雄厚的城市聚集，而劳动者是利己的，他们也会向更有发展前景的地区迁移。地理位置、资源禀赋等因素的不同是企业向城市集聚的重要原因，因此企业生产效率和生产成本不同，工资水平也存在差异。资源禀赋不仅有有形的，比如交通、矿场资源等；也有无形的，如技术、资本、政策因素等。与有形的资源禀赋可以促进企业和城市的发展一样，无形的资源禀赋也能使企业和城市得到快速的发展，在此工作的劳动者也会享受利益，获得较高的工资。Sveikauskas（1975）利用美国不同行业的数据进行分析，发现城市劳动生产率，工资与城市规模存在正相关关系，即城市规模每增加一倍，城市劳动生产率增加将近6%，平均工资也会增加。Ciccone 和 Hall（1996）提出一方面企业在大城市的聚集使所花费的各项费用都会降低，交易成本也将减少；另一方面企业与劳动者之间更容易匹配，成本也会降低，大城市工作和消费将使劳动者受益，他们的生产力也会增强。Combes 等（2013）通过研究发现地理位置不同是造成不同城市名义工资差距的主要原因，集聚经济也发挥着十分重要的作用；利用2007年中国国家统计局调查的城镇住户数据实证分析，证明工资对城市就业密度的弹性大约是西方国家的3倍，此外城市化对工资和劳动生产率的增加也有极大的促进作用。Henderson（2003）经过研究指出，企业的高生产效率是由于企业和劳动者在大城市的聚集，高生产效率使劳动者获得高额报酬，因此大城市有更高的工资。Yankow（2006）通过运用美国青年跟踪调查的数据进行分析得出结论：1/3的工资差距可以用大城市的企业聚集效应进行解释，表明在大城市工作的劳动者对企业的劳动生产率有促进作用，劳动者的收入会随着进入和离开大城市发生明显的变化，即进入大城市，工资提高，离开大城市，工资明显下降。Combes等（2012）认为，一般来说在大城市里企业更有效率，企业和劳动者在大城市聚集使劳动生产率得到提高，劳动者的收入也随之增加。大城市竞争激烈，有竞争力的企业得以生存，而没有竞争力的企业退出甚至消亡，因此大城市的企业竞争力要高于中小城市，高技能劳动者进入聚集在大城市的企业，促进劳动生产率的提高，企业利润得到增加，在此工作的劳动者的收入也会得到增加。Glaeser和Ressgeer（2010）指出人力资本的积累和行业的集聚效应的大小在很大程度上受城市规模大小的影响，Baum和Pavan（2012）通过研究也得出了同样的结论，行业的集聚使更多的工作岗位供劳动者选择，劳动者根据自身能力的大小找到与之相匹配的工作，具有减少成本、节约时间、效率高等优势，通过这样的方式劳动者的收入会有所增加。Bacolod等（2009）通过对美国青年跟踪调查得到的数据进行实证研究后得出结论：某些个人能力对美国不同层次的城市工资溢价有明显影响。他们在另一篇文章（Bacolod et al.，2010）中发现个体特征和智力通过教育与城市集聚间接作用于各种技能。劳动者向大城市集聚有很多原因，诸如大城市提供了更多的就业机会，大城市的学习机会较多，可以获得更多的经验，为今后的工作打下基础等。学习效应使更多的劳动者受益，通过与优秀的人才进行接触、交流，可以学到很多知识，丰富自我。知识溢出的存在，增加了劳动者之间的交流互动，劳动者可能会在这样的背景下使自己的劳动生产率加快以提高收入。Glaeser和Mare（2001）通过研究发现大城市本身并不会产生知识溢出的现象，但是大城市存在许多学习和模仿的机会，劳动者学习新技术的时间会因此而缩短，通过劳动者之间的互动加速了人力资本的积累。Wheeler（2006）强调学习效应要经过一段时间才会凸显作用，学习是一个过程性的工作，因此对收入的影响会随着在城市工作的时间逐渐显现。

（二）国内研究

相比较于国外研究，国内学者的研究主要集中在不同地区的工资水平差异，很少对不同规模间城市工资差异进行分析，因此国内理论界并没有较多的解释。黄枫和吴纯杰（2008）利用2000~2006年中国营养与健康调查数据对中国省会与非省会城市之间的工资溢价效应进行研究，发现具有相似特征的劳动者在省会城市工作获得的工资比非省会城市平均高出14%，但控制了生活成本后，工资差距至少降至7%，劳动者在省会城市工作可以从集聚经济中获益，而非省会城市却没有。柴国俊和邓国营（2012）利用全国2008届大学毕业生求职与工作能力抽样调查数据对造成不同城市规模工资差距的三种解释——劳动者自身差异、生活成本和聚集经济进行研究，发现我国大城市中大学生工资差距主要是城市聚集经济和生活成本造成的。宁光杰（2014）运用2008年中国农村-城市居民调查的数据实证研究，发现大城市劳动者的收入优势在控制了他们不可观测的能力等因素后几乎没有，甚至处于劣势，这与之前的研究结论相反，但是也指出集聚经济所带来的好处，大城市工资优势真正凸显要利用城市的集聚效应。劳动者自身条件造成了工资的差异，并不是我国的劳动力市场不够完善，因此我国的城镇化道路应是人口与经济聚集，协调发展大中小城市，使劳动者在不同规模城市之间合理流动，缩小工资差距，而不是土地城镇化。高虹（2014）使用中国家庭收入调查2002年和2007年的城市住户数据进行实证研究，发现城市规模的扩张对劳动力收入有促进作用，即使考虑到物价因素，仍然对劳动力的实际收入有着显著的促进作用，即城市规模每增加1%，劳动力实际年收入和实际小时收入分别增加0.084%、0.143%和0.083%、0.142%。此外从劳动力收入的角度对我国的城镇化模式进行了分析，认为即使大城市生活成本高，但是大城市对收入的促进作用可以对其进行弥补，因为聚集效应对劳动生产率和收入有正向作用，因此应该走人口城镇化道路。王建国和李实（2015）基于2011年和2012年流动人口监测调查数据，分析农民工工资在不同规模城市之间的差异，指出一方面虽然城市扩张能够提高工资，但劳动者技能不是造成农民工工资水平差异的原因；另一方面改革户籍制度等方面的障碍，减少劳动力流动的成本，农民工将会从大城市的发展中受益。彭树宏（2016）运用2000年、2010年全国人口普查数据以及2010年中国综合社会调查城市居民数据实证分析了劳动者工资在不同规模城市中的不同，发现工资溢价在100万~500万人口的大城市和500万人口以上的特大城市较明显，聚集经济和生活成本分别是造成工资差距的主要原因；同时指出发展100万~500万人口规模的城市是我国新型城镇化的路径。赵颖（2013）从发展中小城市的角度对我国的新型城镇化道路以及城市规模分布对劳动者工资的影响进行研究，发现中小城市倾斜发展对劳动者的实际收入有促进作用，为0.8%~1.1%，因此以县域为核心的中小城市发展有助于我国新型城镇化进一步推进，调整城市发展结构，促进地区间协调发展。魏下海等（2011）利用数据实证研究了造成我国城市间工资差距的因素，主要有人力资本、政府支出、外商投资、城市化水平、就业竞争等，发现人力资本是最主要的因素，解释了1/3左右的工资差距；城市化水平的提高促进了产业的集聚，从而促进了劳动力需求的增加，进而促进工资水平的提高。陆铭等（2012）经过对数据进行研究，发现城市规模与个人就业之间的弹性为0.039%~0.041%，间接地为大城市的高工资提供了依据；并且技能不等、受益程度也不同，尤其是低技能劳动者会在城市规模的扩张中受益更多。因此城镇化应是包容性发展，顺应市场规律发展最优的城市规模，大城市与中小城市协调发展。

（三）简单评价

通过对文献进行整理，发现国外的城市化进程已经进行了相当长的时间，已经达到相当高的城市化水平，在城市化推进的过程中也发现了不同城市规模间工资差距的问题，因此对这一问题的研究起步很早，也取得了丰硕的成果。国外的大多数学者强调劳动者自身特质、生活成本差异和聚集经济对工资差距的影响，这些研究既有宏观层面的，也有微观分析，但是他们对造成不同规模城市间工资差距的原因并没有一致的结论。有的研究认为劳动者自身特质是最主要的原因，有的研究则赞同生活成本差异是主要因素，但绝大部分的研究赞同聚集经济这一主要因素。另外他们的研究并没有分析不同城市之间的城市化模式，也没有对城市化所带来的弊端进行研究。相较于国外的研究成果，中国虽然经历了快速的城镇化，但是城镇化在不断推进的过程中带来的不同规模城市间工资差距问题、城市规模扩张所带来的负面效应成为焦点，不同规模城市间的城镇化模式和道路选择也是研究的重点。由于起步比较晚，对工资水平、城市规模与新型城镇化模式这方面的研究无论是微观分析还是宏观研究都少之又少，国内学者的研究重点往往是地区间工资水平的差异。运用实证分析工资差异的影响因素以及各因素的影响程度，这对认识我国不同地区发展状况有很大的帮助，但是我国地区间发展不平衡，不同地区城市间的发展状况也不相同，对地区间工资差异问题的研究并不能解释城市间的工资差异。虽然国外学者对影响城市间工资差距问题进行了较为深入的研究，但并不完全适合我国发展现状。综合来看，现阶段国内对这一问题的研究还有很多不足，因此需要进行进一步的研究。

第二节 我国城市规模的区域差异

一 城市规模及其形成

城市规模是用来衡量城市大小的数量概念。城市规模一方面是各种生产要素在城市发展过程中集聚程度的体现；另一方面是城市在空间上延伸的反映，主要包括城市人口规模、占地规模和经济规模等，这三部分相互联系，互为补充，占地规模是人口规模的前提，而经济规模是人口规模的保障。

（一）城市规模的形成机制

人口、企业和生产要素在城市的聚集使城市的规模不断扩大，在扩张的过程中会带来一定的效益即聚集效应。企业在城市的聚集不仅可以节约厂商的生产成本，共享城市基础设施，使资源得到有效配置，而且可以最大限度地减少信息不对称，更加便捷地获得市场信息和技术，降低交易费用。人口在城市的聚集一方面为企业降低了搜寻劳动者的成本，省去了许多冗杂的中间环节，企业所需的不同技能劳动者能够快速获得；另一方面劳动者可以节约自身找寻工作的费用，企业与劳动者之间的匹配效率更高。生产要素在城市的聚集可以使其配置效率更高。聚集效应主要表现在以下几个方面。

一是集聚经济效应。集聚经济是城市发展和存在的重要动力。城市规模的扩张可以提高劳动生产效率，有助于企业扩大生产规模，达到规模经济的效果；企业的集聚有助于减少运输成本；此外第三产业也会在此过程中得到发展，增加消费，扩大供给，进而使服务成本降低，最终使社会的各项成本都得到减少。产业在城市的集聚存在知识溢出效应，使同行业受益，学习效应也会增强，劳动者的素质和技能水平不断提高，最终劳动者的工资水平得到提高。集聚效应有助于劳动力市场的完善，因为劳动者的工资差距随着集聚效应在不同城市规模之间会不断缩小，工资的差距也是对劳动力市场化的体现，劳动者的集聚有助于我国尚处于发展阶段的劳动力市场进一步完善。更为重要的是可以协调大城市与中小城市的发展矛盾，使劳动者就地城镇化，最终找出适合我国城市发展的城镇化模式。

二是集聚社会效应。首先，劳动者素质会因城市规模的不同而有所差距，与中小城市相比，大城市聚集的劳动者往往是高技能、高素质的，劳动者的素质提高使城市的管理成本、治理费用等支出得到相对缩减，城市的社会治安状况也可以得到改善。其次，生产要素的集聚将使社会各方面得到发展，基础设施、科研、教育、卫生等社会部门和公益组织形成一定的市场，达到规模经济的效果。

三是聚集的环境效应。城市在不断扩张的同时必将对环境问题进行考量，环境问题在城市的发展中处于十分重要的位置，城市不再以牺牲环境为代价发展经济，因此需要对环境进行治理。环境的规模效应主要表现在对环境的治理上。相对于中小城市，大城市的资金、技术、人才等方面都处于优势地位，环境的治理离不开这些方面的支持。

四是聚集的资源效益。资源是城市发展的不竭源泉，但是资源的充分合理利用，以及消耗1单位资源所能带动的经济效益在不同规模城市之间存在差别。资源不仅包括自然资源，还有人力、资金、技术等社会资源。与中小城市相比，大城市资源利用所带来的效益远远大于中小城市，大城市的土地资源由于多重因素的制约、利益的驱使，其利用率能够得到最大限度的使用，其价值远超过土地原本的价值，所带来的经济效益也是一般的小城市所不能与之抗衡的；大城市的基础设施、资金等也能最大限度地得到使用，因此不同规模城市的经济效益与资源利用所带来的效益之间应该是正相关的。

(二) 城市规模扩张的弊端

城市规模的扩张使越来越多的人口和企业进入,在扩张的过程中不可避免会带来许多问题,使城市在可持续发展方面遇到诸多挑战。因此城市的扩张并不是无限制的,城市规模也不是越大越好,要有一个最优的规模,只有合理的适度的规模才是城市发展的出路,也是我国城镇化道路的一条合理路径。城市规模扩张的问题主要表现在以下三个方面。

第一,环境问题。大中小城市在发展的过程中都不可避免会面临环境问题的挑战。随着生活质量的提高,环境问题越来越受到人们的重视,大气污染、水污染等问题逐渐凸显,大城市的环境污染远比中小城市严重。广州、深圳、杭州、武汉等大城市的空气质量差,而中小城市如洛阳等空气质量和大城市相比有一定优势。环境污染的治理成本和防治污染的费用与城市规模之间存在正相关关系,费用的提升以及环境的恶化必将对居民的生活质量造成损害。

第二,土地价格和房价。人口和企业不断向城市聚集,必将造成城市用地紧张和住房需求增加,土地需求增加而供给是有限的,势必造成土地价格的直线上升。人口的不断增加,原有的住房无法满足人们的需求,而土地的价格在不断增加,房价会不断上涨,人口越密集,土地价格越高,房价也越贵,住房问题也就越难解决。近几年大城市的房价不断上涨,城市的土地价格越来越贵,而工资水平难以弥补房价上涨的趋势,因此居民和劳动者的生活压力加大,生活质量受到影响。

第三,交通问题。城市交通拥挤随着人口密度的增加而不断加重,治理交通的难度艰巨,缓解交通压力所花费的成本逐年增加,但是收效甚微,交通问题成为城市发展的障碍。交通阻塞,浪费了不必要的时间,间接造成空间距离的增加,效率降低。城市在交通治理方面投入了大量资金,但是效果并不明显,相比于大城市,中小城市由于人口密度不大,交通工具种类增加,出行日益便捷,办事效率更快,投入治理交通的资金得到有效利用,所带来的效益要大于大城市。

二 城市规模的区域差异

改革开放以来我国实行倾斜式的城市发展模式,逐步扩大了地区之间、城市之间的差距，但是近年来在新型城镇化背景下发展中面临的问题逐渐凸显，控制大城市及城市规模，协调发展中小城市，但是进程缓慢。我国城市规模各异，分类整理城市规模从中发现城市规模的特点，对我国新型城镇化建设和城镇化模式有着重要作用。

城市规模主要由人口规模、占地规模和经济规模构成，但是主要以人口规模进行界定，划分的标准各异。联合国将城市规模分为三类：2万人至10万人的中小城市；10万人至100万人的大城市；100万人以上的特大城市。1989年我国以市区和近郊非农业人口为统计原则制定了划分城市规模的标准，分为三类：不足20万人的小城市；20万人至50万人的中等城市；50万人以上的大城市。但是随着改革开放和新型城镇化建设的不断推进，人口不断向城市集中，城市的规模迅速扩张，这一划分标准难以适应当前的现实。2014年，国务院颁布了划分城市规模标准的通知，以城区常住人口为统计标准，分为五类：50万人以下的小城市；50万人至100万人的中等城市；100万人至500万人的大城市；500万人至1000万人的特大城市；1000万人以上的超大城市。但是在理论分析中通常采用蔡昉（1998）和王小鲁（2010）的标准：20万人以下；20万人至50万人；50万人至100万人；100万人至200万人；200万人以上。本部分的研究以中国城市统计年鉴地级城市的市辖区年末人口为分类标准，以蔡昉的划分标准进行分类，对我国地级市的城市规模进行研究。

我国的城市发展区域之间存在较大差异，东部、中部、西部[①]的经济发展速度制约着城市规模，使城市规模存在区域差异。本研究不包括北京、上海、天津、重庆四个直辖市。

由表3-1可见，1995~2015年我国的地级城市由194个增加到276个，其中人口在50万以下城市数量有所减少，同时50万人以上大中城市数量持续上升，1995~2015年增长了70%。从发展阶段看，自1999年开始50万人以上城市发展迅速，1995~2010年增加了86个。2010年后，各个规模城市的数量发展均较平缓，2010~2015年大中城市的数量仅增加5个，但100万人以上大城市数量增加相对较多，5年间增加了22个。

---

① 东、中、西部包含的省级区域同第二章第二节。

表 3-1 1995~2015 年中国地级城市规模分布

单位：个

地区	年份	20万人以下	20万~50万人	50万~100万人	100万~200万人	200万人以上	总计
全国	1995	6	58	69	59	2	194
	2000	3	67	103	66	5	244
	2005	4	62	108	73	21	268
	2010	2	50	110	80	26	268
	2015	6	49	93	94	34	276
东部	1995	1	28	25	24	1	79
	2000	0	25	37	24	2	88
	2005	0	16	31	29	12	88
	2010	0	10	35	29	14	88
	2015	1	6	27	35	21	90
中部	1995	2	21	31	18	1	73
	2000	2	26	45	22	2	97
	2005	2	17	49	25	5	98
	2010	1	15	48	27	7	98
	2015	1	16	42	30	8	97
西部	1995	3	9	13	17	0	42
	2000	1	16	21	20	1	59
	2005	2	29	28	19	4	82
	2010	1	25	27	24	4	82
	2015	4	26	24	29	6	89

资料来源：《中国城市统计年鉴》（1996~2016年）。

分地区来看情况又有不同。1995~2015年东部地区城市数量由79个增加到90个，其中20万人以下的城市所占比重较少，50万人以下小城市数量呈逐年下降趋势，50万人以上大中城市数量则由50个增加到83个，增加了66%，100万人以上城市数量由25个增加到56个，特别是200万人以上的大城市的数量增加较快。东部城市规模的分布特点是，随着城市规模的增大，城市的数量也在不断增加，呈倒金字塔形状，城市规模结构并不稳定。

中部地区的城市规模呈现中间多、两端少的分布状态，即 50 万 ~100 万人城市占比较高，100 万人以上大城市占比次之，50 万人以下小城市占比较低。1995~2015 年中部地区城市数量由 73 个增加到 97 个，特别是 50 万人以上的城市数量增加较快，增加了 60%。从发展阶段看，1999 年开始 50 万人以上城市数量增加迅速，1995~2005 年 50 万人以上城市数量增加了 29 个，100 万人以上城市由 19 个增加到 38 个。

西部地区城市发展速度较快，城市数量由 1995 年的 42 个增加到 2015 年的 89 个。其中 50 万人以下城市占比较大，与全国的总体趋势不一致，50 万人以上城市数量由 1995 年的 30 个增加到 2015 年的 59 个，增加了 29 个，增长的速度次于东部和中部。但得益于我国西部大开发战略的实施，2000 年起 50 万人以上城市发展速度突飞猛进，100 万人以上城市的数量由 17 个增加到 35 个。

三 影响城市规模的因素

我国的城镇化进程正处于加速发展阶段，2016 年我国的城镇化率为 57.35%，预计到 2030 年城镇化率将达到 70%。城镇化水平的不断加快，使越来越多的人进入城市，人口向城镇拥挤的同时必然会对城市规模和容纳量造成压力，因此必须加快城市发展的速度和扩大城市发展规模，并协调中小城市的发展，缓解大城市的人口压力，但是城市规模的扩张并不是无限的，要适度、合理发展，控制特大城市和大城市的规模。近年来学者对我国的城镇化路径和模式进行了很多研究，但是没有达成一致的结论，发展大城市与中小城市、城市规模的大小等问题是争论的焦点。根据我国现在的城镇化发展速度，必须对影响城市规模的因素进行分析，找出最优的城市规模，使城市各个要素的利用效率都能达到最优，实现规模经济。

城市规模的扩张必然受到诸多因素的制约，这些因素有的能够使城市的效益增加，有的则会起到抑制作用。我国的城市数量多，发展不均衡，因此分析影响城市规模的因素有利于大城市的可持续发展和规模经济的实现，同时也有利于中小城市的推进，对缓解城市的交通、人口、就业等压力，对我国的城镇化模式和路径有重要意义。我国地区之间发展不均衡，影响城市规模发展的因素众多，既有自然因素，也有社会因素。

（一）地理位置和交通

城市的发展离不开交通的保障，地处交通枢纽、地理位置优越的城市在发展过程中能够不断积累和吸引技术、人才、资本等要素进入，对城市的扩张起着十分重要的作用。城市发展初期，各种产业发展进度相似，但是地处交通要道的城市能够合理布局和协调发展第一、第二、第三产业，使产品和劳务能够快速有效运输，促进经济的增长。经济的快速发展随之带来的是各种生产要素的进入，城市的规模不断扩张，由于便利的交通有助于人口的流动和企业的进入，企业往往优先选择交通便利的城市投资，城市得到进一步发展。交通和地理位置的便捷能够减少企业的运输成本，提高运输的效率，降低企业的成本，为企业的发展和规模的扩张提供支持。在此过程中人口会不断地进入，因此城市规模必然逐渐扩张，然而地理位置偏僻、交通发展落后的城市由于建设困难，开发阻力大，加之自然环境的影响，经济发展缓慢，城市进一步扩张的成本较高，无法形成较大的规模和市场，比如郑州、石家庄等城市，铁路交通网络四通八达，经济得到迅速发展，逐渐发展为大城市，然而地处京杭大运河沿岸的大城市由于铁路等交通设施的快速发展而没落。

（二）自然资源

发展初期城市会根据自身的特点发展合适产业，自然资源的开发和利用有助于聚集经济和城市的形成。企业往往会聚集于自然资源丰富和区位条件便利的地区，要素禀赋的差异催生了聚集效应的形成，不同地区、不同城市之间的贸易由比较优势决定，自然资源占据优势的地区由于生产要素易获得，企业的进入吸引了大量的资金和先进的技术，市场规模扩大的同时降低了企业的成本，生产效率得到提高，企业达到规模经济，因而劳动者的工资水平提高，能够不断吸引高素质劳动者进入，城市规模逐渐扩大。但是自然资源对城市规模的扩张并不是无限的，城市发展初期自然资源占据主要地位，随着人力资本的积累，经济实力的增长，自然资源的影响逐渐弱化，主导地位被其他因素取代。我国的城镇化率与世界平均水平大体相当，然而我国的城市发展并没有达到西方国家的水平，并不能摆脱来自这一方面的影响，仍有一部分城市依靠自然条件的优势发展经济，因此自然条件的因素对城市规模的扩张起着关键作用。

（三）政府行为

城市规模的扩张与政府的行为联系紧密，城市发展的模式一是市场主导机制，二是政府主导机制，然而在城市的发展过程中，政府主导机制占据首要地位，政府的行为往往比市场机制更能促进聚集效应的形成，更能影响城市规模的发展。我国城市存在严格的行政等级体系，这一制度主导着资源的配置以及发展的优先顺序，政府的政策、资金、技术等支持往往偏向于直辖市、省会城市等行政级别较高的城市，因此医疗、教育、基础设施等基本公共服务向行政级别高的城市倾斜。城市利用得到的支持以及基本公共服务的优势吸引大量的企业和劳动者进入，促进经济和城市规模的快速发展，深圳等经济特区、上海浦东新区的快速发展便是典型的例子，它们由中小城镇快速发展为大城市，但是以政府为主导的城市发展模式导致资源配置效率低，破坏了地区之间、城市之间的平衡发展，因此政府的行为对城市规模的扩张影响极大。我国的城镇化进程快速发展，大城市发展的弊端逐渐凸显，不能无限制地发展大城市而忽略中小城市的发展，但是政府即使不再对大城市提供支持，市场机制也会引导各类生产要素聚集，扩大大城市与中小城市的差距，因此政府的行为是关键因素，由政府主导向市场主导、政府辅助的发展模式改进，协调发展各类城市，为我国新型城镇化模式提供道路选择。

（四）城市性质

城市的发展模式、产业特点、经济实力等决定城市的容量。不同城市发展依靠的产业不同，城市规模差别也很大，第一、第二、第三产业所能吸纳的就业人口决定城市的发展进程。以第一产业为主的城市发展速度缓慢，所能吸纳的人口和企业数量有限，从根本上决定城市规模；以第二产业和第三产业为主的城市发展迅速，经济实力领先，对人口和产业吸引力大，城市规模不断扩张以满足发展的需要。

第三节 工资水平、城市规模与新型城镇化模式

我国幅员辽阔，发展水平、社会结构、产业构成等差异使不同地区、不同城市的城镇化模式种类繁多，新型城镇化的快速发展使地区之间、城市之间的差异不断显现，在这一过程中也出现了诸多问题制约着地区间、城市间的平衡发展。我国的城镇化率与城市规模、工资水平等因素之间存在何种关系，城镇化率在多大程度上与这些因素有关，对当前的新型城镇化建设意义重大，对不同地区、城市间的新型城镇化模式和我国的新型城镇化道路的选择至关重要。

一 工资水平与城市规模的关系与影响机制

不同规模城市之间由于发展水平不同，吸引的劳动力的数量和质量也不尽相同，劳动者的差异制约着劳动生产率，劳动生产率的不同造成企业成本和利润的差异，直接影响劳动者的工资水平。无论是资本、技术，还是劳动力都趋向于向大城市聚集，因为企业希望降低生产成本以达到利润最大化；劳动者作为一个"理性人"希望获得最大的回报即工资报酬，各种生产要素不断向规模大的城市集中的时候才能发挥最大的价值。城市的发展规模在日积月累中不断扩大，劳动者的不断进入使城市的规模不断扩张以满足城市发展的需要，造成了不同地区、不同规模城市间的工资水平差异不断扩大，因此可以看出城市规模与工资水平之间关系密切。

世界城市发展的普遍规律是人口向大城市集中，我国在发展过程中也难以避免。大城市比中小城市有诸多优势，比如就业机会多、信息共享便捷、工资水平较高、自身价值最大化等。现代市场经济的目的就是交换，不论是物品等物质资料，还是劳动力这一特殊商品，只有在频繁的交换中才能发挥最大价值，人口越密集的地区交换越频繁，产生的价值也越大，劳动力价值通常以薪酬的方式体现，因此工资的高低在很大程度上影响着劳动者的选择。教育部的统计数据显示：2017年我国应届毕业生高达795万人，将近60%的毕业生选择北京、上海、广州、深圳、杭州、成都、武汉等一线城市和新一线城市，其次是二线、三线城市，中小城市的比例少

之又少，即使生活、住房、交通等压力高于中小城市，但是依然无法阻止其涌向大城市。根据对城市白领的调查数据的分析，超过40%的人认为薪酬是吸引就业者向大城市集中的最主要因素，其次是城市的现代化程度、城市是否有助于事业发展等。

大城市不断吸引越来越多的高技能人才集中，首先是工资水平；大城市的工资水平通常比中小城市高，高薪酬吸引着绝大多数的劳动力进入大城市。从图3-1可以看出，图中所列的城市的工资水平差异较大，而且并不是人口越多的城市工资水平越高，但是总体上存在一定的关联。从图中发现拉萨的市辖区人口只有20多万，然而平均工资却高达10万元以上，甚至显著高于东部的城市，与北京的113073元、上海的101476元不相上下。拉萨的工资水平之所以较高，首先是因为西藏的生存条件较东部和中部城市艰苦，人口并不像东中部地区那样大量涌入，艰苦的环境使在这里工作生活的劳动者能够得到更多的补贴，使工资水平高于其他城市；其次，近年来随着政府的扶持以及西部大开发战略的实施，进驻拉萨的企业数量比之前有大幅度增加，企业的进入为居民提供了就业的机会，增加了收入；最后，西藏交通不是特别便利，货物运输较为困难，各类商品价格提高，因此需要提高劳动者的工资水平以弥补生活成本上升的压力。除西藏外，总体上来看工资水平与人口规模之间存在一定的正向关系，即城市

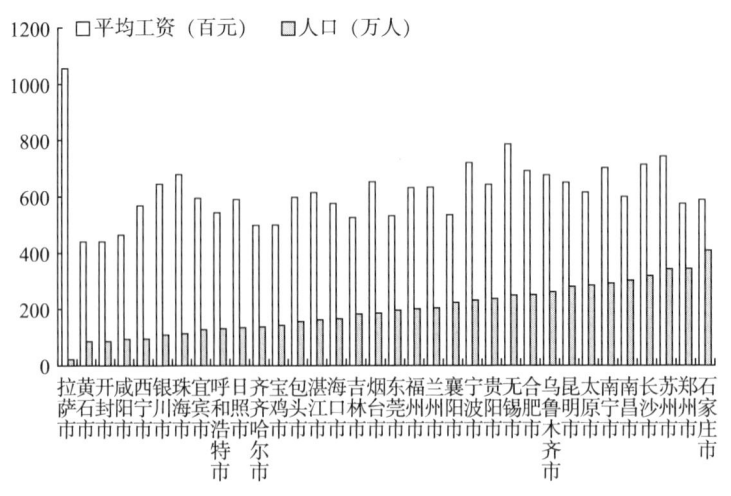

图3-1 2015年市辖区年末户籍人口与在岗职工平均工资

资料来源：《中国城市统计年鉴》（2016年）。

规模越大,该城市的工资水平越高,但是这并不是绝对的。从图中可以看出石家庄、郑州的人口规模接近600万人,其工资水平却远远低于无锡、苏州、宁波、烟台等城市,但是从城市规模上区分,它们属于同一层次。

通过对图3-1和图3-2的分析,可以得出以下结论。

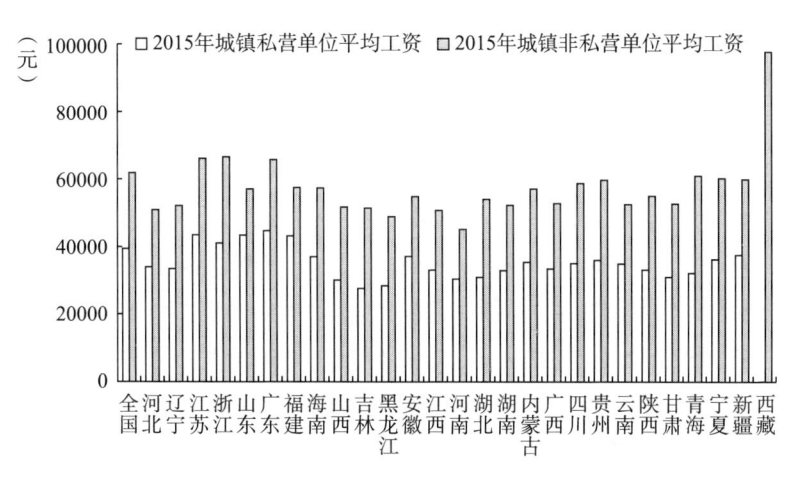

图3-2 2015年城镇私营与非私营单位平均工资

资料来源:《中国统计年鉴》(2016年)(缺少西藏城镇私营单位平均工资)。

工资水平存在严重的地区差异。城市规模在同一层次的东部地区的城市工资水平要高于中西部城市,即使城市规模较小的东部城市,它们的工资水平要高于城市规模较大的中西部城市。首先,东部城市的发展速度快于中西部城市,发展时间早于中西部地区,特别是改革开放以来,国家给予东部城市较多的发展自主权以及政策支持,这些因素给东部城市的发展带来了前所未有的机遇,吸引外商投资的数量大幅度领先于中西部城市。其次,东部城市地理位置优越,交通便利,对于企业来说便于运输,降低了企业的成本,企业纷纷向这些城市集聚,同类型企业的数量在城市的聚集增加了信息的共享,降低了技术创新的成本,有利于企业达到规模经济;同时,企业的集聚也增加了对劳动力的需求。改革开放以来,东部城市成为制造业的集中地,吸纳了大量的转移劳动力,无论是高技能还是低技能劳动者纷纷向东部城市转移,使东部城市快速发展成大城市。企业在大城市能够更多地享有集聚带来的好处,同时资本回报率也高于中小城市,因此也会吸引企业进入大城市和资本向大城市投入,而经济聚集通过名义产出和名义工资等指标影响劳动生产率,劳动力的边际产出增加,进而促进了劳动者的工资水平提高，因此越来越多的劳动者进入。在发展过程中，大城市的工资水平往往高于普通城市，以缓解劳动者生活等方面的压力，同时也为了吸纳更多各方面的优秀人才以满足城市建设和发展的需要，资本、技术、劳动力等各种生产要素源源不断地涌向东部地区，促使东部地区的城市不断扩张，城市规模不断增大。此外，大量的劳动力和企业的聚集对目前我国尚处于发展阶段的劳动力市场来说能够使其得到完善，同时二者又能获得双赢的局面。一方面有利于劳动者的就业，降低了劳动者找寻工作的时间和成本，加快了企业与劳动者之间的信息匹配，即使失业也能在较短的时间内找到工作；另一方面，企业也能快速地找到适合自身需要的劳动者，成本也会降低，企业在生产经营过程中不可避免会遇到市场繁荣和相对萧条的周期性波动。繁荣时期企业的发展需要更多的劳动者，完善的劳动力市场解决了企业的困难；萧条时期企业需要缩减规模以寻求规模经济，因此会向市场释放一定的劳动力，也不会造成市场的恐慌。

同一地区、同一规模城市之间，江浙地区、城市的工资水平普遍比东部其他地区、城市略高。2015年，城镇非私营单位的平均工资江苏、浙江居于首位，其次是广东，高于全国平均水平。2015年，城镇在岗职工平均工资江苏、浙江也略高于东部其他城市。首先，江苏、浙江自古以来就是富庶之地，交通便利有利于货物的运输，使贸易频繁，为地区的发展积累了重要的基础；其次，江浙地区人杰地灵，重视教育，文化素养较高，为城市的发展和经济的增长提供了充足的动力；再次，江浙地区自古以来重商轻农，善于经商，积累了大量的财富；又次，江浙地区城市的发展各具特色，根据城市自身的特点寻找发展的模式，改革开放以来温州、苏南的改革模式得到普遍赞誉，成为改革开放的重要标志；最后，江苏、浙江产业较多，吸引了大量的外来劳动力和资本的进入，工资水平的提高为吸引优秀人才进入奠定了基础。虽然其他东部城市也在改革开放后得到发展，但是和其相比仍有一定的差距。

西部地区的城市平均工资高于中部地区，即使西部地区的城市规模不如中部城市。同一规模城市的工资水平中部地区落后于西部地区，从图3-2可以看出，西部地区的工资水平与东部地区平分秋色，反观中部省份却居于最后，平均工资较高的省份位于东部沿海地区和西南地区。西部地区大城市的数量并没有与中部城市有较大的差距，之所以工资水平高于中部城市，首先是国家政策的扶持。改革开放以来特别是2000年以来，国家实施了西部大开发战略，西部发展突飞猛进，外商投资和资本的进入对城市的发展起到了关键性作用，城市规模不断扩大，企业能够获得更多的优惠政策以减少企业的成本，企业有更多的资金用于技术创新改变生产模式，但是由于地区本身的限制，只有提高工资水平以吸引更多的劳动者转移，满足企业和城市发展的需要。其次是劳动力的供求。东部地区的发展无论是时间上还是速度上都快于西部城市，加之城市的工资水平高，能够满足劳动者增加收入的期望，因此大量的劳动者向东部城市转移，使西部地区流失了大量的劳动力，造成供求失衡，自身的劳动力相对短缺，只有增加工资以缓解用工压力。再次是产业结构。西部地区的产业发展主要是矿业和原材料工业，大型企业的数量较多且工资相对较高，统计的工资数据也相对规范。最后是政府转移支付。改革开放以来，特别是西部大开发战略实施以来，中央财政对西部城市和地区的转移支付增加，2016年中央对地方税收返还和转移支付决算是59400.7亿元，除重庆市外，西部地区得到23622.24亿元，四川省以3984.92亿元居全国首位，因此改善了地区之间的人均财力情况，提升了西部城市的吸引力，更多的劳动者愿意向西部大城市集中，进一步扩大了西部城市的规模。西部地区年末市辖区人口在100万人以上的城市由1995年的17个，增加至2015年的33个，20年间增加了16个；年末市辖区人口在50万～100万人的城市也由1995年的22个，增加到2015年的50个。

省会城市的工资水平绝大多数比普通地级城市高。省会城市的工资水平与城市规模有正相关关系，但这并不是绝对的。一般来说，省会城市的城市规模在本省最大，对劳动者的吸引力比普通地级城市大。但是在一些省份并不是这样，浙江宁波的城市规模是232.13万人，平均工资是72220元，而丽水市的城市规模是40.14万人，但平均工资是87037元。虽然这种情况在一些省份存在，但是绝大多数省会城市的城市规模是最大的，同时工资水平也是最高的。省会城市获得了比普通地级城市更多的政策、财政、资金等支持，企业、高校、公共服务等都集中在省会城市，这些城市的工资水平普遍高于其他城市。随着新型城镇化建设的推进，省会城市的规模自然扩张得较快，越来越多的人向城市转移特别是向省会城市转移，这就造成省会城市的城市规模逐年扩大。另外，即使是省会城市也存在地区差异，同规模的省会城市东部的工资水平普遍高于西部，西部高于中部，但是西部地区省会城市的城市规模要小于中、东部。

行业之间的工资水平相差较大。城市规模在一定程度上影响了工资水平，工资水平影响了城市的规模和发展，但是并不是绝对因素，教育、医疗卫生、公共基础设施建设、环境、文化底蕴、公共服务等因素也决定着城市工资水平，影响着劳动者的选择。

一方面，工资水平的差异造成了企业、劳动者和资本的流入，扩大了城市的人口规模和占地规模；另一方面，城市规模的扩张为各种生产要素在城市的集聚提供了前提和保障。

二　我国新型城镇化模式

新型城镇化的推进不仅增加了消费，而且也增加了投资，对于当前并不景气的经济环境来说有利于拉动内需，促进经济健康发展，同时也有利于缩小城乡收入差距；但是不可否认的是我国新型城镇化建设中也出现了许多问题，如城市规模无序扩张、人口激增、环境恶化、交通堵塞、住房拥挤等，各地区、城市并没有选择适合自身发展的城镇化模式。因此正确选择新型城镇化和经济发展模式对于缩小地区间、城市间发展差距，促进均衡发展有重大意义，为全面建成小康社会提供动力和支持。

（一）我国新型城镇化发展现状

我国的城镇化与西方国家相比起步较晚，但是速度十分惊人。我国的城镇化率从1949年的10.64%增长到2016年的57.35%。从图3-3可以看出，自2002年以来，城镇化率以每年平均1.3%左右的速度发展，但是2016年底我国的户籍人口城镇化率为41.2%，与常住人口城镇化率57.35%相差16.15个百分点，二者之间的差距说明了我国在新型城镇化建设中的问题。虽然城镇化的速度很快，但是目前的城镇化水平与世界发达国家相比差距很大，只有数量而没有质量或者城镇化质量较差，制约着城市和地区的发展。我国幅员辽阔，省份之间存在较大差异，在新型城镇化建设中盲目地发展，不同地区、城市不会因地制宜、扬长避短，注重形象工程而不注重实际发展，造成生产要素的不合理配置，降低了使用效率，阻碍了经济的发展。

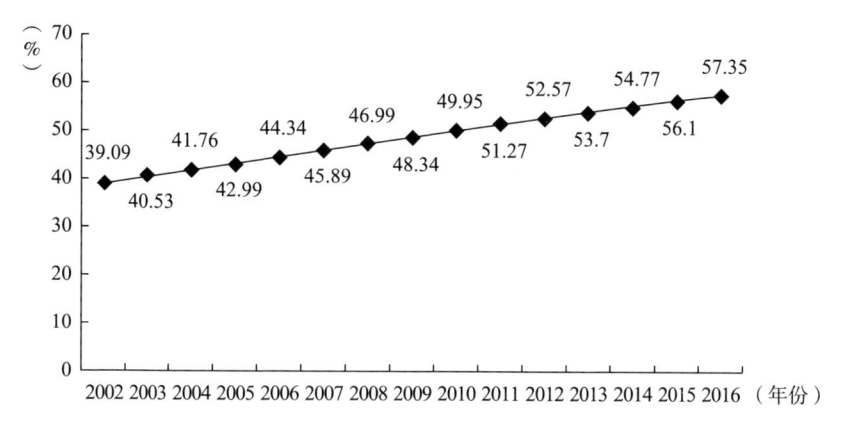

图 3-3　2002~2016 年中国城镇化率走势分析

资料来源：《中国统计年鉴》（2003~2017 年）。

通过对图 3-4 的观察，可以发现 2016 年全国的城镇化率为 57.35%，但是全国各省份的城镇化率相差很大，只有 13 个省份超过全国平均水平，且多集中于东部地区，中西部省份的城镇化率显著低于全国平均水平。城镇化水平往往与经济发展水平成正比，北京、上海、天津的城镇化率超过 80%，达到发达国家水平，这 3 个直辖市以城市为经济体，产业结构以工业、现代服务业等第二、第三产业为主，农业及农村人口在全市的比重极小。广东作为我国改革开放的主阵地，改革开放以来产业结构不断优化升级，逐渐摆脱了第一产业，第二、第三产业所占的比重逐渐增加，但是广东省区域经济发展悬殊，珠三角、东翼、西翼和山区五市①的城镇化率分别为 84.85%、60.02%、42.68% 和 47.85%，珠三角达到发达国家水平，但是其余地区无论是城市规模还是平均工资，都与珠三角有差距，导致地区之间发展不平衡。江苏与广东类似，由于区域经济发展差距大，苏南地区要远超苏北地区。东北辽宁、黑龙江超过全国平均水平，作为我国的老工业基地，尤其是辽宁，集聚了大量重型工业企业，城镇化的起始时间也较早，由于企业较多，1949 年后特别是 1978 年至 2003 年城市发展速度不断加快，人民生活水平不断提高，平均工资比全国其他城市略高，吸引了较多的劳动者和企业、资金进入，城市规模不断扩大；但是进入 21 世纪，

---

① 珠三角：广州、深圳、佛山、珠海、东莞、中山、惠州、江门、肇庆；东翼：汕头、潮州、揭阳、汕尾；西翼：湛江、茂名、阳江；山区五市：韶关、梅州、清远、河源、云浮。

东北地区的发展速度不断放缓,产业结构不能与当前的经济发展相适应,近几年来东北除沈阳、大连、哈尔滨、长春等省会及副省级城市外,东北的大城市并没有明显增加,城市的工资水平与全国其他同规模城市相比也略低。浙江是常住人口城镇化率与户籍人口城镇化率差距最大的省份,虽然浙江大城市平均工资较高,城市规模也很大,但是2014年户籍人口城镇化率为32.52%,这主要与浙江的经济结构和企业性质有关。作为最发达的省份之一,浙江工资水平较高,大型企业的数量较多,对劳动者吸引力自然很大,但是企业的性质多为民营企业,加之浙江特殊的城镇化模式使农村户口比城镇户口更具吸引力。

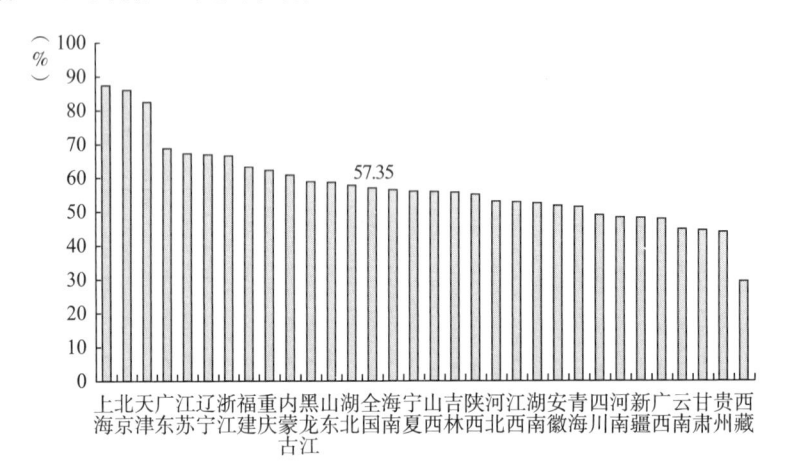

图3-4 2016年全国各省份城镇化率(港澳台除外)

注:上海的城镇化率数据为2015年统计数据。

居于全国平均水平之下的多为中西部地区,重庆、内蒙古、湖北之所以能在中西部地区中脱颖而出超越全国平均水平,与经济结构和产业布局关系密切,1949年以后国家在这些地区兴建了较多大型重工业项目和企业,为城镇化的发展打下了坚实的基础。中西部地区的城镇化率较低与城市规模布局以及经济发展基础密不可分,城镇化率不高说明有更大的发展空间,未来几年随着经济发展和城镇化速度的加快,西部大开发战略以及中部崛起的实施,中西部人口大省如河南、四川、湖南等人口会不断向省会城市及一些大城市转移,城镇化率会逐年提高。中西部地区无论是工资水平,还是经济发展速度等均落后于东部地区,尤其是中部,这些省份经济结构较为单一,发展时间较晚。以河南为例,人口超过 1 亿的农业大省，劳动力供给大于需求，因此工资增长较为缓慢，且聚集在城市的多为农民工，拉低了平均工资水平，同时也降低了城镇化率。

尽管东部沿海发达省份区域经济发展不均衡，但是大多数城市的城镇化率较高。按照城镇化发展的三阶段发展，目前东部沿海城市已经进入城镇化成熟阶段，未来城镇化的一个趋势是人口从中小城市不断向中心大城市集中，城市间的工资水平会不断拉大，地区发展更加不均衡，因此需要调整发展结构，向城镇化率较低的城市倾斜，以达到均衡。未来几年中西部省份空间潜力巨大，会得到较大发展，城镇化速度也将迈入一个新阶段。

（二）我国新型城镇化模式分析

我国的城镇化经过这么多年的发展，特别是新型城镇化建设实施以来，城镇化的速度突飞猛进，在这一过程中形成了许多新型城镇化模式，并且这些模式行之有效，成为其他地区、城市借鉴的范式。众所周知，我国地区、城市间的发展并不均衡，每个城市都有自己的特点，并非所有好的新型城镇化模式都能复制粘贴加以推广，要根据自身的特点借鉴适合的措施，并不是一味地照搬照抄，对待西方国家成功的城镇化模式也是如此。西方发达国家的城镇化水平高于我国平均水平，已达到稳定阶段，经过上百年的发展，它们的模式值得借鉴。

国家的政治经济体制、经济发展状况、人口以及其他生产要素与城镇化模式有密切的关系，影响城镇化模式的选择。国外的城镇化模式主要是区分政府和市场在模式选择时的作用，分为政府主导型、政府调控、市场主导、自由放任等四种模式。改革开放以来，我国的经济体制从计划经济体制向市场经济体制转变，市场在资源配置中的作用由基础性逐步向决定性过渡。在该体制的引导下，我国的城镇化模式也逐步由政府主导型向市场机制主导型转变，我国的新型城镇化模式在实践中取得了一定成效，应该根据国情和经济社会发展的阶段来确定我国的城镇化模式，主要有如下三种。

一是小城镇发展模式。我国的小城镇数量较多，集中了大量的人口，妥善解决这一部分人口的城镇化对于提高我国的城镇化率以及质量有着十分重要的意义。小城镇是特定历史条件下的城乡分割的产物，农业人口多集中于此，因此肩负着农业人口转移的重担，也是农业人口转移的重要场所。小城镇发展模式是农村城镇化的重要途径，能够解决"离土不离乡"和"离乡不离井"的现实发展问题，就地使农业人口城镇化，缩小城乡发展差距。小城镇在建设中充分挖掘可用资源，利用区位、地理优势以及产业模式和市场的作用，实现了由传统向现代的转变。但是小城镇的发展也存在地区差异，东部地区的小城镇发展速度和质量要高于中西部地区，东部地区的发展起步较早，区位优势明显，小城镇在地区发展的同时也随之起步。东部地区的小城镇通过发展乡镇企业、民营企业，利用中心城市为依托等快速发展，在小城镇发展模式中找到了一条适合自身发展的道路；中西部的小城镇却发展缓慢，大多数地区的小城镇依然是传统型发展模式，中西部地区的城镇化速度正在快速提升，因此中西部的小城镇可以利用自身的优势，结合实际情况借鉴东部小城镇的发展模式，找寻新的发展路径解决农业人口转移问题。虽然小城镇发展取得了一定的成绩，但是在发展的过程中也存在诸多问题。首先，小城镇的发展战略不能从根本上解决农村的发展与改革问题，不能从根本上解决农民的切实需求，这是制约小城镇建设的重要原因；其次，大中小城市的集聚效应弱化了小城镇发展战略，使其优点不能得到凸显；最后，我国城镇数量多，地区差异明显，有的地区并不适合发展小城镇，造成了资源的浪费，给土地资源节约和生态环境保护带来了困难。

二是大城市发展模式。我国城镇化发展的一个显著特点即大城市快速发展，但是这也是发展中国家在城镇化过程中的必然选择，是低经济水平对大城市的必然需求。我国资源总量大但人口众多，使人均资源占有率低，因此需要对资源进行合理的配置以达到利益最大化。相比中小城市和小城镇，大城市的发展能够发挥集聚效应所带来的好处，同时也可使资源得到有效利用，对发展地区和国家经济作用巨大；大城市的发展能够带动周边城市，对区域经济有很强的带动和辐射作用，因为大城市往往是一个地区的区域中心，资金、技术等各类生产要素会向此集中，大城市在发展的同时一定会辐射中小城市；大城市的发展对于当前我国新型城镇化水平从发展走向稳定、从初级走向成熟至关重要。在新型城镇化发展过程中提出合理发展大城市、协调发展中小城市的战略，但是大城市的发展速度是最快的，绝大多数从效益出发。大城市发展模式固然对我国的现代化建设和城镇化水平达到西方发达国家水平影响显著，但是不能盲目、无序地扩张，要注重城市发展的质量而不是面积的大小，注重生态环境保护和城市发展的需要，切实维护居民的生活水平。我国地区间的大城市发展差距较大，既有政策推动的原因，又有发展模式不同的原因。在发展大城市的过程中要注重现实的需要，而不是其他因素的推动，要找到适合自身发展的道路，不能盲目照搬照抄，不能为"造城"而"造城"，这样才能发挥大城市的作用，助力新型城镇化建设和经济发展。

三是中小城市发展模式。大城市的快速扩张给城市的建设、发展等带来了一定的问题，无序、盲目扩张使城市的基础设施、交通、住房、环境等面临前所未有的挑战，也给居民的生活造成了一定的困扰。国家提出合理发展大城市、协调发展中小城市的方案，中小城市发展模式是介于大城市与小城镇发展模式之间的一条新路径，以缓解新型城镇化遇到的问题，但是中小城市发展缓慢甚至没有发展，这破坏了地区间、城市间的发展平衡，造成城市间的差距越来越大。中小城市的发展一方面可以缓解大城市的公共服务、教育、医疗、住房、交通等方面的困境，缩小城市间发展差距；另一方面，中小城市的快速发展有助于带动和辐射小城镇建设，以解决绝大多数农业人口就地市民化问题，为新型城镇化建设注入新动力。总的来看，中小城市的发展并不乐观且地区差异明显，东部地区优于中西部地区，东部省份除了大城市外，中小城市的数量也较多，经济实力、发展速度甚至超过大城市，一定程度上缓解了大城市的压力，同时也缩小了城市间的发展差距。中西部的省份虽然中小城市的数量不少，但是优势并不突出，没能起到分担大城市压力的作用。一些条件较好的中小城市要利用人口方面的长处以及优势资源，依托产业结构进行深层次改革，找到合适的发展模式，逐步走出人口多但经济发展落后的窘境。未来的新型城镇化的提速离不开中小城市的助推，中小城市的发展空间巨大，但是城镇化建设需要资金、技术等要素的支持，同时保障进城人口的各项权益，因此要制定合理的战略，充分发挥市场的作用，调动有利资源，促进中小城市又好又快发展。

（三）国内新型城镇化模式成功案例

改革开放以来，特别是进入21世纪，我国的新型城镇化建设取得了较好的发展，全国各地对新型城镇化模式进行了各种改革。在改革的过程中，有些地区较为成功，促进了新型城镇化进一步发展，同时也为其他地区提供了成功的案例，各地区因地制宜进行取舍以促地区经济均衡发展，缩短差距。新型城镇化模式的成功案例主要有以下三个。

苏南模式：苏南地区的城镇化属于典型的小城镇发展模式，是工业化、农业现代化与现代服务业相互促进、共同发展的路径。乡村工业化受到产业布局和经济结构的变化引起的劳动力流动的促进，同时也改变了农村的经济和就业结构，逐步消除了城乡二元对立的状态。苏南地区利用便利的交通以及资金、技术、人才等方面的优势大力发展乡镇企业，由传统的农业发展模式向非农产业转变，实现了农业人口身份的转变，大量的农村剩余劳动力向乡镇转移，小城镇得到快速扩张，扩张的同时聚集的乡镇企业发展到一定规模逐步向产业园区转变，同时大量吸引外部资金进入，扩大企业的规模，吸纳更多的农业转移人口，实现农业人口的有序转移和城镇化进程的推动。大力发展苏州、无锡、常州等城市，并发挥其经济辐射和带动作用，推动周边城镇快速发展，同时缩小小城镇数量，提高质量，使其成为乡镇"城市"，将小城镇的基础性作用得到充分体现。工业化的发展带动农业现代化，农村居民的生活水平不断提升，有序的社会保障体系逐步建立，各项权益得到有效保障。苏南地区的小城镇发展模式不仅解决了农业剩余人口的就业问题，就地城镇化，而且控制了盲目向大城市转移的人口数量，缓解了大城市的压力，逐步消除了城乡二元结构问题，是一种较为成功的自下而上的城镇化模式。

珠三角模式：珠江三角洲地区作为我国改革开放的前沿，利用"三来一补"以及香港、澳门等地区外来加工业的迁入，吸引了大量外资涌入，有力地带动了本地乡村企业的快速发展，产业集聚带动了人口的聚集，为此后的发展奠定了坚实的资金、劳动力等基础。该地区的城镇化速度不断加快，已经达到发达国家的水平，新型城镇化的发展有坚实的产业基础作为支撑，成为珠三角地区城镇化的一条有效路径。虽然珠三角地区的城镇化模式值得借鉴，但是要清晰地看到其发展的历史背景、因素以及得天独厚的条件。改革开放初期，国家给予了政策支持用以吸引外资进入，有了政策的支持以及资金的保障，无论是乡村企业还是民营企业均得到空前的发展。企业的集聚使大量的农村剩余劳动力转移，逐步摆脱传统的农业向非农转移，有序地推动了农村人口就地城镇化。城镇的产业结构、经济发展方式、容纳高端产业的能力以及包容力在工业化进程中得到提升，营造了城镇化与工业化同步发展的局面。此外该地区地理位置优越，濒临香港、澳门，城镇的发展借鉴了港澳的发展经验，完善了城镇的基础设施以及承载能力，城镇群得到发展，城乡一体化得到推进。

温州模式：温州自改革开放初期就着力发展小城镇，因此小城镇的发展速度以及质量处于全国领先水平。温州小城镇的发展与苏南、珠三角模式类似，工业化与城镇化同步推进。温州以乡镇企业为支撑，大力发展经济，逐步形成了产业集聚群，产业的集聚吸纳了大量的人口走出乡村向城镇集中，农业人口就地城镇化得到解决，城镇化速度得到提升。温州抓住改革开放的机遇率先打破了计划经济体制模式，发挥市场机制的作用。城镇化的推动使大量人口向城市集中，城市的基础设施以及居民的生活保障都需要政府财政负担，但温州引入市场机制，将一部分城市基础设施商业化，这种做法一方面解决了政府在城镇化过程中的资金负担，另一方面有序推动了城镇化。城镇化是引导人口向城镇及城市集中，但是他们却不愿意放弃土地，阻碍了城镇化的发展，率先在全国实施土地有偿使用机制。温州通过将土地抵押、入股、转让等方式，一方面使土地得到有效配置，推动了农业现代化，解决了进城人口的土地问题；另一方面获得了大量资金，为新型城镇化建设提供了保障。

虽然我国的新型城镇化模式多、城镇化发展速度快，但是城镇化的质量不尽如人意。总的来看，大城市的发展速度突飞猛进，中小城市以及小城镇并没有得到较好的发展，这是政策、资金等多种因素共同作用的结果。我国的新型城镇化由政府主导向市场主导转变，但是不可否认的是仍是一个高度行政干预的模式，政府仍然处于主导地位，起着决定性作用。这种以政府主导为特点的城镇化模式存在弊端，影响资金、政策、技术等生产要素的配置，间接造成地区间、城市间的发展不平衡局面，因此当前这种模式并不能适应城市的发展，阻碍和制约了新型城镇化建设。从国内的成功案例可以看出小城镇的发展模式有着诸多优势，中小城市的发展对新型城镇化的影响深远，不能一味地发展大城市，未来新型城镇化的深入推进要依靠三者的协调发展。

第四章 产业集聚、产业结构优化升级与新型城镇化

第一节 研究背景与文献评述

一 研究背景

改革开放以来，作为促进我国经济发展与转型的重要手段，城镇化战略受到前所未有的重视。党的十六大指出要发展具有中国特色的城镇化；十七大则强调了统筹城乡之间的关系，合理地进行布局，避免土地使用上的浪费，完善各项功能，从而以大带小，推动大中城市与小城镇之间的协调发展；十八大又提出走"新型城镇化道路"，要坚持推进以人为核心的城镇化，中央提出要加快转变城镇化发展方式，以产业发展为根本，以城镇综合承载力为支撑，用创新驱动为保障走中国特色的新型城镇化道路。

20世纪70年代末到2017年，我国的城镇化率从17.92%上升到了56.1%，但与发达国家比较仍然有较大差距，即使与其他发展水平相近的发展中国家相比，中国的城镇化率也处于较低水平。城镇化率即使按照当前平均每年提高1个百分点的速度，到2040年中国的城镇化率也才与发达国家现在的城镇化率持平。这预示着我国在推进新型城镇化的进程上尚有较大的成长空间，这需要加快发展速度推进经济增长，优化产业结构以提供促进城镇化发展的动力。

但加速推进新型城镇化发展要有一定的限度，必须与当前经济发展水平相宜，城镇化的发展速率与规模要和产业的撑持能力、对农村转移人口

就业的吸纳能力相一致。推动城乡一体化和谐发展，尽可能防止呈现"空城"现象。以人为核心的新型城镇化，不是户籍由农业户籍向非农户籍的表面转变，而是要实现农村转移劳动力稳定就业，完善农村转移劳动力在城市生产生活中的配套设施。

落实新型城镇化建设以人为核心的重要方式就是产业集聚，它是一种在共同的区域位置上，相同或具有内在关联的产业的集聚现象。城市自身即集聚经济的一种特殊形式，让产业进入城镇，奠定了城镇的产业基础，也提高了地方财政收入，使城镇化建设拥有自我发展的能力。城镇以产业为基石，城镇化就可以达到可持续发展的目标。增加政府的财政收入，为进入城镇务工的农民工提供与城镇居民相同的市民待遇奠定财政基础，使产业发展与集聚成为城镇产生与发展的力量源泉。产业集聚不但带来就业扩张和知识创新，而且成为吸聚农村转移人口的平台。产业集聚一方面通过集聚本身的机制促进了产业结构的优化升级，另一方面通过带动技术创新间接促进了产业结构优化升级，从而使各类生产要素由第一产业向第二、第三产业渐次转移，为新型城镇化建设奠定基础。

本章基于上述理念，将产业结构优化升级作为中间变量，研究产业集聚促进新型城镇化的机制，构建产业集聚度的衡量指标体系，对全国31个省份（港澳台除外）的产业集聚水平进行了衡量，构建产业集聚通过影响产业结构优化升级以作用于新型城镇化发展的机制和路径。本研究具有理论和实践意义。

本研究的理论意义是讨论了产业集聚促进新型城镇化发展的一个间接机制。近年来，新型城镇化的快速发展为经济注入了活力和发展动力，城镇化成为驱动经济增长的重要引擎，产业集聚更是推进新型城镇化的根本动力，学术界对产业集聚和新型城镇化关系的研究，以及对产业结构优化升级与新型城镇化关系的研究方面文献丰富，但对其三者的理论研究还具有较大的空间。

本研究的实践意义在于对产业集聚经由产业结构优化升级对新型城镇化发展作用的直接和间接效应分析，在制定促进全国的新型城镇化建设的应用对策方面有一定的实践价值。本章运用31个省份1996~2014年的数据，研究产业集聚通过直接效应和影响产业结构优化升级间接对新型城镇化的作用，理解省级层面产业集聚、产业结构优化与新型城镇化建设的传导机制的差异。

二 文献评述

（一）关于新型城镇化建设的研究综述

关于新型城镇化的界定、新型城镇化的要求、新型城镇化的核心等，很多学科都有不同的讨论和认识，但其核心不外从人口城镇化、经济城镇化、空间城镇化、生活质量城镇化四个方面来界定。城镇化是我国现代化建设的历史任务，同时也是扩大国内内需的潜力所在。城镇化不仅是人口向城镇地域的集中，以及对城镇居民生产生活的改善，同时推进工业化、信息化与农业现代化的良性发展，提升整个社会的结构优化。肖金成（2013）在研究如何实现人口的城镇化中认为农民工是实现城镇化率提高的主体，由于资源配置等因素，中小城镇是新型城镇化建设的重要组成部分，但是新型城镇化并不是简单的"圈地运动"或土地城市化，解决农民工在城镇化建设过程中的户籍、教育、医疗问题才是关键，城镇化建设应该坚持以人为本。在新型城镇化建设过程中，由于各种复杂的原因，新型城镇化建设不尽合理，国内学者针对新型城镇化中的发展问题，也提出了大量总体规划中的观点。何一民（2013）针对城镇化建设重量不重质、布局不合理、农民市民化缓慢、大城市过度发展等问题，提出改变观念、注重城市化质量、实施城乡统筹一体、健全保障制度、保障农民工合法权益以提高农民工生活质量的观点。何绍辉（2013）则从要素关系角度认为城镇化建设应该遵循资源高效集约利用和可持续发展原则，处理好新型城镇化建设与工业、农业、信息、新农村建设等八大要素的关系。

（二）关于产业集聚与新型城镇化建设的研究综述

大量文献表明新型城镇化的基础动力在于产业支撑的高效性。城镇化不是无本之木、无源之水，需要产业体系强有力的支撑。工业化是城镇化的动力源泉，只有依靠产业支撑推进的城镇化才是真正的城镇化。徐君等（2013）认为工业化的发展为城镇化建设提供了物质保障，工业化集聚大量劳动力促进城镇化率的提高，城镇化改善公共产品的投入和农村通信基础设施条件，方便了人们的生产、生活，同时工业化、信息化的相互作用促进了农业产业化和农业的规模经营，使农业的产业结构得到升级。

新型城镇化是一种集聚式城镇化,是我国城镇化的新模式。这种新模式的本质就是通过产业集聚与城镇化的互动发展来实现人口的集聚、空间的集聚和劳动力的转移。冯云廷(2001)认为新型城镇化和产业集聚的本质指人口、资金、技术等因素在空间区域内集聚和结构调整的过程,产业集聚在推动新型城镇化建设的过程发挥着重要的作用,是城镇形成和发展的推动因素。城镇经济吸引第二产业、第三产业各部门向城镇集中,提供了丰富的就业机会,提高了城镇的吸收力和承载力。江涛(2001)从劳动市场理论出发,认为产业集聚带来的集聚效应减轻了劳动力市场的压力,实现了初等级技能的农村劳动力随企业转移至城镇,高等级技能的城镇劳动力在现代部门就业的目的。城镇化集聚也给产业内部的劳动力提供了再次教育的机会,促使低技能农村劳动力通过教育培训获得新技术,从而能够实现稳定的就业。鲁德银和王习春(2007)对湖北和杭州、苏州、广州、山东等地区的研究发现,苏州、杭州、山东、广州的小城镇镇区企业较多,为外来务工人员提供了充分的就业机会和发展机会,其产业集聚力比湖北高得多,同时进一步发现公共产品供给、土地市场化、公平就业政策、户籍政策、产业集聚政策会影响小城镇的产业集聚,从而影响小城镇的发展。

(三)关于产业集聚、产业结构优化升级与新型城镇化建设的研究综述

一方面,产业集聚具有辐射效应,成为集聚区内经济增长和产业结构优化升级的动力来源。集聚经济会成为地区经济的增长极,并与其他产业集聚区形成有机联系、相互合作的梯度扩散结构,这样能够使区域内的资源配置合理化和资源利用率提高,提升产业的生产效率,促进产业升级,进而优化区域的产业机构。另一方面,产业集聚带动了技术的创新与进步,技术创新能力从产业结构的合理化和产业结构的高度化两个方面促进了产业结构的优化升级。产业结构优化升级的过程也是相应的城镇化的进程。原因在于产业结构优化升级需要各个种类的生产要素从第一产业向第二、第三产业转移,这需要提升第二、第三产业劳动生产率和收入能力,从而促使人口、资本、技能及其他生产要素从第一产业向第二、第三产业迁移,人口和产业的集聚体现了城镇化的阶段水平。第二、第三产业的迅猛发展,为城镇人口提供了丰富的就业机会,对农村剩余劳动力产生吸引力，推动了农村人口向城镇的转移。在就业转变的基础上，解决了进城农民的户籍、教育、住房、养老、就业等社会保障问题，使他们充分融入城市，真正转化为市民；由此可见，产业结构优化升级的过程就是促进新型城镇化建设的过程。刘文燕（2014）指出产业集聚不但是产业的集聚，而且促使资本、技术等其他资本要素的集聚，并进一步推动了第三产业的发展和繁荣，提升了城镇的吸引能力和承载力。通过产业集聚，高新技术产业、交通等第三产业进入城镇，农民得到了更稳定的就业机会。产业集聚在推动新型城镇化建设的进程中，伴随着产业结构的演化。李铁立和李城固（2003）以产业集聚为视角研究了产业结构优化升级与新型城镇化建设的关系，表明产业结构优化升级引起了新型城镇化动力机制的变化。李飒和陈广汉（2002）从吸引外商直接投资出发，对珠江三角洲产业结构的演进过程进行了实证研究，表明自改革开放以来，珠江三角洲的产业结构发生了根本性改变，产业结构逐渐合理化和高度化，产业结构的高度化和合理化为经济增长提供了坚实的基础，从而促进了新型城镇化建设。

更多学者通过实证来研究产业集聚、产业结构优化升级与新型城镇化发展的问题。徐维祥和唐根年（2004）通过收集浙江省城镇化进程各方面的数据，在数据分析和实证研究的基础上，表明产业集聚带动了农村劳动力转移，产业集聚通过影响产业结构和与之相一致的劳动就业结构，间接促进了新型城镇化建设。徐敏和张小林（2014）则从金融集聚、产业结构优化升级与城乡居民收入差距研究中，根据2006～2012年各省份的数据分析和实证分析，表明金融产业的集聚通过直接效应和影响产业结构升级，间接影响了城乡居民收入差距，而城乡居民收入也是衡量新型城镇化建设的一个重要指标。

第二节 我国产业结构优化升级与新型城镇化测度

一 产业结构优化升级测度

产业结构优化升级包括产业结构合理化和产业结构高度化两方面，所以构建衡量产业结构优化升级的指标体系，应该同时包括这两个方面（李冠霖、任旺兵，2003）。

(一) 产业结构合理化的测度指标

1. 产业结构偏离度

该指标是反映就业结构和三次产业增加值之间协调度的一个指标,是指三次产业产值结构与就业结构之差的绝对值之和。产业结构偏离度越大,就业结构与三次产业结构越不协调,说明产业结构的效益越低。研究发现,地区产业结构与就业结构之间的偏差与该地区的收入水平呈负相关,因此产业结构的偏离度能够衡量产业结构合理化(谢德体,2013)。其计算公式为:

$$Q = \sum_{i=1}^{n} | C_{ij} - D_{ij} | \qquad (4.1)$$

其中,Q 代表产业结构偏离度,C_{ij} 代表第 i 产业 j 地区的就业结构比重,D_{ij} 代表同一时期第 i 产业 j 地区的产值的比重。

我们首先计算了 1996 年到 2014 年我国 31 个省份(港澳台除外)的产业结构偏离度的值,把 31 个省份划分为东部、中部以及西部三大地区,得到了这三大地区的产业结构偏离度在 1996 年到 2014 年的变化趋势(见图 4-1)。结果显示,第一,东部地区的产业结构偏离度要低于中西部地区。第二,1996 年到 2014 年,全国东部、中部以及西部的产业结构偏离度总体呈下降趋势。究其原因主要是东部沿海地区发展得早,由于 20 世纪 80

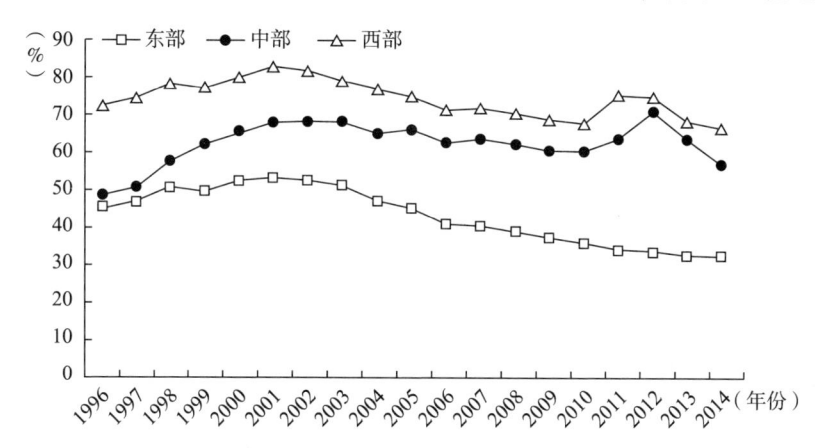

图 4-1 1996~2014 年三大地区产业结构偏离度

资料来源:《中国统计年鉴》(1997~2015 年)。

年代改革开放政策的实施，东部地区的经济特区和沿海城市在早年间就实现了对外经济和贸易的增加及经济的高速发展，东部地区的发展相比中、西部地区发展更快。中部地区较东部沿海地区发展得较晚，2004年中部地区在国家中部崛起的总体战略指导下，依托现有基础，提升产业层次，中部地区迅速发展起来。西部地区经济发展迟缓，产业结构层次低下。不过总体来说，经济的发展带动了产业结构的优化调整（刘志彪、于明超，2009）。

2. 第三产业增加值占GDP的份额（KI）

近年来随着经济的增长，第三产业迅猛发展，第三产业占GDP的比重呈上升趋势。国内外学者研究表明，产业结构按照某种规律变化，在一般情况下，随着经济的增长和人均可支配收入的增加，从业人员、资本生产要素从第一产业逐步向第二、第三产业转移。随着这一趋势的发生，第一、第二、第三产业的增加值占GDP的比重发生相应变化。第一产业占GDP的比重下降，第二、第三产业占GDP的比重上升，其中第三产业的比重上升得更为明显。

我们首先计算了1996年到2014年我国31个省份第三产业增加值占GDP的比重，然后把31个省份划分为东部、中部以及西部三大地区，得到了这三大地区第三产业增加值占GDP的比重在1996~2014年的变化趋势（见图4-2）。可见，第一，从1996年到2014年，三大地区第三产业增加值占GDP的比重整体呈上升趋势。第二，东部比中部、西部第三产业

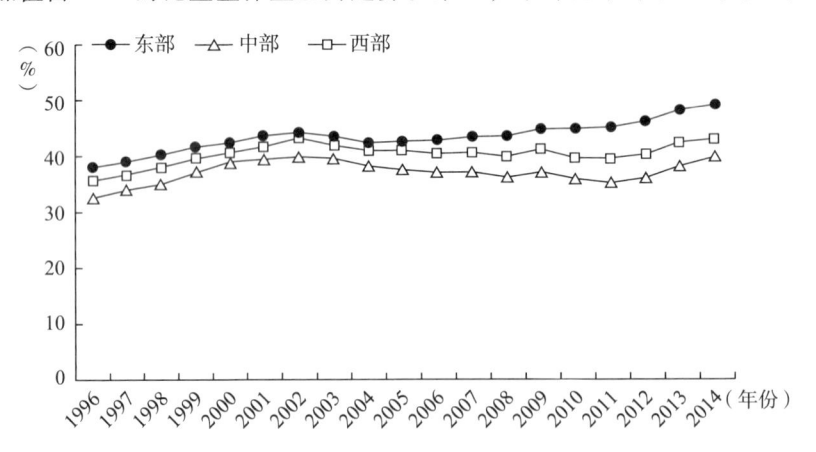

图4-2 1996~2014年三大地区第三产业增加值占GDP的比重

资料来源：《中国统计年鉴》（1997~2015年）。

增加值占 GDP 的比重高，而西部比中部第三产业增加值占 GDP 的比重要高。出现上述现象的原因是，西部地区地域辽阔，有着丰富的自然旅游资源和人文旅游资源，旅游资源富集是西部最大的资源优势，这些年通过政府的扶持把旅游业发展成为西部的优势产业，旅游业的发展带动了其他相关第三产业的高速发展。而中部地区以工业为主，第三产业发展相较西部发展较慢。

3. 每单位能源消耗占每单位生产总值的比重

这一指标反映的是技术创新对产业生产的影响。其计算公式是：

$$H = I/L \quad (4.2)$$

$$E = GI/GL \quad (4.3)$$

式中，H 代表工业单位产值能耗，I 代表工业能源消耗量，L 代表工业增加值。E 代表一个地区单位产值的能源消耗，GI 代表一个地区能源消耗总量，GL 代表一个地区生产总值。

我们首先计算了 1996~2014 年我国 31 个省份（港澳台除外）的单位产值能耗，然后把 31 个省份划分为东部、中部以及西部三大地区，得到了这三大地区的单位产值能耗在 1996~2014 年的变化趋势（见图 4-3）。由图中可见，第一，从 1996 年到 2014 年，三大地区的单位产值的能耗总体呈下降趋势。第二，东部的单位产值的能耗比中、西部的单位产值的能耗小，中部的单位产值的能耗比西部的单位产值的能耗小。出现上述现象的

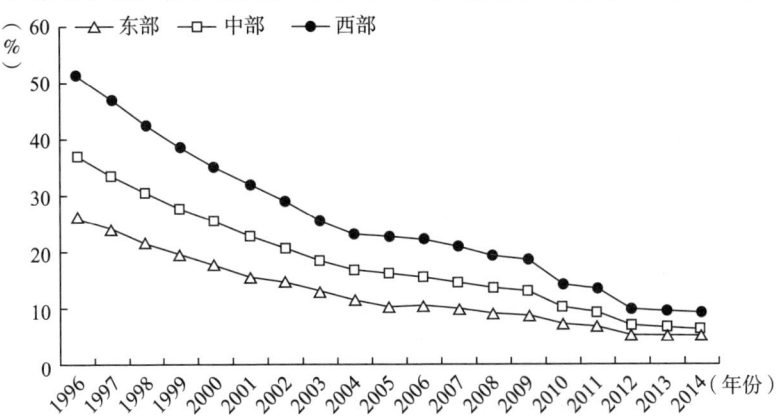

图 4-3 1996~2014 年单位产值能耗

资料来源：《中国统计年鉴》（1997~2015 年）。

原因是，我国通过大力发展高新技术产业和战略新兴产业从而优化产业结构，以及通过节能提高能效，优化能源结构，发展可再生能源，降低单位产值的能耗。

（二）产业结构高度化的测度指标

1. 产业结构高加工度化系数

这一指标反映产业结构高加工度化。其计算公式是：

$$F = M_{ij}N_{ij} / (M_{ij}N_{ij} + X_{ij}Y_{ij}) \qquad (4.4)$$

其中，F 代表产业结构高加工度化系数，M_{ij} 和 N_{ij} 分别为 i 年 j 地区的制造业增加值和增长速度，X_{ij} 和 Y_{ij} 分别为 i 年 j 地区的原材料工业增加值和增长速度。F 越大，表明第二产业的生产技术越发达，为社会创造的价值更多。

通过计算全国31个省份（港澳台除外）的产业结构高加工度化系数，把这31个省份划分为东部、中部、西部三大地区。从图4-4可知，第一，1996~2014年，东部、中部、西部三大地区的产业结构高加工度化系数整体呈上升趋势。第二，中部的产业结构高加工度化系数比东部、西部的产业结构高加工度化系数上升快。

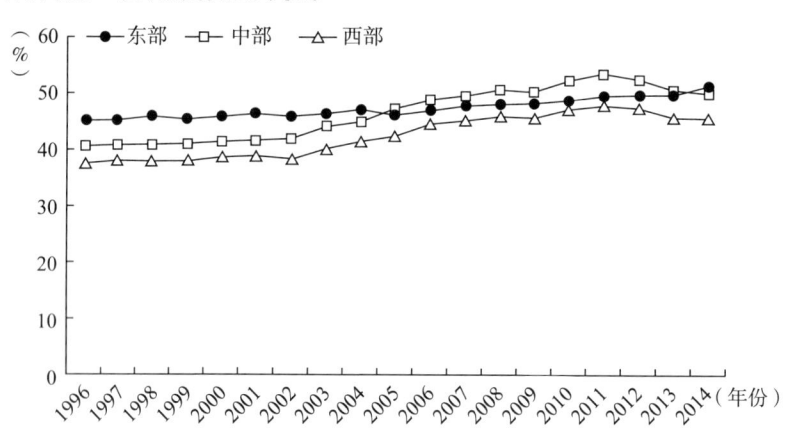

图4-4　1996~2014年产业结构高加工度化系数

资料来源：《中国统计年鉴》（1997~2015年）。

长期以来，东部地区凭借优越的区位优势和政策优惠，经济增长速度高于中西部地区，吸引产业和生产要素向东部地区持续集聚。经过一段时期的发展后，其成本问题凸显，东部沿海发达地区产业发展面临资源约束日益加剧，先后出现了"民工荒""电荒""油荒""地荒"，环境资源承载压力加大，要素成本持续上升，传统劳动密集型企业生存压力显著加大。而我国中西部地区的资源优势、劳动要素优势和市场潜力正吸引越来越多的沿海劳动密集型企业向内陆地区迁移，开始出现明显的产业区域转移趋向。所以中西部的产业结构高加工度化系数上升快，变化明显（李程骅，2012；陈耀，2010；辜胜阻、张馨之，2012）。

2. 技术集约化程度

这是反映产业结构知识化的指标，随着知识的生产、扩散和应用，知识密集型产业在全产业中所占的比重逐渐上升。计算公式为：

$$Z_{ij} = W_{ij}/R_{ij} \tag{4.5}$$

式中，Z_{ij}为 i 年 j 地区衡量技术集约化程度的系数。W_{ij}为 i 年 j 地区的技术密集型产业的生产总值，具体包括八个行业：化学原料及化学制品制造业、医药制造业、普通机械制造业、专用设备制造业、交通运输设备制造业、电气机械及器材制造业、电子及通信设备制造业、仪器仪表及文化办公用机械制造业。R_{ij}为 i 年 j 地区的生产总值，该指标反映了由劳动密集型向资本密集型的转变。

我国东部、中部、西部三大地区的技术集约化程度整体呈上升趋势，但是东部的技术集约化程度较高，中部比西部的技术集约化程度高。东部地区凭借优越区位优势和政策优惠，经济增长速度一直高于中西部地区，吸引产业和生产要素向东部地区持续集聚，产业集聚区内部企业之间的合作竞争，促进了技术创新和知识交流，大力发展集约型产业。而西部经济发展相对迟缓，主要依靠自身的自然资源来发展经济。

（三）产业结构优化升级综合指标

根据以上分析，本章选取的产业结构优化升级的综合指标有两个一级指标、六个二级指标，如表 4-1 所示。

关于指标权重的确定，常见的方法有德尔菲法、层次分析法、主成分分析法、因子分析法等，但这些方法主要靠人们的主观认识来确定权重，带有一定的主观随意性。为了消除指标权重确定的随意性及主观评价等问题，本研究主要采用熵值法来计算指标权重。

表 4-1　产业结构优化升级综合指标

名称	一级指标	二级指标	单位	备注
产业结构优化升级	产业结构合理化	产业结构偏离度	%	正向指标
		第三产业增加值占 GDP 的份额	%	正向指标
		工业单位产值能耗	%	负向指标
		一个地区单位产值能耗	%	负向指标
	产业结构高度化	产业结构高加工度化系数	%	正向指标
		技术集约化程度	%	正向指标

第一，对本研究所选取的指标进行标准化处理。本研究选取各省市 n 年 m 个指标进行标准化处理，具体计算公式如下：

$$A_{ij}^* = [A_{ij} - \min(A_{ij})] / [\max(A_{ij}) - \min(A_{ij})]$$
$$(1 \leq i \leq m, 1 \leq j \leq n) \tag{4.6}$$

其中 A_{ij}^* 表示第 i 年第 j 个指标，$\max(A_{ij})$ 和 $\min(A_{ij})$ 分别表示第 i 年第 j 个指标的最大值和最小值，经过标准化处理后，指标值的范围为 0～1。

如果有负向的指标的话，计算公式为：

$$A_{ij}^* = [\max(A_{ij}) - A_{ij}] / [\max(A_{ij}) - \min(A_{ij})]$$
$$(1 \leq i \leq m, 1 \leq j \leq n) \tag{4.7}$$

第二，某年第 j 个指标的比重的计算公式为：

$$B_{ij} = A_{ij}^* / \sum_{i=1}^{m} A_{ij}^* \tag{4.8}$$

其中 m 为个体截面数。

第三，第 j 个指标的信息熵的计算公式为：

$$E_j = -(\ln m)^{-1} \sum_{i=1}^{m} (B_{ij} \times \ln B_{ij}) \quad (0 \leq E_j \leq 1) \tag{4.9}$$

第四，第 j 个指标的权重计算公式为：

$$W_j = (1 - E_j) / \sum_{j=1}^{n} (1 - E_j) \tag{4.10}$$

二　新型城镇化发展测量指标的选取和说明[①]

因为新型城镇化与以往传统的城镇化相比较，并不是单纯的人口城镇

[①] 本部分图表资料均来源于《中国统计年鉴》（1997～2015 年）。

化，还要完善相应的生活设施等，所以不能只用单一的指标（比如人口城镇化率）代表城镇化水平，文中采用复合指标方法构建了新型城镇化的综合指标体系，从人口城镇化、经济城镇化、空间城镇化以及生活质量城镇化四个方面来衡量城镇化水平。

（一）人口城镇化的测度指标

人口城镇化的测度主要从城镇人口比重、城镇人口密度两方面来测量。

1. 城镇人口比重

城镇人口指居住于城市、集镇的人口，主要依据人群居住地和所从事的产业进行分类。城镇人口是以从事非农业生产性产业（自然经济）为主的人群；一般认为城镇人口占有率反映一个地区的工业化、城镇化或城市化水平。

在统计上，城镇人口为在城镇居住时间超过6个月的人口。本研究中的城镇人口比重数据来源于《中国统计年鉴》年末城镇人口比重的统计数据。城镇人口比重越高，表明城镇化程度越高。

2. 城镇人口密度

城镇人口密度指生活在城市、集镇的人口稀密的程度。计算公式：城镇人口密度＝城镇人口/城镇面积。根据城镇人口密度，一般分为城镇人口密集区、城镇人口中等区、城镇人口稀少区、城镇人口极稀区。

（二）经济城镇化的测度指标

经济城镇化的测度主要从人均地区生产总值、第二产业占GDP的比重以及第三产业占GDP的比重这三个方面来测量，人均地区生产总值指一定时期内按平均常住人口计算的地区生产总值。计算公式：人均地区生产总值＝地区生产总值/年平均常住人口。本研究选取31个省份（港澳台除外）的生产总值，统计1996～2014年各地区人均生产总值。第二、第三产业占GDP的比重，本研究主要采取的是第二、第三产业的增加值占GDP的比重来衡量的。这三个指标都是测量经济城镇化的正向指标。

（三）空间城镇化的测度指标

空间城镇化的测度指标主要从建成区面积、城市人均公园绿地面积以及城市人均道路面积三个方面来衡量。

1. 建成区面积

改革开放以来，我国城镇基础建设明显加强，城镇规模不断扩大，城市人口持续增加，城镇化水平快速提高。本研究选取建成区面积衡量城市规模。本研究中的建成区面积指城市行政区内实际已成片开发建设、市政公用设施和公共设施基本具备的区域。

本研究分析了31个省份，并把31个省份划分为东部、中部、西部三大地区。从图4-5可见，第一，东部、中部、西部的建成区面积总体呈上升的趋势。第二，东部的建成区面积相较中西部的建成区面积大。随着我国大力发展新型城镇化，城镇化水平提高，城市规模扩大。

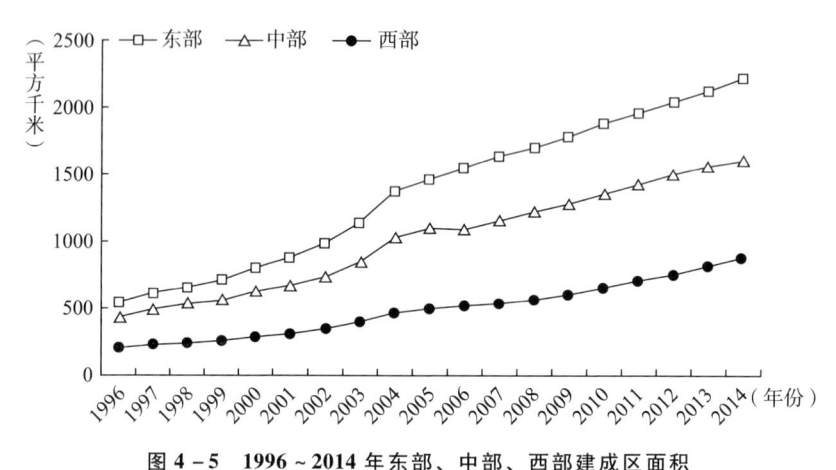

图4-5 1996~2014年东部、中部、西部建成区面积

2. 城市人均公园绿地面积

公园绿地是城市向公众开放的，以游憩为主要功能，有一定的游憩设施和服务设施，同时兼有健全生态、美化景观、防灾减灾等综合作用的绿化用地。它是城市建设用地、城市绿地系统和城市市政公用设施的重要组成部分，是展示城市整体环境水平和居民生活质量的一项重要指标。本研究中的城市人均公园绿地面积指城市公园绿地面积的人均占有量。计算公式：城市人均公园绿地面积=公园绿地面积/城市人口数量。

本研究分析了31个省份，把31个省份划分为东部、中部、西部三大地区。从图4-6发现，人均公园绿地面积总体呈上升趋势。中国在发展新型城镇化建设过程中，并不是单纯地使人口城镇化，也配备相应的生活措施，建设绿色城镇化。

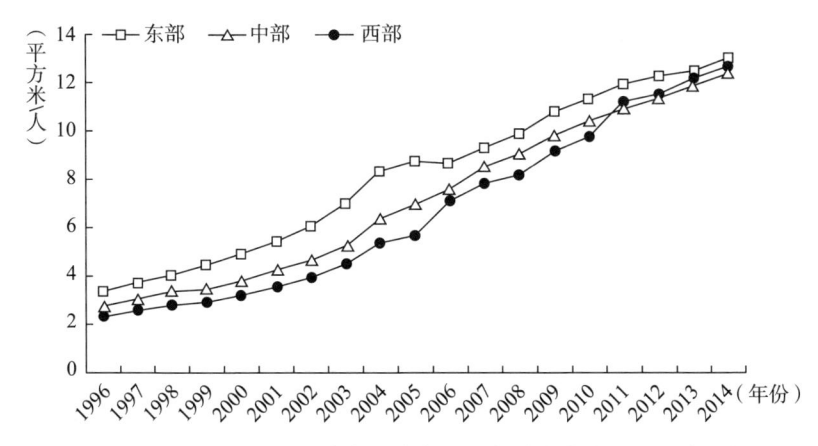

图 4-6　1996~2014 年东部、中部、西部城市人均公园绿地面积

3. 城市人均道路面积

本研究的城市人均道路面积是按照城镇人口计算平均每人拥有的道路面积。道路面积包括城市路面面积，与道路相通的广场、桥梁、隧道、人行道面积。该指标可以衡量出城市道路面积是否合理。

本研究分析了 31 个省份，把 31 个省份划分为东部、中部、西部三大地区。从图 4-7 发现，人均道路面积总体呈上升趋势。东部较中、西部人均道路面积大。

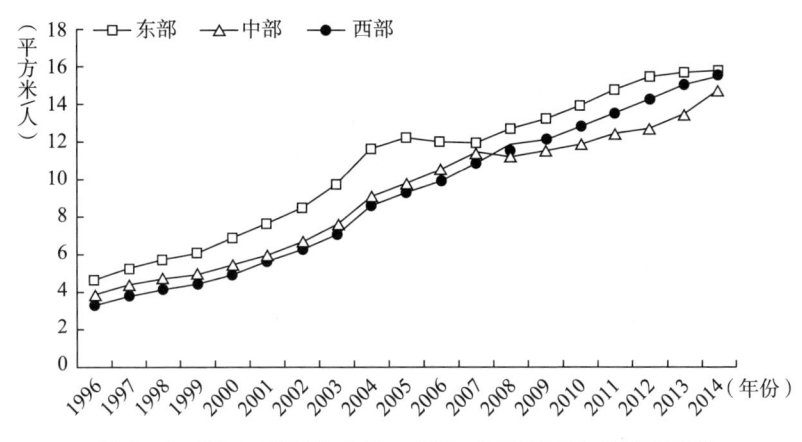

图 4-7　1996~2014 年东部、中部、西部城市人均道路面积

（四）生活质量城镇化的测度指标

生活质量城镇化从就业、教育、医疗、公共交通、生活设施等几方面

来衡量，本研究选取以下几个指标进行测度。

1. 城镇登记失业率

本研究界定的城镇登记失业率是指城镇登记失业人员与城镇单位就业人员（扣除使用的农村劳动力、聘用的离退休人员、港澳台及外方人员）、城镇单位中的不在岗职工、城镇私营业主、个体户主、城镇私营企业和个体就业人员、城镇登记失业人员之和的比。

本研究分析了31个省份的城镇登记失业率，把其分为东部、中部、西部三大地区。从图4-8发现，城镇失业率整体呈下降趋势，这是因为产业集聚、产业结构的优化，以及第三产业的大力发展，为城镇就业人口提供了更多的就业机会，提高了城镇的吸纳能力。新型城镇化不仅仅是人口城镇化，还要给城镇转移人口提供稳定的就业机会。

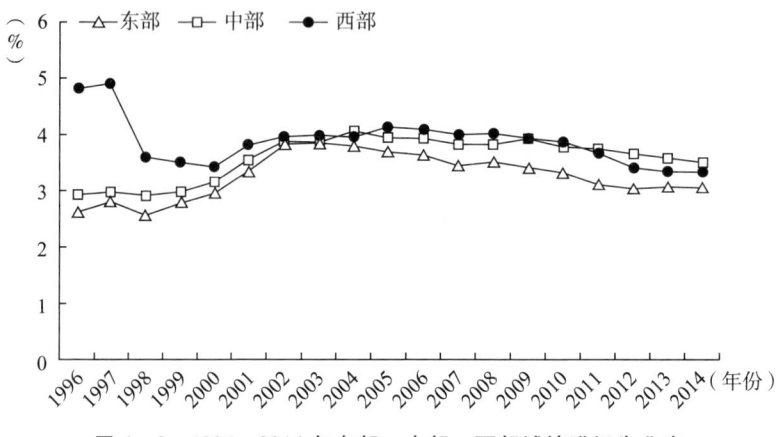

图4-8　1996~2014年东部、中部、西部城镇登记失业率

2. 每万人拥有在校本、专科学生数

本研究选取每万人拥有在校本、专科学生数这个指标，衡量市民的受教育程度，从而衡量生活质量城镇化。该指标表示的是那些通过国家普通高等教育招生考试，接受高等学历教育的全日制的学生。

本研究分析了31个省份每万人拥有在校本、专科学生数，把31个省份分为东部、中部、西部三大地区。从图4-9看出，东部、中部、西部的在校本、专科学生数整体呈上升趋势。随着我们国家现代化建设的不断发展，新型城镇化进程取得较大进展，但是新型城镇化与城市规划教育的改革主要是教育问题，国家有关部门越来越关注义务教育问题，解决了新型

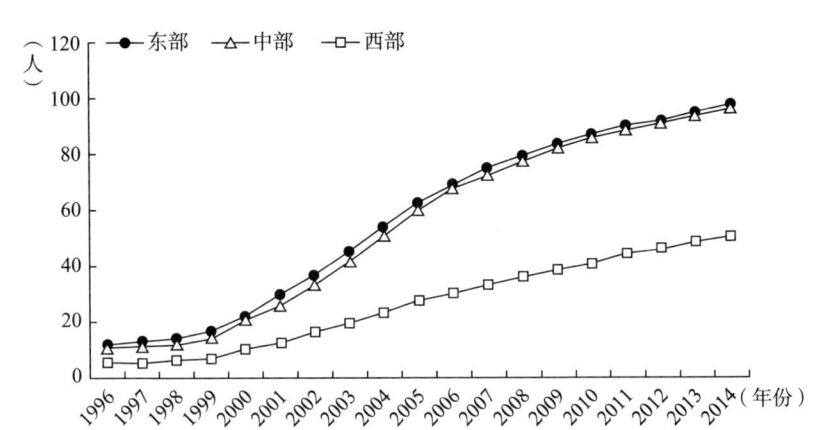

城镇化过程中学生上不起学等问题，从而出现了越来越多的大学生。

图 4-9 1996~2014 年东部、中部、西部每万人拥有在校本、专科学生数

3. 医疗卫生机构数

本研究选取医疗卫生机构数这个指标来衡量市民的医疗保障程度，从而衡量生活质量城镇化。本研究界定的医疗卫生机构主要包括医院、基层医疗卫生机构、专业公共卫生机构、其他医疗卫生机构等。

本研究分析了 31 个省份的医疗卫生机构数，把 31 个省份分为东部、中部、西部三大地区。从图 4-10 看出，东部、中部、西部的医疗卫生机构数整体呈上升趋势。2009 年东部、中部、西部的医疗机构数目骤增的原因是，2009 年我国进行了深化医药卫生体制改革，所以医疗机构数目大幅度上升。1996~2014 年，在我国新型城镇化进程中，政府为了保障农村转移人口的医疗权益做了很大努力：实施针对农村转移人口特征的医疗保障体系服务策略，改进服务方式，搭建多层次的城市医疗保障体系，健全医疗保障体系和医疗救助体系衔接机制。这些努力从根本上保证农村转移人口的医疗保障权益得以实现（高莎，2010）。

4. 每万人拥有公共交通车辆

本研究选取了每万人拥有公共交通车辆这个指标来衡量城镇居民的公共交通情况，从而衡量生活质量城镇化。公共交通车辆包括公共汽电车和轨道交通。每万人拥有的公共交通车辆是按城市人口计算的每万人平均拥有的公共交通车辆的标台数。计算公式：每万人拥有公共交通车辆 = 公共

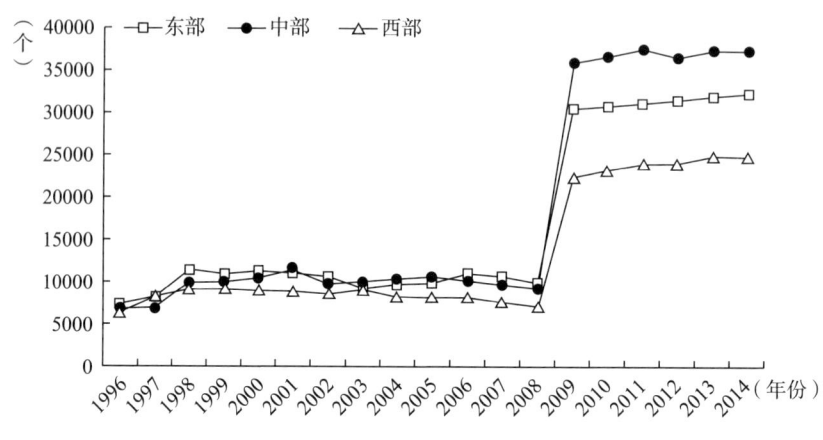

图 4-10 1996~2014 年东部、中部、西部医疗卫生机构数

交通运营车标台数/(城区人口 + 城区暂住人口)。

本研究选取了 31 个省份,把 31 个省份分为东部、中部、西部三大地区。通过研究 1996~2014 年东部、中部、西部三大地区的公共交通车辆数,发现总体呈上升趋势,且东部的公共交通车辆相较中西部更多(见图 4-11)。我国在新型城镇化建设中,不仅为农村转移人口提供了就业机会,而且提供了相应的配套生活设施。

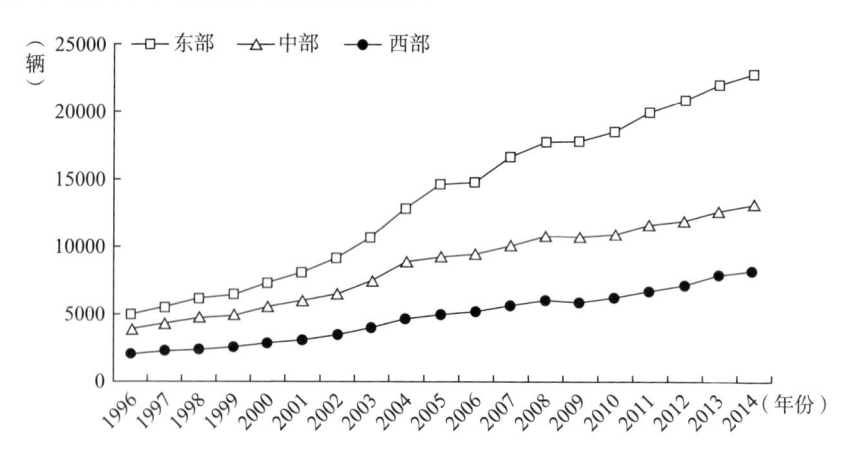

图 4-11 1996~2014 年东部、中部、西部每万人拥有公共交通车辆

5. 城市用水普及率、城市燃气普及率

本研究选取城市用水普及率、城市燃气普及率来衡量城市生活设施,

从而来衡量生活质量城镇化。计算公式：城市用水（燃气）普及率＝报告期末城区内用水（燃气）人口/总人口。本研究统计了1996~2014年东部、中部、西部的城市用水普及率和城市燃气普及率，如图4-12、图4-13所示，在这期间东部、中部、西部的城市用水、燃气的普及率基本达到百分之百，为新型城镇化过程中人们的生活提供了便利。

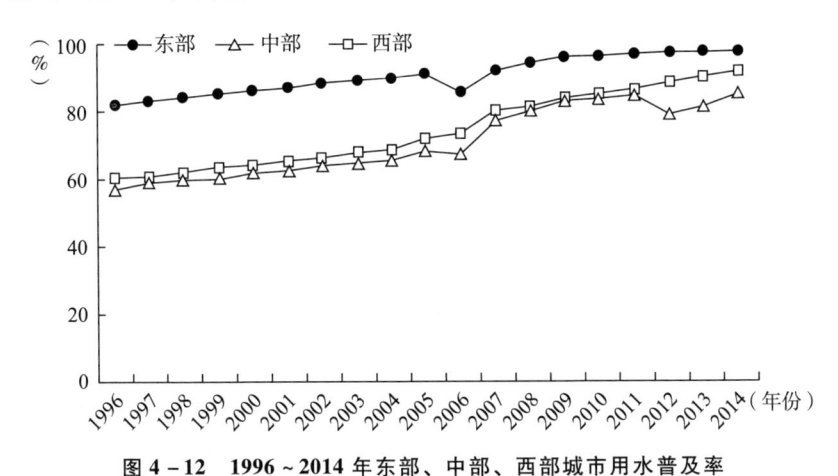

图4-12　1996~2014年东部、中部、西部城市用水普及率

图4-13　1996~2014年东部、中部、西部城市燃气普及率

（五）新型城镇化综合指标的计算方法

根据以上分析，本研究选取的新型城镇化的综合指标有4个一级指标、14个二级指标，如表4-2所示。

表4-2 新型城镇化综合评价指标体系

名称	一级指标	二级指标	单位	备注
新型城镇化综合评价指标体系	人口城镇化	城镇人口比重	%	正向指标
		城镇人口密度	人/平方千米	正向指标
	经济城镇化	人均地区生产总值	万元/人	正向指标
		第二产业占GDP的比重	%	正向指标
		第三产业占GDP的比重	%	正向指标
	空间城镇化	建成区面积	平方千米	正向指标
		城市人均公园绿地面积	平方米/人	正向指标
		城市人均道路面积	平方米/人	正向指标
	生活质量城镇化	城镇登记失业率	%	负向指标
		每万人拥有在校本、专科学生数	人	正向指标
		医疗卫生机构数	个	正向指标
		每万人拥有公共交通车辆	标台	正向指标
		城市用水普及率	%	正向指标
		城市燃气普及率	%	正向指标

确定新型城镇化的综合指标体系，和上述计算产业结构优化升级的综合指标体系一样，用熵值法确定各个指标的权重，然后求出各个地区的新型城镇化综合指标（URB）。

第三节 实证分析及结论

本研究以1996~2014年31个省份新型城镇化为研究对象，探讨产业集聚、产业结构优化升级对新型城镇化的影响。各指标的数据来源于1997~2015年《中国统计年鉴》、31个省份的统计年鉴以及中国统计局的分省份年度数据。

一 模型和数据

本研究选取新型城镇化综合指标为被解释变量，第二产业区位熵、第三产业区位熵、产业结构优化升级综合指标为解释变量，FDI作为控制变量（见表4-3）。

表4-3 各指标的选取及符号

变量	指标选取	符号
被解释变量	新型城镇化综合指标	URB
解释变量	第二产业区位熵	SI
	第三产业区位熵	TI
	产业结构优化升级综合指标	IS
控制变量	外商投资企业投资总额	FDI

建立面板数据，检验1996~2014年东、中、西部31个省份产业集聚水平、产业结构优化升级对新型城镇化发展的影响。根据第三章中的三个基本假设，建立以下四个模型。

模型一：

$$URB = \beta_0 + \beta_1 SI_{it} + \beta_2 FDI_{it} + \mu_{it} \qquad (4.11)$$

模型二：

$$IS = \lambda_0 + \lambda_1 SI_{it} + \lambda_2 TI_{it} + \lambda_3 FDI_{it} + \nu_{it} \qquad (4.12)$$

模型三：

$$URB = \gamma_0 + \gamma_1 IS_{it} + \eta_{it} \qquad (4.13)$$

模型四：

$$URB = \alpha_0 + \alpha_1 SI_{it} + \alpha_2 TI_{it} + \alpha_3 IS_{it} + \alpha_4 FDI_{it} + \varepsilon_{it} \qquad (4.14)$$

以上四个模型中，i为各省份，t为年份。

首先运用Eviews 6.0版，对这几个变量进行描述性统计分析，包括各变量的平均值、中值、最大值、最小值、标准差、偏度、峰度，各变量的统计性描述如表4-4所示。

表4-4 变量的描述性统计

	SI（第二产业区位熵）	TI（第三产业区位熵）	IS（产业结构优化升级综合指标）	URB（新型城镇化综合指标）	FDI（外商投资企业投资总额）
Mean	0.960796	1.007494	0.4509	0.451018	0.96156

续表

	SI (第二产业 区位熵)	TI (第三产业 区位熵)	IS (产业结构优化 升级综合指标)	URB (新型城镇化 综合指标)	FDI (外商投资企业 投资总额)
Median	0.903173	0.975820	0.45	0.422102	1.10102
Maximum	1.893696	2.180727	0.8049	0.804882	7.18131
Minimum	0.273639	0.575264	0.2101	0.210132	0.02
Std. Dev.	0.376939	0.296640	0.13002	0.138813	1.2193
Skewness	0.313812	2.237831	0.8321	0.847690	2.213
Kurtosis	2.347067	9.437311	3.156750	3.273933	4.751
Observations	589	589	589	589	589
Cross sections	31	31	31	31	31

对产业集聚的指标（第二产业区位熵、第三产业区位熵）、产业结构优化升级综合指标、新型城镇化综合指标、外商投资企业投资总额这几个变量进行单位根检验，利用 ADF 和 PP 检验方法，以检验是否平稳。若原数据平稳，可以进行回归分析；如果原数据为非平稳序列，应对同阶的非平稳序列进行协整检验，若存在协整关系，可通过构造误差修正模型，避免伪回归现象。检验结果如表 4-5 所示。

表 4-5　ADF 检验和 PP 检验

变量	水平统计值		一阶差分统计值	
	ADF 检验	PP 检验	ADF 检验	PP 检验
URB（新型城镇化综合指标）	19.9519	19.2373	73.0272***	81.9712***
IS（产业结构优化升级综合指标）	18.223	17.312	72.1055***	77.3830***
SI（第二产业区位熵）	45.7313	69.2998*	132.925***	162.587***
TI（第三产业区位熵）	22.5433	32.8336	114.851***	149.984***
FDI（外商投资企业投资总额）	33.2456	43.167	125.789***	151.967***

注：*、**、*** 分别表示在 10%、5%、1% 的统计条件水平下显著。

从表 4-5 的检验结果可知，URB、IS、SI、TI、FDI 变量的原始序列，都存在单位根，呈现不平稳。经一阶差分后，变量的 ADF、PP 统计值显示，URB、IS、SI、TI、FDI 变量均在 0.01 水平上通过显著检验，所以这几个变量都是一阶单整序列，记为 I(1)。

URB、IS、SI、TI、FDI 都是一阶单整序列，初步判断两变量间可能存在长期协整关系。采用 Pedroni（1999）提出的异质面板数据的协整检验方法，对 URB、IS、SI、TI 间的协整关系进行检验，结果如表 4-6 所示。4 个模型的 Pedroni 检验的 7 个统计量，大部分在 1%、5% 和 10% 的显著性水平上通过了检验，遵从少数服从多数定律，认为模型一、二、三、四均通过协整检验。

表 4-6　四种模型的 Pedroni 协整

	Panel-v	Panel-rho	Panel-pp	Panel-adf	Group-rho	Group-pp	Group-adf
模型一	4.732***	4.178	-2.01***	3.375**	6.197	-7.935***	-1.49*
模型二	-2.146	3.374	-12.559***	-1.557***	5.335	-15.749***	-6.256***
模型三	2.8549***	-1.198	-3.763***	-2.698***	1.509	-3.215***	-4.257***
模型四	3.698***	6.367	-1.907**	4.983***	6.145	-12.56***	-3.256***

注：*、**、*** 分别表示在 10%、5%、1% 的统计条件水平下显著。

判断该模型是固定效应模型，还是随机效应模型，或者是混合效应模型。根据 Hausman 检验结果，应建立固定效应模型，结果见表 4-7。

表 4-7　模型 Hausman 检验结果

	Chi-Sq	P	结论
模型一	298.403343	0.0000	固定效应
模型二	6.954223	0.0690	固定效应
模型三	98.125670	0.0000	固定效应
模型四	370.520534	0.0000	固定效应

注：*、**、*** 分别表示在 10%、5%、1% 的统计条件水平下显著。

根据 F 检验，模型一、二、三、四均应采用变截距固定效应模型。各模型的回归结果如表 4-8 所示，由表可知，4 个模型的拟合优度都比较高，R^2 均大于 0.8，F 检验的统计量均大于 1% 显著性水平的临界值，比较显著，说明 4 个模型整体拟合较好，解释性较强。

表 4-8　回归结果

	模型一		模型二		模型三		模型四	
	系数	T统计量	系数	T统计量	系数	T统计量	系数	t统计量
C	0.327	5.162***	1.027	40.316***	2.517	24.928***	2.292	14.891***
Si	0.101	3.326***	0.016	11.314***			0.077	3.908***
Ti	0.118	2.818***	0.006	2.408**			0.102	3.291***
Is					2.389	20.342***	1.939	3.981***
FDI	0.106	3.137***	0.008	7.331***			1.389	3.518***
R^2	0.9583		0.9651		0.9568		0.9536	
F	185.980		223.848		351.576		372.537	

注：*、**、*** 分别表示在10%、5%、1%的统计条件水平下显著。

根据表4-8的回归结果，我们可以得到以下分析结果。

模型一表明，产业集聚对城镇化水平具有显著性影响。产业集聚会对城镇化水平直接产生影响。目前中国处于城镇化快速扩张时期，产业集聚对城镇化发展具有积极作用。尤其是第二产业和第三产业的集聚，会吸引更多的人进城落户，提高城镇化水平；在其他变量不变的情况下，第二产业集聚水平每提高1个单位，城镇化综合水平就提高0.102个单位，第三产业集聚水平每提高1个单位，城镇化水平就提高0.119个单位。另外，外商的直接投资也对新型城镇化建设起到积极作用，FDI每提高1个单位，城镇化综合水平就会提高0.1023个单位。

模型二表明，产业集聚对产业结构升级具有显著性影响。产业集聚会对城镇化水平直接产生影响，但第二产业和第三产业集聚对城镇化水平的影响存在差异。第二产业、第三产业的集聚化发展促进产业结构转型升级，第二产业集聚水平每提高1个单位，产业结构水平就提高0.016个单位，而第三产业集聚化水平每提高1个单位，产业结构升级水平就提高0.007个单位。这说明近年来中国产业发展仍是以工业为主导，工业经济过去一直在GDP中占较高比重，当前大环境下的经济不景气导致第三产业集聚发展推动产业结构升级的潜能仍未完全释放。另外，外商的直接投资也对新型城镇化建设起到积极作用，FDI每提高1个单位，产业结构优化升级水平就会提高0.0088个单位。

模型三表明，产业结构升级明显提高了城镇化水平。产业结构升级水平每提高1个单位，城镇化水平就提高2.34589个单位。原因是第二、第三产业的迅猛发展，为城镇人口提供了就业机会，同时也吸引了大量的农村剩余劳动力，推动了农村人口向城镇化的转移。在职业转变的基础上，解决了进城农民的户籍、教育、住房、养老、就业等社会保障问题，使他们充分融入城市，真正转化为市民；由此可见，产业结构优化升级的进程就是推进新型城镇化建设的进程。

模型四表明，产业集聚的直接效应和间接通过影响产业结构优化升级促进新型城镇化的建设。第二产业和第三产业集聚水平每提高1个单位，城镇化水平就分别提高0.075367个单位和0.118902个单位。另外，外商的直接投资也对新型城镇化建设起到积极作用，FDI每提高1个单位，城镇化综合水平就会提高1.389031个单位。

二 实证结果

产业集聚、产业结构优化升级对新型城镇化建设的影响比较显著。产业集聚直接影响和通过间接影响产业结构优化升级从而影响新型城镇化建设。首先，产业集聚因为它自身的特点促进新型城镇化建设，产业集聚自身的空间集聚性，使同一区域内的相关产业通过竞争与合作，使固定成本和可变成本降低，从而实现了规模经济，促进了新型城镇化的经济发展。另外，产业集聚使集聚区内企业实现了专业化分工，只生产自己比较优势的产品，节约了成本，实现了资源的有效配置。此外，产业集聚的社会根植性，使产业集聚区内的产业在社会、经济、文化、政治方面具有密切的联系，使新兴城镇的产业能够协同合作。产业集聚促进了新型城镇化的经济增长，增加了就业机会，给农村转移人口提供了配套的生活措施。其次，产业集聚通过影响产业结构优化升级促进新型城镇化建设，产业集聚带动了技术的创新与进步，技术创新通过提高产业结构的高加工度、产业结构的知识化、产业结构的效益，从而促进产业结构优化升级，促进新型城镇化建设。

FDI对新型城镇化建设的影响比较显著，FDI通过促进产业结构优化升级和促进就业这两方面，从而促进了新型城镇化建设。所以，吸引外商投资对促进新型城镇化建设起重要作用。

第四节 结论与政策建议

一 结论

本研究以 1996~2014 年中国 31 个省份（港澳台除外）新型城镇化为研究对象，探讨产业集聚、产业结构优化升级对新型城镇化的影响，得出如下结论。

首先从新型城镇化的综合指标可以看出，北京、天津、浙江等省份的城镇化指标相对来说比其他省份的指标高，也就是北京、天津、浙江的新型城镇化程度高。再从产业结构的综合指标体系、产业集聚的指标，发现北京、天津、浙江等省份的这些指标也比其他省份的指标略高，说明这些城市的产业集聚度高、产业结构合理，所以新型城镇化程度高。可以初步得到一个结论，就是产业集聚、产业结构优化升级促进新型城镇化建设。

研究了产业集聚、产业结构优化升级与新型城镇化建设的理论作用机制。产业集聚在宏观上通过产业集聚的梯度效应、网络效应、辐射效应以及带动产业集聚区内的技术创新促使产业结构的优化，而产业结构优化升级的进程就是推进新型城镇化的进程。

实证研究发现第二、第三产业对新型城镇化建设具有显著影响。第二、第三产业的迅猛发展，为城镇人口提供了就业机会，同时也吸引了大量的农村剩余劳动力，推动了农村人口向城镇化的转移。在职业转变的基础上，解决了进城农民的户籍、教育、住房、养老、就业等社会保障问题，使他们充分融入城市，真正转化为市民。所以，优化产业结构是建设新型城镇化的重中之重。

发现在产业集聚区内，产业结构优化升级对新型城镇化有显著影响，而本章主要从技术创新等方面带来的产业结构优化升级构建了指标。技术创新使能源消耗集约，使制造业工业消耗低，使加工度高。

FDI 对新型城镇化具有显著影响。

二 政策建议

产业集聚是贯彻落实新型城镇化建设以人为本的重要途径。产业集聚的直接效应和通过影响产业结构优化升级间接影响新型城镇化建设给了我们启示。

应该凭借城镇各自的地理优势、国家发展规划政策以及经济水平吸引更多的企业、人才、投资等资本产业因素集聚，努力提高资本产业因素的集聚水平，从而增强城镇的吸纳能力和承载能力。

产业集聚的直接效应和通过影响产业结构优化升级间接影响新型城镇化建设，所以促使产业结构的合理化和高度化是促进新型城镇化建设的重要发展战略。通过本研究选取的衡量产业结构优化升级的指标，在产业集聚的情况下，地区间的竞争核心应该是以技术创新为基础的产业群的竞争。这些产业集群已经成为促进新型城镇化建设的强大动力和各地区争夺的战略制高点，他们不仅能够创造出高级而专业化的生产要素，也与特定产业形成联系，将产业集群的竞争优势扩散到其他相关的产业中，使产业之间的联系更加紧密。产业集群的技术创新，能够使生产的效率提高，也能使工业从初加工变成高级加工，使资源集约。所以，这时候政府应该在如何刺激或创造更高级的生产要素，提高国内需求的质量，对高新技术产业采取相应的鼓励措施，维持国内良好的经济环境等方面制定一些发展战略。

实证研究发现，第三产业对新型城镇化建设的影响比较显著，所以要大力发展多样化的第三产业，拓宽农村转移人口的就业渠道。当今社会，第二产业直接吸纳劳动力的能力逐渐减弱，而第三产业仍有较大空间吸收农村转移人口，为农村转移人口提供了充分的就业机会。要多层次地发展服务业，继续促进传统服务业如交通运输和仓储业、批发和零售以及餐饮业等的发展，吸收刚从农村转移出来的劳动力。对在城市工作已久的第三产业从业人员，要做好辅助培训工作，支持他们向更高层次的行业发展。

我国新型城镇化建设不仅是经济上的城镇化，更是人口的城镇化，要保障农村转移人口在职业转变的基础上，解决农村转移人口的户籍、教育、住房、养老、就业等社会保障问题，使他们充分融入城市，真正转化为市民。所以，我国应该完善进城农村人口的保障制度，使农村转移人口的权益得到保障。

第五章　产业集聚、知识溢出与城市经济增长

第一节　研究背景与文献评述

一　研究背景

城市是人们经济活动的主要集聚地，如何促进城市经济增长是学术界长期以来关注的重点。习近平在2016年中央城市工作会议上发表重要讲话，指出："要以城市群为主体形态，实现紧凑集约、高效绿色发展。要优化提升东部城市群，在中西部地区培育发展一批区域性中心城市。"国家"十二五"规划明确指出："坚持以大带小的原则，遵循城市发展客观规律，以大城市为依托，以中小城市为重点，逐步形成辐射作用大的城市群。"党的十八大报告提出："建设经济增长级，充分发挥中心城市的辐射带动作用，鼓励有条件的地方在现代化建设中继续走在前列，为全国改革发展作出更大贡献。"国家的重大政策明确指出中心城市的区域带动作用以及促进中心城市经济增长的必要性。城市经济增长不同于传统的经济增长方式只注重资源、廉价劳动力的投入，而是追求知识的投入、技术的优化和生产力的提升，产业集聚在地理分布上的集中促进了人才流动、技术交流，为知识溢出提供了有利条件。

在城市经济增长的过程中，产业集聚现象在全世界范围内普遍出现，我国各大城市也呈现明显的产业集聚特征，如深圳"华强北"、北京中关村、苏州工业园等。国家出台的《"十三五"国家战略性新兴产业发展规

划》指出：坚持产业集聚的原则，以科技创新为源头，加快打造战略性新兴产业发展策源地，提升产业集群持续发展能力和国际竞争力。以产业链和创新链协同发展为途径，发展特色产业集群，带动区域经济转型，形成创新经济集聚发展新格局。城市具有中心辐射性，知识具有空间约束性，城市内的聚集经济与经济增长存在必然联系，规划中提出的坚持人才兴业原则、坚持开放融合原则和坚持产业集聚原则都与促进知识溢出的产生和传播密切相关。城市经济的增长依赖于城市内经济体的发展，知识溢出更易发生在发展水平较高的城市，这类城市吸引人才、集聚人才，更容易受到技术交流、科研、教育投入的影响。

随着国家对城市经济增长的日益重视，学术界对产业集聚与城市经济增长的研究不断深入。根据外部经济理论可知，大量的经济体聚集在一定的地理范围内，通过人才交流、技术投入以及高等院校提供的技术支持等渠道产生了外部经济效应；而地区内的知识溢出效应能够促进城市内经济体的经济增长，进而促进城市经济增长。国内外学者的研究表明，产业集聚所带来的知识溢出与经济发展密切相关，产业集聚加快技术扩散、人力资本积累和规模效应的提升，而这些作用机制都与知识有关。

改革开放以来，工业是经济发展中的主体，在经济发展转型的关键期，以知识、技术为主体的竞争正逐步取代依靠自然资源、廉价劳动力的竞争。工业在我国省会城市发展成熟，知识溢出效应明显。对于发展较成熟的工业集聚效应有必要进一步深入研究，知识溢出作为提高产业经济效益的手段，工业的可持续发展依赖于知识、技术的进步，探究工业集聚在城市经济增长中如何实现效用最大化是当前研究的重点。

近年来，城市经济在快速发展时也存在一些问题，不合理的产业集聚阻碍了城市经济增长，不合理的产业发展模式造成资源浪费、污染城市环境，搞清楚工业的产业集聚促进城市经济增长的传导机制意义重大。我国省会城市整体发展水平较高，但是全国城市经济发展水平存在较大差异，东部城市发展速度快，西部城市发展速度慢，由于城市规模、劳动力水平、制度环境的差异，对城市经济增长的影响也不相同。因此，本章针对中国主要省会城市，对产业集聚促进城市经济增长的传导机制进行研究，试图分析工业集聚的知识溢出对东、中、西省会城市经济增长的影响差异。

本章通过构建产业集聚促进城市经济增长的理论框架，探讨产业聚集如何通过知识溢出促进城市经济增长，有助于深入理解产业集聚理论和城市经济增长理论，为城市经济的健康增长提供了理论指导。在此之前，关于产业集聚的研究主要集中在区域，主要分析产业集聚对区域经济增长的影响。本研究将关注重点放在城市上，除资本、劳动外，针对城市经济增长的特殊性，选取制度、城市化水平、外商直接投资等多个因素研究，为分析城市经济增长提供细化的补充。

随着经济全球化的不断发展，社会对传统生产要素如自然资源、廉价劳动力的争夺更加激烈。目前我国面临社会变革的重要时期，促进城市经济增长健康、持续增长变得迫在眉睫。学者们从不同行业、不同空间范围对产业集聚与经济增长的研究结果有所不同。虽然已有文献证实了知识溢出效应的存在，但是并没有说明专业化溢出和多样化溢出对省会城市经济增长的实际作用。探究知识溢出效应对城市经济增长的影响，有助于政府因地制宜地采取相应措施，明确改革方向，为城市经济的持续发展注入不竭动力。

提高一个区域内中心城市的经济增长动力，就能以中心城市为依托带动周边区域实现经济腾飞。我国处于资源优化配置、产业结构转型的改革关键期，产业集聚程度与城市经济增长水平在各地情况不一，而省会城市对一个区域有中心辐射作用，研究省会城市的经济增长，能促进省会城市带领区域经济的发展。本章从产业集聚、知识溢出的角度对城市经济增长进行实证分析，研究产业集聚带来的知识溢出对城市经济增长的作用，对不同地区提高生产力、提升技术水平、实现城市经济增长提供指导方向；对政府进行资源优化配置、实现城市经济持续健康发展提供政策建议；对国家实现优化产业结构、制定经济增长政策有参考作用。

二　文献评述

（一）产业集聚与城市经济增长的研究

经济增长一直是经济学领域研究的热点，国内外对产业集聚与经济增长的研究侧重于产业集聚对经济增长的影响。产业集聚既可能带来正的集聚效应，也可能带来负的拥塞效应。

产业集聚是影响劳动效率的一个重要因素。孙浦阳等（2013）关于产业集聚对不同行业劳动效率的提升结果并不相同，服务业的长期影响不显著，工业集聚对劳动生产率长期具有促进作用，认为产业集聚是否促进经济增长还需要根据各地具体情况具体分析。Fujita 和 Thisse（2002）在假定劳动力自由流动的条件下，表明集聚带来的外部效应会带来生产效率、要素优化的结果，得出产业集聚能够促进经济增长的结论。Brülhart 和 Mathys（2008）基于欧洲各个地区面板数据的研究表明，产业集聚对劳动生产率有促进作用，这种集聚效应随着时间推移不断提高。范剑勇（2006）基于中国地级市数据，研究了非农产业集聚促进区域劳动生产率的提升，产业集聚的差异对地区劳动生产力的影响不同。文东伟和冼国明（2014）的研究表明，制造业的地理集聚程度受地理环境和财政分权制度等因素的影响，集聚程度相对较低，但呈现不断增强的趋势。地理上某些行业高度集聚的原因有很多种，可能与自然资源优势有关，也可能与集聚经济、空间外部性或运输成本等因素相关。章元和刘修岩（2008）运用工具变量法，得出产业集聚与经济增长正相关。刘立云（2011）对中西部地区文化产业集聚采用投入产出分析法，实证结果显示文化产业集聚与区域经济增长正相关。

虽然大多研究证明了产业集聚对经济增长有促进作用，但也有研究得出不同结论。Bode（2004）研究表明，德国的经济密度提高与劳动生产率呈负相关。Bautista（2006）以人口密度衡量集聚水平，研究发现产业集聚对经济增长的影响并不显著。Martínez-Galarraga，J.，etal.（2008）运用西班牙1860~1999年的数据，认为某一区域的空间集聚经历先上升后下降的趋势。近年来，不少学者开始关注中国的产业集聚和经济增长问题。潘文卿和刘庆（2012）测算中国地区产业集聚指数 HHI 表明，制造业在一定范围内的集中对经济增长具有显著的正向促进作用，然而影响不同地区产业集聚的原因有所不同。樊秀峰和康晓琴（2013）研究表明，集聚度高的行业多数是资源依赖性的，比如以西安为中心的关中地区；制造业集聚度的影响因素表明，劳动生产率的提高不利于产业的集聚，外商直接投资水平（FDI）的提高对产业集聚影响不明显。孙浦阳等（2012）研究发现，服务业的集聚与城市经济增长存在先下降后上升的关系，表明产业集聚对城市经济增长有促进作用。谢品等（2013）的研究表明，产业集聚与经济增长之间呈现倒 U 形的关系，结果表明追求经济增长最大化时，加工制造业需要更高的专业化水平，非加工制造业较加工制造业需要更高的集聚水平。陈立泰和张先怡（2013）运用区位熵和 H 指数测算我国服务业集聚水平，结果表明服务业集聚与经济增长呈负相关。

（二）知识溢出对城市经济增长的研究

产业集聚区在城市的不断出现成为经济发展的强动力，产业集聚与城市经济增长密不可分。经济学注重从微观层面出发，与非物质要素相联系，探究集聚经济的内在机制。克鲁格曼的模型并没有将集聚与经济增长直接联系起来，新经济地理学认为产业集聚能够产生知识和技术溢出效应，而内生增长理论认为知识的溢出促进经济增长。内生增长理论的发展架起了二者之间的桥梁，产业集聚与经济增长之间表现出明显的相关性。专业化产业集聚强调了城市单个产业层面上的知识溢出效应对劳动生产力的影响。产业集聚将产业层面的知识溢出效应体现到城市中，进一步促进城市经济增长，比如北京中关村形成的高科技产业集聚区，通过模仿、学习以及高技术水平的劳动力在产业区的流动，将知识、技术在整个产业内传播，这种机制促进了城市经济增长。

对于知识溢出的研究尚处于起步阶段，主要集中在知识的外部性、知识溢出的概念。知识溢出效应包含的专业化溢出和多样化溢出对经济增长的影响不同。Jacbos 指出城市中的聚集经济通过知识溢出效应提高城市内所有产业的劳动生产力，进而促进城市经济增长。陈继勇和盛杨怿（2008）对知识溢出发生机制进行深入的研究，通过 29 个省份 1992～2006 年的面板数据得知，区域 R&D 投入、外商在华直接投资的知识溢出对地区技术进步产生正的影响。地区科技投入是技术进步的源泉，受引资结构的影响，外商在华直接投资的知识溢出，即 FDI 带来的知识溢出效应并不明显；FDI 带来的技术进步对地区经济、科技发展水平有促进作用。龙志和与张馨之（2007）的研究表明，知识溢出对区域创新的影响在省级空间尺度上不显著，但在地级空间尺度上非常显著，整体上看区域溢出随距离衰减，且在较小的空间尺度上表现更加明显。

在实证研究上，Keely（2003）在一个动态的理论框架中研究聚集区内的知识溢出对经济增长的影响。张志强（2010）通过建立检验两者相互关系面板数据模型，采用动态面板的研究方法，实证检验城市产业集聚促进城市经济增长机制，结果表明城市聚集经济对经济增长有促进作用。张云飞（2014）利用动态面板广义矩估计（GMM）方法，实证结果表明产业集聚与经济增长之间存在倒 U 形曲线关系，即存在"门槛效应"：在经济发展初期，产业集聚推动经济增长到一定阶段后，集聚引起的负外部性抑制城市经济增长。李红和王彦晓（2014）采用改进权重的空间杜宾模型实证检验金融集聚及其空间溢出对城市经济增长的影响，结果表明金融产业的集聚与城市经济增长正相关，并存在显著空间溢出效应。潘文卿（2003）利用中国工业部门的行业统计数据，对外商投资的外溢效应进行系统分析，结果显示 1995~2000 年外商直接投资对工业部门的总体外溢效应为正，外商直接投资的资本积累每增加 1 个百分点，带动国内企业的产出增加 0.13 个百分点。何洁（2000）用 1993~1997 年 28 个省份的工业部门共 140 个相关数据进行分析，得出 FDI 在各省市工业部门中均存在明显的正向溢出效应的结论。魏后凯（2002）利用 1985~1999 年时间序列和横断面数据，对 FDI 对中国区域经济增长的影响进行了实证分析，结果表明改革开放以来，中国区域经济发展呈现的典型的二元结构特征与 FDI 分布的不平衡密切相关。李小平和朱钟棣（2006）对中国工业行业通过国际贸易渠道的国际 R&D 溢出进行研究。吴玉鸣（2006）运用空间计量方法对区域之间的空间相互作用进行分析，得出知识溢出会促进区域集聚的结论。王铮（2005）运用区位因素分析方法，以 2004 年上半年中国高科技产业为研究对象，指出知识溢出环境是区域高新技术产业集聚区位的最重要因素。张玉明和李凯（2008）构建知识外部性与经济增长的省际区域经济收敛模型，对 1996~2005 年 31 个省份区域经济增长进行实证分析，结果表明知识的动态外部性可以促进区域经济增长。曹骥赟（2007）在局部溢出 LS 模型的基础上，把区域知识溢出作为一个内生变量，将知识积累的外部性运用于产业分工深化和产业生产率的提高方面，探索了知识溢出与资本创造率和产品生产效率之间的关系。

国内外学者对产业集聚与城市经济增长的研究结果不尽相同，不同的产业集聚及知识溢出的类型对经济增长的结果可能存在不同的影响，归根结底产业集聚对经济增长要依靠知识溢出来实现。国内外学者已经对此进行了深入而广泛的研究，但是由于知识具有溢出的特性，知识溢出仍未形成统一的研究方法和理论框架，仍需要具体问题具体分析。

现有的文献主要围绕区域经济增长展开，以城市为研究对象的文献相对较少。产业集聚与知识溢出存在正相关，知识溢出有局限性，在一定范围内的企业间更容易形成知识溢出，专业化的产业集聚强化知识溢出，多样化的产业集聚存在产业链关系，更容易形成知识溢出。综上所述，从产业集聚、知识溢出角度在城市经济增长的层面上进行深入研究具有重要意义。

第二节 产业集聚、知识溢出与城市经济增长的理论及机制

一 基本理论

（一）规模经济理论

城市经济增长分析中有一般经济增长不具备的重要因素，如规模经济。城市经济增长的制约因素之一是生产率及其变化，即技术进步、经济结构调整、规模与集聚经济。学术界认为规模经济既包括产业在局部空间上的集中而产生的集聚经济，也包括建立在多样化产业基础上的范围经济。集聚经济在空间上呈现局部集中特征，这种特征往往带来的是产业分散状态下所不具备的经济效率，集聚而成的产业功能大于在分散状态下各企业所能实现的功能之和，因此产业区顺势出现。集聚经济具有外部性，表现为 LAC 曲线的平移，外部经济使 LAC 曲线向下平移从而节约成本。外部经济产生的原因是厂商的生产活动所依赖的外界环境得到改善，通常情况下产业区内存在一个或多个核心企业，产业区内的企业利用核心企业带来外部经济。集聚经济对单个企业规模扩张的作用是双重性质的，一方面，当集聚经济表现为正的外部经济时，众多企业彼此分享外部经济的好处，外部市场的交易费用是较低的，单个企业并不存在规模扩张的客观需要，而是产生了组织分化的倾向，即把企业组织内部的某些职能分化出去，通过外部市场交易来完成。另一方面，当集聚经济表现为负的外部经

济时,由于外部市场的交易费用较高,此时,集聚可能会促使企业之间进行纵向一体化或横向联合,产生组织整合的倾向,企业规模将趋于扩大,即产生了范围经济。企业生产所面临的最大制约就是市场容量不足、生产出现过剩。产业内的激烈竞争对企业形成一种强大压力,迫使企业去寻求新的产品、服务、技术。企业追求竞争优势的行为通过开展 R&D 活动来实现,其最终结果是形成了企业多元化经营和企业规模的扩张。

(二) 知识生产理论

目前,知识生产函数是国际通用研究技术创新、区域知识生产与溢出的理论模型。知识生产函数最早用于测度研发与知识溢出对生产率增长的影响,在这一过程中将技术的产出看作知识投入的生产函数,基本函数形式如下所示:

$$Y = F(X, A, u) \tag{5.1}$$

Y 表示知识产出;X 代表生产资源的投入,包含人力资本和研发经费等因素;A 表示技术水平;u 是随机误差项。

Jaffe 在此基础上对生产函数进行了改进,他认为创新最重要的产出是新技术知识,投入变量包括用于研发的经费和人力资本,以 Cobb-Douglas 生产函数为基本形式,知识生产函数的表达式如下:

$$P_{it} = RD_{it}^{\alpha} U_{it}^{\beta} \varepsilon_{it} \tag{5.2}$$

其中 P_i 表示第 i 个区域的知识产出,RD_i 表示该区域的研发投入,U_i 表示影响区域创新产出的人力资本的投入,α、β 是待估参数,ε_{it} 是随机误差项,i 表示观察的单位或区域,t 表示时间。此类生产函数考虑区域的知识溢出对区域知识产出的影响,这为本研究将知识溢出因素纳入增长模型奠定了理论基础。

(三) 内生经济增长理论

新古典增长理论认为,技术进步促进经济增长,劳动力和物质资本的投入是经济增长的重要原因,但认为技术进步是外生的,这对企业不断提高技术、发展生产力得不到合理的诠释。与新古典经济增长理论不同,内生经济增长理论认为，技术进步是内生的，技术溢出产生的外部性被认为是促进经济增长的源泉。随着罗默、卢卡斯等学者对经济增长研究的不断深入，知识溢出以及技术进步等因素在经济增长中的作用越来越明显，将逐步取代传统投入要素在增长中的主导地位。在对经济内生增长的研究过程中，Romer（1986）以阿罗的"干中学"假设为基础，强调知识溢出与知识积累对经济增长的促进作用，并认为经济增长主要来源于劳动和内生的技术进步，内生的技术进步是保证经济持续增长的决定因素。将生产函数的基本形式设定为柯布－道格拉斯函数，内生增长理论模型可表示为如下表达式：

$$Y(t) = [(1-\alpha_K)K(t)]^{\alpha}[A(t)(1-\alpha_L)L(t)]^{1-\alpha} \qquad (5.3)$$

其中，$K(t)$ 表示用于研发的资本，$L(t)$ 表示用于研发的劳动。

在不考虑资本的情况下，生产函数可简化为：

$$Y(t) = A(t)(1-\alpha_L)L(t) \qquad (5.4)$$

反映技术进步的研发部门的生产函数为：

$$\dot{A} = B[a_L \cdot L(t)]^{\gamma}A(t)^{\theta} \qquad (5.5)$$

其中表示用于研发的劳动比例，均为参数。

由方程（5.1）可得：

$$\frac{\dot{Y}}{Y} = \frac{\dot{A}}{A} + \frac{\dot{L}}{L} \qquad (5.6)$$

由方程（5.2）可知，两边取对数，等式左右两边分别对 t 求导：

$$\dot{g}_A = \gamma n g_A + (\theta - 1)g_A^2 \qquad (5.7)$$

当经济处于平衡状态时 $\dot{g}_A = 0$，稳定状态下的经济增长率为：

$$g_Y = g_A^* + n \qquad (5.8)$$

其中 g_Y 表示经济在稳定水平下的增长率，g_A^* 表示稳定水平下的技术进步率，n 表示研发人员的增长率，$\dot{Y}$、$\dot{A}$、$\dot{L}$ 分别表示产出、技术进步和研发人员的变化量。

从内生增长理论模型的计量推导过程可以看出，内生增长理论强调了研发资本投入对技术形成和强化的作用。因此，内生增长理论是本研究将研发资本投入和人力资本纳入经济增长框架、构建模型的理论基础之一。

二 产业集聚促进经济增长的机制

某个产业或相关产业在一定地理范围内的集中是产业集聚的内涵，生产在地理上的空间集聚是地区特征。产业集聚区内的企业由于地理上的接近，在产业集聚区形成的初级阶段，企业间相互借鉴、学习，各个企业通过分工协作，降低了创新风险，主要表现为一方面降低了生产成本，另一方面节约了时间成本。同时，在先行创新企业的带动下，相关企业的创新研发也会积极跟进，企业间的互动促进集聚区内形成规模经济。然而，面对竞争压力和利益驱使，每个企业必然会积极主动地提供技术水平，以提升自身的竞争力，进一步促进整个集聚区内区域技术水平的提升。当产业集聚区发展到成熟阶段，区域内的集聚效应已经形成，产业区内多种沟通交流渠道和中介服务机构的建立提高了区域技术水平。同时，成熟企业的创新系统在此阶段也发展为高度动态、有序的自组织创新系统，企业创新系统的进一步提升来源于多样化的市场需求、专业化的市场规模扩张以及子系统间的竞争与协作。因此，该阶段集聚区内企业间的关系呈现多种形式，或是互相竞争、互相替代，或是相互合作、相互促进。因此，产业集聚通过技术提升、人力资本积累和规模效应直接和间接地促进城市经济的增长。

（一）产业集聚加快技术提升

产业在空间上的集聚会促进知识、技术的交流，使知识溢出效应更容易发生。一个国家或地区的技术水平，取决于区域内知识的传播和扩散，并被地区内的其他企业吸收创造经济价值。知识、技术在区域内的扩散主要通过企业、从业人员或潜在使用者之间的交流、传播和应用。实际上，产业集聚区内企业的技术水平参差不齐，并非都有能力和条件进行研发创新，绝大部分企业通过学习、吸收和运用扩散的技术或知识来提高企业的生产和竞争能力。因此，从某种意义上说，城市产业集聚区内产出的衡量很大程度上依靠知识、技术的扩散程度。

集聚区内技术、知识的扩散与产业区内从业人员的流动有着密切联系。首先，技术水平越高的城市，知识与人才的大量集聚和流动不仅促使先进技术、经验扩散，而且使研发创新成果的企业及时得到反馈，加快自身的技术提升。此外，人作为知识与技术的载体，产业集聚区的形成会加快集聚区外的人员流动，集聚区以外的人才流入会带来大量的专业技术，加快了知识在集聚区内外的扩散速度，提高了集聚区内的生产水平。其次，产业集聚区内往往配套设施完善、交易便利，社会网络发达能够加速技术的扩散。集聚区内部企业间的相互信任和文化制约，使内部企业间的合作更方便、成本更低。因此，企业一方面可以通过企业间合作、分工形成的网络等知识扩散的渠道，来提高集聚区内知识技术的扩散效率；另一方面，集聚区内企业间的互动，信息及创新知识的共享，降低了由市场部确定带来的风险，因此集聚区内部知识和技术的积累，提高了企业获取创新技术与知识的效率。

（二）产业集聚加快人力资本积累

劳动力身上包含的知识、技术等非物质资本形态是知识溢出的重要载体。劳动力的再就业引起知识扩散，形成知识溢出。Lucas（1988）认为人力资本对区域的经济增长有深远影响，人力资本主要集中在城市，人力资本在一定范围内的交流所产生的知识溢出在一定程度上提高了区域内就业者的知识和技能。与传统的产业模式相比，现代产业发展模式不再仅仅依靠自然资源和廉价劳动力，人力资本与物质资本不同，人力资本专业化的重要性日益突出，其带来的知识溢出比其他生产要素所带来的影响更加深远。

产业集聚的形成为企业提供了一个相互学习和交流的平台，企业间的正式与非正式交流成为人力资本积累的重要途径。产业集聚在形成的过程中，区域内部产业链的形成使各企业分工明确，集聚区内的从业人员在相同的知识背景和相似的工作内容下，人员间的沟通交流对创新知识和技术的扩散起到了至关重要的作用。因此，对区域内的从业人员而言，在共同知识背景下，他们的工作有很强的互补性，正是这种互补性的存在，区域内部人员间的交流更加频繁。集聚区内人员间的相互交流与学习不同于知识与信息的单方向传播，这一过程是对原有知识与信息的重新整合与改进,不仅可以提高技术水平,还能促使交流和学习成为从业人员自我激励的方式。当集聚区的人力资本积累到一定规模以后,知识与信息会向更高层次方向进行扩散。这一过程的循环,会在集聚区内形成不同层级的人力资本组合结构,进而增加区域内的人力资本水平。

此外,产业集聚的形成会使企业对劳动者的要求不断提高。同一类型的企业在集聚过程中会使集聚区内的分工细化,企业所需要的人才就更加专业化。这一结果的出现,一方面能满足企业对专业化劳动力的需求;另一方面也增加了企业在人力资本选择上的投入;除此之外,集聚区内的企业主要扮演两种角色,即专业化人力资本的需求者和知识、技术的研发者,为获得最大化的知识产出,企业间的竞争会更加激烈。在集聚区内,企业除在人力资本和创新技术等方面的竞争外,更多的是企业间的相互合作,创新成果的出现和知识产出的提升都离不开企业间的合作,企业间的交流合作带来了人力资本积累。所以,不管是集聚区内企业间的竞争还是合作,都加速了人力资本的积累。

(三) 产业集聚的规模效应

规模经济有外部规模经济和内部规模经济之分,前者指产业集聚的外部经济效益,后者指随企业自身的规模扩大而降低产品成本的经济效益。马歇尔提出集中在一起的厂商比单个孤立的厂商更有效率。相关产业在地理上的集中可以促进行业在区域内的分工与合作,产业集聚可以提高劳动生产率。

产业集聚区内的企业由于地理上的接近,企业间沟通交流更加频繁。频繁的交流互动不仅增加了企业间的信任,而且有助于上下游企业降低买卖双方的交易成本。产品价格既受自身的影响,也受商品市场信息不对称的影响:对于消费者而言,消费者接受的产品信息有利于对同类产品横向比较,使购买者易于购买到物美价廉的商品,降低了购买者的搜寻成本;对于生产者而言,产业集聚区内生产同类型产品的企业众多,企业竞争力大,要想获得交易机会,企业在谈判过程中往往趋于真实的报价,这提高了谈判效率,降低了交易成本。

集聚区内企业为提高协作效率,对生产链分工细化,有助于推动集聚区劳动生产率的提高。集聚使厂商能够更稳定、更有效率地得到供应商的服务，比较容易获得配套的产品和服务，及时了解本行业竞争所需要的信息。集聚区有助于提高谈判能力，能够以较低的价格从政府及其他公共机构处获得公共物品或服务。由于集聚区本身可提供充足的就业机会和发展机会，会对集聚区外的相关人才产生磁场效应。产业区内汇聚大量拥有专门技能的人才，这种优势可使企业在短时间内以较低的费用找到合适的岗位人才，降低用人成本，进而产生规模效应和成本效益。

三 知识溢出的类型

目前，我国中心城市的经济增长不再局限于加工制造，依靠的更多是技术提升带来的生产力水平的提高。马歇尔在1890年指出城市是思想（商业技术）的中心。这种思想是人类智慧的结晶，即知识。知识蕴含在人和技术中。尽管不同学者对"知识"这一概念有不同的解释，但有一点是可以肯定的：知识是人们在社会实践中所获得的认识和经验的总和。马歇尔指出知识溢出源于知识的外部性。阿罗最早用外部性解释了经济增长过程中知识溢出效应的作用，阿罗认为进行新投资的厂商不仅可以通过生产经营的积累提高自身的生产效率，还能使其他厂商通过学习也提高生产效率。罗默根据知识溢出理论，建立了知识溢出模型，认为内生的技术进步是推动经济增长的动力。卢卡斯则建立了人力资本溢出模型。

新经济增长理论在介绍"干中学"时提到了溢出，认为私人资本的积累通过知识溢出增加了社会公共的知识资本存量，作为私人资本投入的副产品，受益的一方并没有支付任何费用。劳动者经历了"干中学"这一过程，促进了技术水平的提高。学术界对于知识溢出的定义为：知识溢出的创造者没有获得"搭便车"的企业补偿或者补偿小于其创造知识的成本。新增长理论认为，知识源源不断地为经济增长提供动力。任何一个企业不能全部掌控知识的流动、扩散，知识的外部性导致其溢出效应。知识的传播方式有所不同，显性知识可以理解为物质化的知识直接转移，隐性知识的传播需要在特殊的环境下进行，如面对面的交流、社交网络等因素，这意味着知识溢出具有空间局限性。知识溢出的本质：①知识的外部性以及知识具有公共物品的性质，决定知识不能被创造者独自占有，知识溢出是无意识的传播；②由于知识的受益者并没有对创造者进行应有的经济补偿，或者补偿值远小于其创造的价值；③知识溢出促进了经济的发展。知识的外溢或许对创造者产生损失，但对受益者或是对整个社会的经济和福利都具有正向作用。知识溢出有别于知识转移指产业集聚区域内企业通过劳动力的流动、技术合作、产业关联等非正式的形式所获得技术水平的提升。集聚企业之间形成的交易往来和技术人员的非正式交流对知识的传播，尤其是隐性知识的传播有促进作用。某些创新的知识、更新的技术无法编码化，只能通过产业区这一平台得以传播。因此，产业集聚促进了知识溢出。当知识这一要素逐渐取代常规要素的投入，成为经济增长的动力时，可以用它来解释产业集聚促进经济增长的作用机制。

（一）专业化溢出

专业化产业集聚指在某一城市中，同种类型的产业在空间范围内集中使单位产品成本减少，专业化集聚可以直接从同类产业获得知识、技术，产生了规模集聚效应，从而形成专业化集聚，专业化集聚所造成的专业化生产也被称为地方化经济等。马歇尔最早提出"产业区"观点，他认为产业集聚区的外部规模经济来源于专业化集聚促进分工、不断吸收新技术、提高创新生产能力。克鲁格曼认为同种产业的集聚能够带来共享的劳动力市场、非贸易的中间投入品、知识溢出导致的生产函数的改变。

根据其来源不同，专业化溢出认为区域内同类型产业集聚更有利于促进知识溢出，称为"MAR溢出"，是由专业化集聚产生的。集聚区内的企业通过"干中学"获得知识积累，从而提升技术水平。MAR溢出认为，同一产业内企业间的交流成本降低，而成本的降低最终会使知识易于传播、接收和扩散，由此带来的技术水平的提高促进经济增长。同种产业在同一地理位置的空间集聚在产业发展过程中会逐渐形成地区特有的集聚经济结构，并且产生外部经济效应。

（二）多样化溢出

多样化产业集聚是指相关或互补类型的产业在一定区域内的集中，其规模经济的产生来自不同行业部门的互动，地理位置的邻近、产业链为相关产业提供更多的技术要求等，此时，规模经济对企业来说仍是外部的，外部性是来自城市里不同产业产出的总和。产业链上的企业通过相互连接，形成多样化产业集聚经济，又被称为跨行业集聚经济、城市化经济等。多样化产业集聚的外部性表现为，一定区域内的产业均受益，相关产业在一定范围内形成的知识交流和互补提高了城市生产力，成为促进经济增长的强大"助推器"。多样化知识溢出又称"Jacobs 溢出"。Jacobs 认为最重要的知识溢出源自相关产业，地理邻近产业的多样化和差异化更有利于技术创新和经济增长。相关产业往往不是竞争关系而是互补关系，一个产业的技术创新绝大多数来源于相关产业。产业链上的企业的相互作用，使单个产业的研究范围逐渐扩大，这类溢出的作用机制可以理解为产业间的相互作用，因此，相对于专业化的知识溢出来说，相关产业间更容易形成知识交流和传播。

两种集聚类型对应两种溢出方式，专业化产业区内劳动力间相互影响产生了专业化知识溢出，随着专业化劳动力技术交流的加强，专业化水平得到进一步分化，相关产业开始出现，多样化知识溢出随之产生。目前，对于知识溢出促进经济增长这一结论已经达成共识，但是什么情况下多样化的知识溢出促进经济增长，什么情况下专业化的知识溢出促进经济增长，吸引越来越多的专家学者对不同区域、不同产业进行研究。

四 知识溢出的渠道和效应

知识溢出是内生经济增长的重要机制，根据研究主体的不同分为两种情况：一是专业化溢出渠道，如模仿学习、交流、合作、人力资本流动等；二是多样化溢出渠道，如贸易、FDI、人口迁移以及信息交流等。专业化溢出和多样化溢出途径不同，集聚区内的企业可以通过企业间或者与相关服务机构的沟通交流获得显性知识，但隐性知识需要通过集聚区内面对面的交流才能实现。

（一）知识溢出的渠道

（1）模仿学习。产业集聚区内，地理位置的邻近使同类型企业能够清楚了解对方的产品技术信息。技术落后的企业易于获取学习先进技术的机会。在"干中学"的过程中，由于知识产权的保护，一些企业对知识不能是简单的复制，而是在原有的技术上进行二次创新。企业间的知识溢出促使集聚区内部不断进行模仿学习以提高技术水平。知识溢出导致技术水平不断提高，丰富了一定区域内的知识存量，进一步推动新一轮的知识溢出。

（2）交流。作为知识的载体，人员的交流会带来知识传播、技术扩散。交流既可以是正式的、有组织的，也可以是民间的、无组织的。劳动力正式与非正式交流提高了知识溢出的可能。交流具有明显的地方局限性。因为技术知识大多无法编码化，面对面的交流更容易形成知识溢出，比如北京中关村，邻近众多高校，吸引了众多企业、科研机构在此集聚，科研、教育、生产集聚在一定范围内，不同的社会分工在功能与资源优势上具有协同与集成优势，多种主体间的知识溢出使他们均能受益，产业区降低了交流研讨的成本和门槛。另外，集聚区内的产业集聚，无论是同种产业还是相关产业，区域内的技术人员知识水平相近、学习能力和吸收能力相对较高，减少了交流障碍，提高了知识溢出的可能。因此，产业集聚区为经济主体间的交流提供了平台，便捷的交流易于知识溢出。

（3）合作。集聚区内知识溢出的一个重要途径就是技术合作，地理位置的邻近以及集聚区内的产品具有相似性或关联性，使集聚区内的企业拥有更多的技术合作机会。合作一般具有地方区域性，知识溢出受地理位置的局限，产业区为企业间的合作提供了平台。在企业合作过程中，必然带动知识资本的流动，形成知识溢出。

（4）国际贸易。贸易物化了知识。新贸易理论认为，国际贸易既可以促进进口国获得技术经验，给技术落后的地区提供新的学习机会，又给出口国形成了技术知识反馈，促进技术水平的进一步提升。总之，国际贸易具有溢出效应，可以加速先进科学技术、知识和人力资源在世界范围内的流动。与出口贸易相比，进口贸易更直接成为知识溢出的方式。进口贸易的知识溢出效应也为实证研究所证实。

（5）FDI的技术溢出。跨国公司在某地设立子公司，带来了知识技术的扩散，使当地企业提高了技术水平，而跨国公司无法获得与之对应的收益。FDI的技术溢出有前后向关联效应。前向关联效应是指技术上的改进对下游产业的影响；后向关联效应是指主导产业进行生产后进入消费部门产生的部门关联效应。当地公司为了增强竞争力，就必须对跨国公司先进的技术进行学习、模仿。跨国公司对当地劳动力进行技术培训，使之成为具有技术创新能力的人力资本，这些优质劳动力在一定区域内的流动也带来知识溢出。

（6）公共部门研究组织。公共部门研究组织对知识溢出的形成有重要作用，如北京中关村所形成的高技术产业得益于大批高等院校和科研机构的聚集，技术产业密集，高技术产业知识溢出效应显著，吸引了大量私营部门 R&D 活动出现，公共部门的研究组织越多，R&D 活动越频繁，知识溢出效应越显著。

（7）企业家创业精神。一个地方的经济发达程度取决于当地的产业环境，当地的环境又受到企业家、管理者的影响。比如美国硅谷，充满创新精神的创业者相互间的竞争协作引领了产业区技术创新水平的不断提高，在这一过程中，知识溢出也相应不断出现。

（二）知识溢出的效应

知识溢出效应是指知识溢出的社会经济价值。当一个经济主体出现技术创新的时候，一定会引起其他经济主体的模仿、学习。当这种技术创新被发现，这种知识将在区域内的经济活动中很快扩散，从而促进生产率的提高、技术的进步与经济的发展。

外部效应包含静态外部效应和动态外部效应。静态外部效应指的是在相对密集的集群环境下，专业化的资源如劳动力和专业基础设施的集合致使单位成本下降，减少了产业内企业的生产成本。静态外部性对区域经济增长的作用主要体现在集聚降低了中间产品供应商的生产成本。区域内集聚企业的增加导致商品种类和数量随之上升，商品的价格指数随之递减。工人的实际工资提高，吸引更多的劳动力在区域内集聚，因此，商品的需求会进一步加大，反过来促使更多的厂商在此范围内集聚。集聚区内的劳动力和企业相互选择，节省了搜寻成本。静态性没有说明外部性促进经济增长的作用机制。动态外部效应即知识溢出效应，指技术和知识外溢所带来的外部经济效应。该理论认为一定区域内产业的技术创新和扩散促进知识溢出，提高区域内的生产效率。相同产业内工作的工人，由于拥有相近的技能和邻近的工作地点，他们彼此交流易于知识的溢出，从而提高了区域的技术水平，进一步提高区域经济的增长。知识溢出理论还解释了集聚和区域发展问题，对区域经济增长的解释与新增长理论具有很大的相似性，把外部性（特别是知识的外部性）看作"增长的动力"。知识溢出带来的规模报酬递增和技术进步为城市经济的增长保驾护航。

专业化的知识溢出和多样化的知识溢出都存在外部溢出效应。知识外部性即知识溢出效应产生的根源是知识的非竞争性和非排他性。外部性认为，知识溢出是同种产业内企业间信息交流的结果，这种溢出既可以通过生产信息的交换，也可以通过专业技术人员在各企业间的流动来完成。专业化溢出强调区域垄断比竞争更有利于经济增长，原因在于竞争降低了企业的利润水平，如果当地企业一味进行价格竞争，而不是把企业发展的重点放在提高技术水平和寻求服务差异化上，企业很难有长足的发展前景。多样化溢出强调区域中的多样化集聚对经济增长的促进作用，产业链上的企业受知识溢出的相互影响，企业地理集聚的多样性和差异化对相关产业提出了技术要求，促进了新技术、新思想在集聚区内的产生。

除此之外，知识溢出的经济效应最为重要，主要有如下方面。

（1）连锁效应：产业间的交流使技术落后的企业获得学习先进技术的机会，先进企业为了保持自身的竞争力也不断提高技术能力，知识溢出促进了整个区域内技术水平和竞争力的提升。知识的传播、信息的流通带来的是管理、技术水平的提高，提高了产业专业化程度，使产业区生产规模扩大，促进城市经济增长。

（2）创新效应：新技术、新知识的到来打破了市场均衡，企业要想从专业化产业集聚区中获得竞争力，需要不断地进行技术研发，改善生产工艺，促进区域内企业不断提高自身技术水平。然而产业内的技术具有垄断性，一味复制并不可行，因此，在学习的基础上进行创新才能使知识溢出得到发挥。技术落后的企业为了维持自己原有的市场份额，通常聘请具备高技术水平的劳动力，并对先进企业的产品进行差异化生产。多样化产业在一定范围内集聚，创新的传导性使企业更容易接受关联产业对自己技术水平的要求，能够形成创新的连锁效应。因此，当集聚区产业逐步发展成具有特定性质时，将会吸引同类型企业的资金、技术和具备产业技术水平的劳动力资源，产业集聚区内的企业获得创新的可能性更强，更具有创新优势。

（3）交流效应：通过人力资本的流动而产生的知识溢出效应。比如，企业一般会对上岗劳动力进行有效的技能管理培训。当原有的具有技术水平的劳动力再择业进入其他生产部门，就会对其他部门产生知识溢出效应。此外，企业间的贸易往来、产学研的正式交流也形成知识溢出。潜在的消费市场和消费者需求多样性会随着区域内产业集聚规模的扩大而不断提高，集聚区内的企业易于发现产品服务供给中存在的不足，要想获得经济效益就必须从生产和消费两个方面进行交流。

（4）带动效应：技术水平的创新提高了一定区域内的行业"标杆"，技术水平落后的企业要追逐产业的标准才能在区域内生存，从而带动区域内企业的技术进步；知识的创造者能够从知识的接受方得到技术反馈，不断改进完善更新自己的产品技术，使整个产业的专业化或相关性更加突出，形成技术关联。

（5）激励示范效应：一定区域内的技术成果带来的效益，将激励落后生产水平的企业进行技术创新。落后企业为了保持市场份额、提高竞争力，必须通过知识溢出接收新的技术工艺，提高自己的技术创新水平以及先进管理经验，先进的产业区会吸引具有专业水平的劳动力流入，这种激励示范作用促进了知识在区域内的流动、扩散。

第三节 指标与数据

一 指标选取

国内生产总值：按照通行的做法，采用城市 GDP 来表示城市经济发展水平。

专业化溢出指数：度量产业集聚水平有多种方法，如行业集中度（CR_n）、赫希曼－赫芬达尔指数、区位熵（E 指数）、哈莱－克依指数、空间基尼系数以及 Ellision-Glaeser 集聚指数等。通过对上述指标的比较，发现区位熵指标可以准确分析地区某部门产业集聚的状况，符合空间反应性、数据的采集难度以及计算要求。因此，产业集聚的分布状况用工业区位熵来表示：

$$Agglo_{i,j} = \frac{VP_{i,j}/VP_j}{VP_i/VP} \quad (5.9)$$

其中，$VP_{i,j}/VP_j$ 表示 j 地区工业产值占 j 地区产值的比重；VP_i/VP 表示全国工业产值占全国生产总值的比重。

专业化溢出指数,借鉴刘璐(2012)的测度方法,计算公式如下:

$$SPEC_{i,j} = S_{ij}/S_j \tag{5.10}$$

其中,S_{ij}表示i城市中工业就业占城市总就业的份额,S_j表示工业的就业在全国总就业的份额。专业化溢出指数与城市内产业的专业化程度呈正比,专业化溢出指数越大,该区域的产业专业化程度就越高。如果该指数的系数为正,表明专业化程度越高越能促进城市经济增长;如果该变量系数为负,则说明专业化程度越高反而越不利于城市经济的增长。

多样化溢出指数:多样化的指标有很多种,比如 Gini 系数、Theil 熵、Herfindahl 系数等。本研究采用 1 减去 HHI 系数(Hirshman-Herfindahl Index)作为多样化程度的衡量。定义城市j的多样化指数,采用 1 减去 HHI 系数。

$$DIVE = 1 - \sum S_j^2 \tag{5.11}$$

多样化溢出指数越高,表明对于样本产业而言,地区内相关产业的分散程度越大,区域内融合的差异化知识越丰富。如果该变量系数为正,表明区域内产业多样性对城市经济的增长有显著的正向作用;若该变量系数为负,则说明区域内产业多样性不利于城市经济的增长。S_j^2表示j城市工业的就业人数占城市总就业的份额,但由于城市工业的从业人数无法获得,因此,以全省的就业人数代替省会城市的就业人数,估算多样化溢出指数。如果工业的相关产业分散,则说明工业的相关产业数较多,S_j的值将变小,从而其多样化指数的数值将变大。

制度:借鉴刘军、徐康宁(2010)指标选取,与通常指标一致,用商品出口值占 GDP 比重来衡量地区改革开放程度。刘易斯在《经济增长理论》中提出,经济制度是影响经济增长的重要因素,是决定长期经济绩效的基本因素。对外开放改变了我国经济增长的发展模式,城市对外开放程度的差异直接导致知识溢出的差异,越是开放的城市,技术水平越高,思想交流越深入,形成知识溢出的条件就越有利,更能够促进人才流动、知识传播。

外商直接投资:在开放经济条件下,一国的技术进步、经济增长不仅取决于地区内 R&D 投入，其他国家的行为也通过各种传递渠道直接或间接地影响了本国的技术进步。改革开放以来，外商直接投资主要集中在城市，且外商直接投资也有明显的区域差异。贸易是技术知识溢出的重要渠道，国际贸易导致技术扩散效应更大，贸易商品是物化型知识外溢的一种重要传递渠道。

城市化水平：本研究采用城镇人口比重来表示城市化水平。社会网络与社会资本影响知识溢出效率，城市化水平高的城市更易于促进产业集聚的形成以及知识的持续流动和扩散，特别是隐性知识的溢出。新经济地理学基于隐性知识溢出的局域性特征，强调地理邻近的知识溢出在产业区位形成过程中的重要作用。城市层面的研究关注就业密度或人力资本密度变化对城市生产力的影响。

劳动力投入：劳动力投入常用就业人口或人力资本来表示，人力资本外部性成为经济活动集聚以及城市增长的要素，内生增长理论也证明了人力资本是促进经济增长的一个重要因素。随着我国经济增长方式的转变，劳动力素质在经济增长中的作用越来越明显，本研究根据余冬筠、郑莉峰（2013）用万人大学生数量来衡量城市人力资本水平，作为劳动力投入的替代指标。经济增长需要高素质劳动力的供给，本研究认为劳动力的供给促进经济增长。研发人员通过对技术劳动力的改善来影响经济的增长。

固定资产投入：投资是拉动经济增长的重要因素之一，由于各地区实际投资额数据难以获得，本研究选取固定资产投资作为其代理变量，即以全社会固定资产投资来衡量。

二　数据及结构

根据《中国城市统计年鉴》（2005～2014年）可以得出，我国城市数量大，城市发展水平不一，普通城市的知识溢出效应并不明显，为使结论更加准确，本研究选取的研究对象为2005年至2014年的直辖市及省会城市数据来考察产业集聚、知识溢出对城市经济增长的影响。基于制度的差异以及数据完整程度，剔除香港和澳门以及青海西宁、西藏自治区拉萨、宁夏回族自治区银川等城市，最终将样本范围确定为全国28个城市。其中，城市生产总值、城市就业份额、实际利用外资额、城镇人口比重、万

第五章 产业集聚、知识溢出与城市经济增长

人大学生人数均来自《中国城市统计年鉴》（2005～2014年），在计算多样化指数时所涉及的除工业以外其他行业的相关数据均来源于《中国统计年鉴》（2005～2014年）。

（一）城市经济增长

由于我国省会城市的发展水平和城市规模不同，知识溢出与城市经济增长水平也不尽相同。2005～2014年全国区域城市GDP趋势见图5-1。

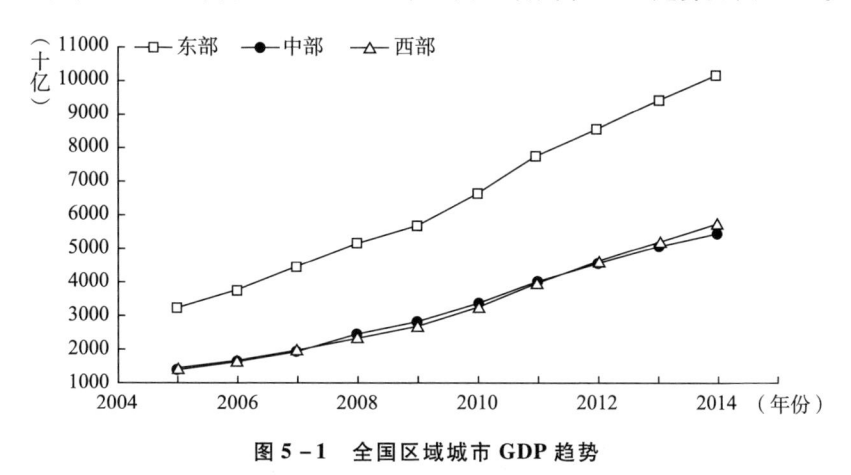

图5-1 全国区域城市GDP趋势

由图5-1可以看出，2005～2014年东部城市平均GDP明显高于中部和西部，说明东部城市产值水平高、增长速度快、增长水平较高。2005～2014年中部城市与西部城市平均GDP产值基本相同，增长趋势基本吻合，说明城市经济增长水平基本相同。

（二）产业集聚度

表5-1表示我国直辖市、省会城市产业集聚度。

表5-1 各地区产业集聚度

地区	城市	2014年	2013年	2012年	2011年	2010年	2009年	2008年	2007年	2006年	2005年
东部	北京市	0.63	0.59	0.55	0.51	0.48	0.45	0.46	0.48	0.50	0.49
	福州市	1.03	0.95	0.86	0.78	0.72	0.69	0.77	0.77	0.75	0.62

续表

地区	城市	2014年	2013年	2012年	2011年	2010年	2009年	2008年	2007年	2006年	2005年
东部	广州市	0.84	0.88	0.83	0.74	0.66	0.67	0.70	0.68	0.66	0.65
	海口市	0.45	0.45	0.41	0.37	0.35	0.31	0.34	0.41	0.40	0.41
	杭州市	1.44	1.31	1.19	1.10	1.06	1.05	1.13	1.18	1.18	0.91
	济南市	2.17	0.87	0.78	0.67	0.56	0.58	0.64	0.62	0.63	0.64
	南京市	1.49	1.03	0.94	0.88	0.83	0.79	0.84	0.87	0.83	0.83
	南宁市	0.68	0.60	0.51	0.42	0.35	0.32	0.32	0.31	0.28	0.25
	上海市	0.65	1.19	1.11	0.98	0.89	0.81	0.91	0.91	0.91	0.90
	沈阳市	1.06	1.29	1.15	1.03	0.94	0.88	0.79	0.73	0.64	0.52
	石家庄市	1.31	1.17	1.03	0.90	0.82	0.73	0.71	0.69	0.62	0.55
	天津市	0.96	1.20	1.09	0.98	0.91	0.88	0.95	0.98	0.98	0.90
中部	哈尔滨市	0.75	0.68	0.62	0.53	0.45	0.45	0.42	0.43	0.45	0.45
	合肥市	1.32	0.97	0.85	0.72	0.69	0.65	0.61	0.55	0.51	0.51
	呼和浩特市	0.64	0.57	0.49	0.42	0.35	0.35	0.35	0.37	0.35	0.40
	南昌市	1.10	0.99	0.87	0.73	0.62	0.56	0.53	0.45	0.40	0.35
	太原市	0.97	0.87	0.74	0.64	0.55	0.50	0.64	0.64	0.53	0.51
	武汉市	0.77	0.85	0.74	0.65	0.57	0.67	0.72	0.55	0.54	0.50
	长春市	1.31	1.16	1.06	0.94	0.87	0.78	0.70	0.67	0.60	0.51
	长沙市	1.06	0.91	0.76	0.60	0.45	0.44	0.44	0.39	0.35	0.31
	郑州市	1.94	1.30	1.18	1.04	0.97	0.80	0.81	0.78	0.75	0.71
西部	成都市	0.76	0.81	0.70	0.60	0.51	0.53	0.52	0.45	0.38	0.34
	贵阳市	0.59	0.63	0.59	0.54	0.46	0.45	0.53	0.54	0.55	0.54
	昆明市	0.85	0.78	0.70	0.64	0.57	0.50	0.58	0.62	0.60	0.55
	兰州市	0.93	0.90	0.83	0.76	0.71	0.70	0.80	0.79	0.63	0.68
	乌鲁木齐市	0.91	0.85	0.75	0.68	0.61	0.57	0.64	0.55	0.52	0.47
	西安市	0.74	0.72	0.64	0.55	0.47	0.45	0.43	0.44	0.40	0.38
	重庆市	0.99	0.83	0.73	0.63	0.57	0.51	0.49	0.46	0.40	0.36

（三）多样化溢出

表 5-2 表示我国直辖市、省会城市多样化溢出指数。

表5-2 各地区多样化溢出指数

地区	城市	2014年	2013年	2012年	2011年	2010年	2009年	2008年	2007年	2006年	2005年
东部	北京市	0.900	0.893	0.896	0.892	0.892	0.890	0.891	0.885	0.890	0.882
	福州市	0.761	0.758	0.744	0.741	0.747	0.747	0.754	0.756	0.762	0.748
	广州市	0.725	0.735	0.747	0.746	0.744	0.738	0.734	0.715	0.721	0.749
	海口市	0.828	0.853	0.852	0.832	0.836	0.823	0.830	0.830	0.822	0.818
	杭州市	0.714	0.689	0.692	0.688	0.686	0.690	0.680	0.677	0.667	0.668
	济南市	0.733	0.739	0.739	0.737	0.734	0.738	0.729	0.730	0.728	0.733
	南京市	0.764	0.752	0.778	0.728	0.720	0.716	0.700	0.687	0.682	0.691
	南宁市	0.722	0.725	0.757	0.699	0.696	0.772	0.758	0.768	0.753	0.741
	上海市	0.808	0.806	0.804	0.804	0.806	0.813	0.825	0.786	0.778	0.771
	沈阳市	0.800	0.796	0.803	0.800	0.807	0.807	0.805	0.794	0.802	0.799
	石家庄市	0.720	0.712	0.787	0.732	0.724	0.646	0.736	0.728	0.720	0.733
	天津市	0.849	0.845	0.802	0.798	0.802	0.792	0.793	0.775	0.788	0.777
中部	哈尔滨市	0.769	0.742	0.762	0.759	0.782	0.775	0.763	0.763	0.769	0.778
	合肥市	0.745	0.743	0.746	0.736	0.740	0.745	0.757	0.767	0.772	0.755
	呼和浩特市	0.744	0.775	0.796	0.758	0.767	0.768	0.772	0.779	0.783	0.784
	南昌市	0.758	0.750	0.787	0.762	0.738	0.758	0.757	0.749	0.749	0.750
	太原市	0.754	0.753	0.831	0.700	0.716	0.718	0.747	0.749	0.758	0.742
	武汉市	0.771	0.781	0.747	0.743	0.760	0.766	0.765	0.757	0.753	0.749
	长春市	0.823	0.831	0.812	0.819	0.792	0.792	0.786	0.787	0.792	0.728
	长沙市	0.789	0.777	0.763	0.739	0.760	0.752	0.751	0.760	0.777	0.768
	郑州市	0.713	0.715	0.710	0.712	0.721	0.734	0.740	0.739	0.745	0.742
西部	成都市	0.746	0.757	0.731	0.734	0.790	0.792	0.792	0.781	0.758	0.780
	贵阳市	0.776	0.763	0.743	0.750	0.764	0.765	0.774	0.766	0.779	0.796
	昆明市	0.803	0.802	0.789	0.789	0.788	0.803	0.769	0.758	0.817	0.793
	兰州市	0.736	0.717	0.715	0.712	0.723	0.727	0.723	0.747	0.752	0.738
	乌鲁木齐市	0.783	0.786	0.837	0.773	0.784	0.780	0.767	0.782	0.785	0.785
	西安市	0.744	0.748	0.736	0.730	0.779	0.662	0.719	0.758	0.704	0.660
	重庆市	0.811	0.801	0.789	0.789	0.789	0.783	0.779	0.785	0.776	0.776

(四) 专业化溢出

表 5-3 表示我国直辖市、省会城市专业化溢出指数。

表 5-3　各地区专业化溢出指数

地区	城市	2014年	2013年	2012年	2011年	2010年	2009年	2008年	2007年	2006年	2005年
东部	北京市	2.311	2.424	2.228	2.066	1.937	1.897	1.873	1.788	1.798	1.754
	福州市	1.146	1.166	1.098	1.103	1.204	1.231	1.391	1.528	1.438	1.425
	广州市	1.154	1.166	1.238	1.288	1.341	1.380	1.349	1.395	1.388	1.271
	海口市	1.908	1.653	3.367	1.751	2.069	2.159	2.226	1.517	2.069	2.305
	杭州市	2.153	2.345	2.254	2.301	2.346	2.284	2.362	2.485	2.486	2.479
	济南市	1.239	1.349	1.349	1.347	1.413	1.464	1.542	1.712	1.752	1.733
	南京市	2.172	2.091	2.599	2.038	2.129	2.176	2.301	2.393	2.388	2.325
	南宁市	1.569	1.678	4.321	1.747	1.882	2.390	2.313	2.394	2.593	2.510
	上海市	2.616	2.359	2.146	1.988	1.804	2.148	1.633	1.726	1.722	1.733
	沈阳市	2.974	3.046	3.313	3.551	3.715	4.981	3.961	4.150	3.372	3.747
	石家庄市	1.293	1.332	4.775	1.252	1.351	1.355	1.588	1.755	1.806	2.092
	天津市	3.098	3.147	1.516	1.542	1.710	1.642	1.632	1.554	1.699	1.618
中部	哈尔滨市	1.813	1.608	2.166	1.702	2.704	2.079	2.254	2.757	2.739	2.690
	合肥市	1.233	1.102	1.332	1.465	1.346	1.575	1.626	1.922	2.086	2.191
	呼和浩特市	1.668	2.710	2.784	1.838	2.008	2.234	2.311	2.212	2.118	2.243
	南昌市	1.238	1.190	1.917	1.966	1.489	1.431	1.486	1.484	1.620	1.668
	太原市	1.247	1.327	9.180	1.589	1.671	1.696	1.532	1.410	1.291	1.370
	武汉市	1.623	1.726	1.339	1.371	1.429	1.360	1.407	1.645	1.935	2.051
	长春市	1.488	1.512	1.572	1.839	2.045	2.083	2.527	2.903	2.690	2.161
	长沙市	2.150	1.865	2.302	2.051	1.900	2.014	2.035	1.986	1.911	2.618
	郑州市	1.269	1.249	1.247	1.206	1.205	1.303	1.355	1.781	1.848	2.133
西部	成都市	1.240	1.426	1.405	1.394	1.470	1.530	1.545	1.557	1.449	1.585
	贵阳市	1.555	1.570	1.405	1.329	1.440	1.435	1.441	1.450	1.451	1.640
	昆明市	1.341	1.417	1.441	1.539	1.395	1.359	1.371	1.496	1.348	2.326
	兰州市	1.710	1.752	1.845	1.797	1.876	1.958	1.864	1.969	1.983	2.031
	乌鲁木齐市	1.647	1.593	1.444	1.754	1.783	1.805	1.892	1.977	2.229	2.198
	西安市	1.829	1.790	1.780	1.778	1.958	3.284	2.689	1.470	2.713	1.343
	重庆市	1.387	1.177	1.442	1.393	1.395	1.312	1.220	1.386	1.504	1.212

第四节　实证研究及结果

一　模型

鉴于本章研究的重点是产业集聚、多样化溢出、专业化溢出对城市经济增长的影响作用，以 C－D 函数为基础，对该模型做出进一步扩展，具体形式如下，以柯布－道格拉斯生产函数为基础，加入代表知识溢出、产业集聚的相关变量。

产业集聚导致知识溢出，知识溢出促进了城市经济增长，在这个传导机制中，知识溢出促进了城市经济增长是本章研究重点。选择距离较远、相对独立的省会城市，不考虑空间计量，因此采用面板数据的分析方法。建立3个模型，通过检验比较筛出适合的模型，然后对适合的模型进行异方差检验，存在异方差，说明要做异方差修正。最后要修正的模型分别对东、中、西部地区进行回归。

本研究以内生增长理论为基础，分析研究产业集聚对城市经济增长的传导机制。在扩展的模型中，除资本、劳动因素外，多样化的知识溢出和专业化的知识溢出将作为影响区域经济增长的主要内生因素。对产业集聚、多样化溢出与区域经济增长三项关系的研究，以近10年直辖市、省会城市为研究对象，基于 C－D 生产函数，加入产业集聚和知识生产要素构成知识生产函数。被解释变量：城市经济增长；解释变量：产业集聚度、知识溢出；控制变量：制度、城市化水平、FDI 外商直接投资。原有的 C－D 生产中，L 为万人大学生人数，K 为固定资产投资额。对溢出效应的衡量，知识溢出效应根据前文计算的专业化知识溢出和多样化知识溢出得出。

（一）基本模型

$$Y_{it} = A \cdot L_{it}^{\alpha} \cdot K_{it}^{\beta} \quad\quad\quad (5.12)$$

其中，Y_{it} 表示 i 地区（直辖市、省会城市）t 时期的城市经济总产值，用城市 GDP 作为城市经济增长的指标；L_{it} 表示该 i 地区 t 时期劳动力的投入，即万人大学生人数；K_{it} 表示 i 地区 t 时期的固定资产投资额，表示资本投入；A 表示技术水平；α 和 β 分别为劳动力和资本的产出弹性。

（二）扩展模型

在对计量经济学模型进行线性分析回归时，一般利用截面数据或者时间序列数据进行实证研究。但在具体的模型操作中，使用截面或时序的相关数据所建立的模型有缺陷，并不完整，不符合研究问题的需要，达不到研究目的。面板数据模型的出现很好地解决了上述问题。

传统生产函数中的外部性收益并不等同于知识溢出效应，因此，可以借鉴国外学者所提出的知识生产函数。知识生产函数源于内生增长理论实证的需要，后被广泛应用于对知识生产和技术创新等问题的研究。知识溢出更多地来自知识要素而非其他要素。只有当投入要素为知识要素时，其所度量的外部性才是产业集聚所带来的知识溢出效应。

以柯布－道格拉斯生产函数为基础，结合知识生产函数的思想，构建知识溢出关于城市经济增长的计量模型，模型扩展为：

$$Y_{it} = dive_{it}^{\gamma 1} \cdot spec_{it}^{\gamma 2} \cdot Agglo_{it}^{\gamma 3} \cdot open_{it}^{\gamma 4} \cdot FDI_{it}^{\gamma 5} \cdot urban_{it}^{\gamma 6} \cdot L_{it}^{\alpha} \cdot K_{it}^{\beta} \tag{5.13}$$

其中包括多样化溢出指数、专业化溢出指数、产业集聚度、利用外资额、工资水平、外商直接投资、城市化水平（城镇人口比重），其中利用外资额、外商直接投资、城镇人口比重是作为控制变量加入方程中的。$\gamma 1 \sim \gamma 6$ 分别为其弹性系数。

本研究在实际回归的时候，对变量进行对数化处理。对变量取对数有以下几点好处：消除量纲的影响；消除模型的异方差；可以将非线性问题转化为线性问题进行求解，运算更加简便。对于数量较大的数据取对数以消除数量影响，模型变为：

$$\begin{aligned}\ln Y_{it} = a\ &+ dive_{it}^{\gamma 1} + spec_{it}^{\gamma 2} + Agglo_{it}^{\gamma 3} + \gamma^4 \ln open_{it} + \gamma^5 \ln FDI_{it} + urban_{it}^{\gamma 6} \\ &+ \alpha L_{it} + \beta \ln K_{it} + u_{it}\end{aligned} \tag{5.14}$$

a 表示常数项，u_{it} 表示随机误差项。

对数据进行统计性描述，结果见表 5-4。

表 5-4 统计描述

变量	样本量	均值	标准差	最小值	最大值
城市经济增长	280	8.069	0.887	5.708	10.068
多样化溢出	280	0.765	0.044	0.646	0.900
专业化溢出	280	1.899	0.758	1.098	9.180
产业集聚度	280	0.708	0.270	0.250	2.170
利用外资额	280	11.691	1.595	6.214	14.477
外商直接投资	280	11.671	1.480	6.621	15.224
城镇人口比重	280	0.555	0.146	0.289	0.951
劳动力投入	279	3.671	0.780	-5.703	4.763
固定资产投入	280	16.748	0.897	14.136	18.626

由表 5-4 可以看出，城市生产总值的均值为 8.069，最大值为 10.068，最小值为 5.708，说明城市经济增长的水平整体是偏高的；多样化溢出的均值为 0.765，最大值为 0.900，最小值为 0.646；专业化溢出的均值为 1.899，最大值为 9.180，最小值为 1.098；产业集聚度的均值为 0.708，最大值为 2.170，最小值为 0.250；利用外资额的均值为 11.691，最大值为 14.477，最小值为 6.214；外商直接投资的均值为 11.671，最大值为 15.224，最小值为 6.621；城镇人口比重的均值为 0.555，最大值为 0.951，最小值为 0.289；劳动力投入的均值为 3.671，最大值为 4.763，最小值为 -5.703；固定资产投入的均值为 16.748，最大值为 18.626，最小值为 14.136，说明固定资产投资对城市经济增长的影响显著。

二 回归结果

回归之前，先对各变量进行相关分析，结果见表 5-5。

表 5-5 相关分析

	城市经济增长	多样化溢出	专业化溢出	产业集聚度	利用外资额	外商直接投资	城镇人口比重
城市经济增长	1.0000						
多样化溢出	0.1433*	1.0000					
专业化溢出	-0.0538	0.1936*	1.0000				

续表

	城市经济增长	多样化溢出	专业化溢出	产业集聚度	利用外资额	外商直接投资	城镇人口比重
产业集聚度	0.5065*	-0.1924*	-0.0316	1.0000			
利用外资额	0.8169*	0.2345*	0.0161	0.3608*	1.0000		
外商直接投资	0.8058*	0.1774*	0.0084	0.3620*	0.9226*	1.0000	
城镇人口比重	0.0019	0.3591*	0.1696*	0.0331	-0.0328	-0.0143	1.0000
劳动力投入	0.4640*	-0.1738*	-0.0402	0.2484	0.3914*	0.4130*	-0.0542
固定资产投入	0.9238*	0.0838	-0.0620	0.5188*	0.7897*	0.7531*	-0.1126

	劳动力投入	固定资产投入
劳动力投入	1.0000	
固定资产投入	0.4619*	1.0000

注：***、**、*分别代表1%、5%和10%的显著性水平。

由表5-5可以看出，代表城市经济增长的被解释变量城市生产总值与大多数变量的相关性都比较高。与多样化溢出在0.1的置信水平下存在正相关性，相关系数为0.1433，说明多样化溢出指数对城市经济增长有正向影响，也就是说工业相关产业的集聚在省会城市对经济增长影响显著；与专业化溢出存在负相关性，相关系数为-0.0538，但相关不显著，说明专业集聚的知识溢出效应对城市经济增长产生负外部性，可能是对于省会城市来说，规模较大、发展程度较高，单一以工业集聚为主导产业结构已经不再适应大城市经济的发展，现代城市经济的发展需要的是工业的相关产业，或是不再依赖资源型转而具有技术水平的相关产业；与产业集聚度在0.1的置信水平下存在正相关性，相关系数为0.5065，说明在10%的水平上，产业集聚促进了城市经济增长；与制度（实际利用外资额）在0.1的置信水平下存在正相关性，相关系数为0.8169，对外开放程度影响城市发展，对外开放程度越高，越有利于促进人才流动、知识交流，知识溢出效应提升城市经济增长。与外商直接投资在0.1的置信水平下存在正相关性，相关系数为0.8058，外商直接投资带来的是技术水平的提升；与城市化水平存在正相关性，相关系数为0.0019，是所有变量中与城市生产总值相关性最弱的；与劳动力投入在0.05的置信水平下存在正相关性，说明大学生作为劳动力的投入促进了城市经济增长，相关系数为0.4640；与固定资产投资额在 0.1 的置信水平下存在正相关性，相关系数为 0.9238，在所有变量中相关性最高，说明城市生产总值与固定资产投资额关系显著，城市经济增长受固定资产投资额的影响最大。

对模型进行回归，结果见表 5-6 所示。

表 5-6 面板回归结果

	模型一 混合回归模型	模型二 随机效应模型	模型三 固定效应模型
多样化溢出	0.6569 (1.3088)	0.5111 * (1.7764)	0.4506 (1.1885)
专业化溢出	-0.0343 (-1.4250)	-0.0079 ** (-2.3454)	0.0088 (0.7257)
产业集聚	0.1599 * (1.9344)	0.1554 *** (3.2635)	0.1644 *** (3.4447)
利用外资额	0.0167 (0.5205)	0.0643 *** (3.3227)	0.0578 *** (2.9147)
外商直接投资	0.1263 *** (3.9990)	0.0205 (1.4649)	0.0157 (1.1357)
城市化水平	0.4755 *** (3.4597)	-0.0395 (-0.2033)	-0.1266 (-0.5651)
劳动力投入	0.0424 (1.5725)	-0.0015 (-0.1303)	-0.0023 (-0.2005)
固定资产投入	0.6961 *** (18.6538)	0.6463 *** (29.5951)	0.6519 *** (29.6443)
常数项	-6.2285 *** (-11.6061)	-4.2353 *** (-11.8895)	-4.1073 *** (-11.5006)
观察值	279.0000	279.0000	279.0000
R^2	0.8925	0.9467	0.9468

注：括号内为对应系数的 t 统计量，***、**、* 分别代表 1%、5% 和 10% 的显著性水平。

面板数据（panel data）的估计方法包括聚合最小二乘回归（pool OLS）、固定效应（fixed effect）和随机效应（random effect）模型等多种形式。对于面板模型的选取需要通过检验来进行，建立混合回归模型、随机效应模型和固定效应模型等三种模型，观察不同模型中变量的相关性得知：多样化溢出与被解释变量城市生产总值在混合回归模型和固定效应模型中正相关不显著,但在随机效应模型中在 0.1 的置信水平下显著正相关;专业化溢出与被解释变量城市生产总值在固定效应模型中正相关不显著,在混合回归模型和随机效应模型中均呈负相关,但在随机效应模型 0.05 的置信水平下显著负相关,在随机效应模型中相关性较强;产业集聚与被解释变量城市生产总值在固定效应模型和随机效应模型中均在 0.01 的置信水平下显著正相关,在混合回归模型中在 0.1 的置信水平下显著正相关;实际利用外资额与被解释变量城市生产总值在混合回归模型中正相关不显著,在随机效应模型和固定效应模型 0.01 的置信水平下显著正相关,且在随机效应模型中相关性较强;外商直接投资与被解释变量城市生产总值在混合回归模型在 0.01 的置信水平下显著正相关,在随机效应模型和固定效应模型中正相关不显著;城镇人口比重与被解释变量城市生产总值在混合回归模型中在 0.01 的置信水平下显著正相关,在固定效应模型中和随机效应模型中负相关不显著;劳动力投入与被解释变量城市生产总值在各模型中均相关不显著,其中在混合回归模型中正相关不显著,在随机效应模型和固定效应模型中负相关不显著;固定资产投资与被解释变量城市生产总值在各模型中在 0.01 的置信水平下存在显著正相关,其中在混合回归模型中的相关性较强。

为选择合适的模型进行分析,下面进行相关的检验,检验结果见表 5-7 所示。

表 5-7 模型相关性检验结果

模型检验	假设	检验结果
B-P test (ols 和随机效应检验)	Var(u) = 0	P 值 = 0.0000
Hausman 检验 (随机和固定效应检验)	difference in coefficients not systematic	P 值 = 0.9999

由检验结果可知,B-P test 检验的 P 值为 0.0000,远小于 0.05 的置信水平,故拒绝原假设,认为模型中存在个体效应,即选择随机效应模型;接着进行 Hausman 检验,检验 P 值为 0.9999,大于 0.05 的置信水平,本研究认为随机效应模型和固定效应模型不存在显著的差异,但由于被解释变量多样化溢出、专业化溢出在随机效应模型中更加显著,因此,选择随机效应模型进行回归分析,不需要考虑异方差。

在全样本模型一中列出了全国 28 个城市产业集聚、知识溢出对城市经济增长的计量结果（见表 5-8）。由模型一可知，多样化溢出指数在 0.1 的置信水平下显著正相关，当多样化溢出指数提高 1% 时，城市经济增长提高 0.51%。这种结论有力地支持了 Jacobs 外部性理论，说明在城市范围内，相关产业集聚程度越高，越能够促进集聚区内人才流动、技术溢出，提高城市经济增长。专业化溢出指数在 0.05 的置信水平下为显著负相关，当专业化溢出指数提高 1% 时，城市经济增长下降 0.008%，说明工业产业的专业化集聚带来的知识溢出对城市经济增长负相关。产业集聚在 0.01 的置信水平下显著正相关，产业集聚提高 1% 时，城市经济增长将提高 0.16%。

表 5-8 模型结果

	模型一 全样本 城市经济增长	模型二 东部 城市经济增长	模型三 中部 城市经济增长	模型四 西部 城市经济增长
多样化溢出	0.5111* (1.7764)	2.1064*** (4.0158)	0.2763* (1.7242)	0.7200 (0.7441)
专业化溢出	-0.0079** (-2.3454)	-0.0144** (-2.7137)	-0.0410* (-1.7665)	-0.0554 (-0.6060)
产业集聚度	0.1554*** (3.2635)	0.0549* (1.7325)	-0.0150 (-0.1593)	0.5713** (2.1048)
利用外资额	0.0643*** (3.3227)	0.0587** (2.1908)	0.0578 (1.2820)	0.0602 (1.0959)
外商直接投资	0.0205 (1.4649)	0.1053*** (3.2470)	-0.0024 (-0.0873)	0.0621 (1.1820)
城市化水平	-0.0395 (-0.2033)	-0.4302* (-1.9490)	0.4834*** (2.6708)	0.3636 (1.4584)
劳动力投入	-0.0015 (-0.1303)	0.0645 (1.3491)	0.1377** (2.3207)	-0.0533** (-2.3046)
固定资产投入	0.6463*** (29.5951)	0.6234*** (21.8893)	0.7043*** (13.0232)	0.6335*** (8.2135)
常数项	-4.2353*** (-11.8895)	-5.8084*** (-13.1006)	-5.1248*** (-5.6287)	-5.0975*** (-3.6587)
观察值	279.0000	119.0000	88.0000	72.0000
R^2	0.9467	0.9577	0.9431	0.9563

注：括号内为对应系数的 t 统计量，***、**、* 分别代表 1%、5% 和 10% 的显著性水平。

其他解释变量中，外商直接投资、城市化水平、劳动力投入均相关不显著，制度以及固定资本投入都在 0.01 的置信水平下为显著正相关。

由模型二可知，在东部城市中，多样化溢出指数和专业化溢出指数均显著相关，这说明专业的知识溢出和多样化的知识溢出均对城市经济增长效应明显。多样化溢出指数在 0.01 的置信水平下显著为正，当多样化溢出指数提高 1% 时，城市经济增长将提高 2.1%，这样的结果有力地支持了 Jacobs 外部性理论，由此说明东部城市与工业相关联的产业集聚，产业链经济所带来的知识溢出更有利于技术水平的提高和生产力的进一步发展。专业化溢出指数在 0.05 的置信水平下显著为负，当专业化溢出指数提高 1% 时，城市经济增长将下降 0.014%，说明东部城市工业产业集聚带来的知识溢出不利于城市经济增长，这可能是由于东部城市发展较早，产业结构成熟，单一工业的产业集聚已经不再满足于城市的发展需要。产业集聚在 0.1 的置信水平下显著为正，当产业集聚提高 1% 时，城市经济增长将提高 0.05%。其他相关解释变量，城市经济增长与劳动力投入正相关不显著，东部经济发展较快，劳动力素质高，长期高水平的劳动力投入所带来的知识溢出已不再是城市经济增长的来源。与固定资产投资额、外商直接投资在 0.01 的置信水平下显著正相关，说明工业的知识溢出始终与固定资产息息相关，而外商直接投资带来的知识的传播与扩散促进了经济增长。制度在 0.05 的置信水平下显著正相关，说明东部城市中对外开放程度也有差异，越高的城市经济增长越明显。城市化水平在 0.1 的置信水平下显著负相关，说明东部发展水平越高的城市，工业的知识溢出效应越低。

由模型三可知，在中部城市中，被解释变量城市经济增长与多样化溢出在 0.1 的置信水平下显著正相关。当多样化溢出指数提高 1% 时，城市经济增长将提高 0.28%，实证回归结果支持了 Jacobs 外部性理论，说明中部城市的经济增长也需要依靠工业以及相关产业的知识溢出，产业链经济所带来的知识溢出更有利于技术水平的提高和生产力的进一步发展。专业化溢出指数在 0.1 的置信水平下显著为负，当专业化溢出指数提高 1% 时，城市经济增长将下降 0.04%，说明中部城市工业产业集聚带来的知识溢出不利于城市经济增长，这可能是由于中部城市工业基础薄弱，发展水平相对落后，单一工业的集聚对城市经济增长并没有有利影响。与产业集聚负相关不显著。其他相关解释变量，城市经济增长与制度正相关不显著。与外商直接投资负相关不显著。城市化水平在 0.01 的置信水平下显著正相关，说明中部城市化水平高的城市，知识溢出效应明显。与劳动力投入、固定资产投入均显著正相关，说明中部城市的经济增长依靠知识、技术的投入。

由模型四可知，在西部城市中，被解释变量城市经济增长与多样化溢出正相关不显著，与专业化溢出负相关不显著，说明西部城市专业化溢出与多样化溢出均不显著，知识溢出不是城市经济增长的显著因素，可能由于城市经济基础相对薄弱，没有为知识溢出提供条件，知识溢出效应并不明显。产业集聚在 0.05 的置信水平下显著正相关，西部城市的产业集聚促进城市经济增长。其他相关解释变量，城市经济增长与制度、外商直接投资、城市化水平均正相关不显著，劳动力投入在 0.05 的置信水平下显著为负，固定资产投入在 0.01 的置信水平下显著为正，且相关度最高，说明西部城市经济增长依靠的主要还是固定资产投入，这可能与西部城市发展落后有关。

通过计量结果可以看出，无论在哪个地区，多样化知识溢出与城市经济增长均为正相关，专业化知识溢出与城市经济增长均为负相关，且东部城市、中部城市、西部城市的显著效应渐次下降，说明发展水平越高的城市，多样化的知识溢出对城市经济增长的提升越明显，专业化知识溢出对城市经济增长的阻碍作用越明显。由于研究对象为直辖市、省会城市，城市发展水平相对较高，工业以及相关产业的发展即多样化的产业机构更能带来知识溢出、技术水平的提高，单一的工业集聚带来的知识溢出已不符合这些城市未来的发展趋势。产业集聚在总体上为显著正相关，产业集聚对城市经济增长有促进影响，这就为发达城市的"集聚"现象提供了合理解释。制度与城市经济增长均正相关，发展水平高的东部城市相关显著，说明发展水平高的城市对制度的执行、贯彻更为有效，更有利于知识溢出效应的产生。外商直接投资在东部城市显著为正，中部城市、西部城市均相关不显著，说明越发达的城市吸引到的外商直接投资对经济增长的促进作用越明显。城市化水平在东部城市显著为负，在中部城市显著为正，在西部城市中相关不显著，这可能是由于城市化水平高的地区在发展过程中不以经济增长为单一目标，更重视政治、经济、文化的协调发展。

第五节　结论

通过对相关产业的研究以及相关理论的梳理，对产业集聚、知识溢出对城市经济增长影响进行实证研究得出，多样化知识溢出与直辖市、省会城市经济增长显著正相关，专业化知识溢出与直辖市、省会城市经济增长负相关。根据这些城市不同的资源优势，采取差别化和有层次的产业发展政策。

主要结论有以下几点。第一，直辖市、省会城市对其他地区有明显的辐射作用，多样化的知识溢出促进城市经济增长，专业化的知识溢出阻碍城市经济增长。直辖市、省会城市依靠传统的工业集聚所带来的知识溢出已经不再适合经济的发展，应当在发展工业的同时，促进相关产业的协调发展，合理优化产业机构，才能充分发挥知识溢出效应，为经济增长保驾护航。越是发达的城市，经济效应越明显。第二，在经济全球化深入发展的今天，必须始终坚持对外开放政策。提高文化教育水平、加强职业能力的学习迫在眉睫。我国生源量大，劳动力资源丰富，但大多数的劳动力资源缺乏技术能力。技术是第一生产力，知识是一个地区经济发展的第一驱动力，只有高水平的技术才能摆脱过去依靠自然资源不合理的发展模式，突破经济增长的"瓶颈"。在大力发展文化教育的同时，注重提高职业教育的人才培养，高素质的劳动力能够带来知识溢出，还能够提高知识溢出的吸收能力，促进人才交流。随着产业区知识吸收能力的增强，生产力进一步提升，提高技术创新水平有助于城市经济更好、更健康地发展。第三，城市化水平与知识溢出产生的条件密切相关。城市化水平越高，越能够促进知识的流动，产学研机构为人才提供了知识交流的平台；城市化水平越高，集聚区内经济体知识创新提高的可能性越大，具有知识溢出效应的工业区必然能够提高当地经济的竞争力。因此，在发展城市经济建设的同时，也要注重城市的整体发展，注重城市化水平的提高，未来经济的持续增长依靠的更多是城市综合水平的提高。

实际上，大城市对周边区域的辐射带动作用很大程度上取决于大城市自身的经济实力和发展阶段，中心城市发展到一定阶段就会希望在更大的区域进行功能和设施布局，就会对外围产生影响，如果那个阶段没有到来，就会很难发挥带动作用。中心城市要提升区域影响力，一方面从第二产业角度考虑，要选择延展性强、带动上下游产业链关系的、可持续增长的未来发展空间大的产业；而选择排他性的、高污染的产业，就会产生负面影响，抑制城市发展。另一方面就是在第三产业的选择上要关注公共服务业对区域的影响，城市影响力的提升不能放弃对第三产业的追求。区域中心城市的经济发展和产业布局对周边区县城镇化进程及空间结构演化的影响是非常多样的。全面提高开放型经济水平。新型城市化是内涵提升、质量提高的集约型城市化；抓住第三次工业革命方兴未艾的机遇，实施创新驱动战略。大力吸纳人才、技术、资金和信息资源，推进传统产业转型升级，促进从汗水经济向知识经济转型，提升产业核心竞争力。

随着经济全球化的高速发展，经济活动的交流日益密切，产业要想不断发展，不仅要依靠自己现有的技术资源，还需要依靠企业间的相互交流、学习，只有产业区知识共享、共同成长，才能促进城市经济增长。综上所述，产业集聚、知识溢出对城市经济增长有重要影响，促进知识溢出是提高城市经济增长的关键。因此，本章对产业集聚度、专业化知识溢出、多样化知识溢出的测量以及实证分析能为城市经济发展提供一定的参考。

第六章 产业集聚与城市首位度

第一节 研究背景与文献评述

一 研究背景

党的十八大报告提出："科学规划城市群规模和布局,增强中小城市和小城镇产业发展、公共服务、吸纳就业、人口集聚功能。"其意在于合理布局区域内的城市规模,以促进特大城市和中小城市的协调发展。以特大城市为中心,建设经济增长级,发挥其辐射作用,同时增强中小城市的综合承载能力。由于城市规模的合理分布对区域经济发展具有重要意义,研究最优城市规模分布,不但是经济建设中的热点问题,而且是学术研究的重点领域。

城市规模结构分布是否合理是衡量一个区域发展水平的重要标志,也是区域经济发展模式是否均衡的有效体现。改革开放以来,随着经济发展和市场化的持续深入,强调城市的作用,以点带面发展战略在不同层面发挥了重要的增长效应。城市与区域间的相互作用成为相互带动、共同发展的密切关系,城镇体系逐步建立和完善在区域经济发展中起着越来越重要的作用。不论是国家层面还是省域层面,城市与城市相互交通关联,城市群与城市群相互带动,形成了由众多规模不同、职能各异的城市组成的城镇体系,成为推动区域经济发展的核心。

当前,以区域中的特大城市为中心的城市群成为我国城镇体系的主要形式,中心城市对区域内其他城市的辐射带动作用是推动区域经济增长的动力来源。中心城市作为所在区域的"经济心脏",先由集聚经济带来规模效益,再经由溢出和辐射作用带动周边城市,在区域经济发展中发挥突出作用。中心城市对人才和资源的集聚能力,对技术创新的激发能力以及知识溢出给区域中其他城市带来的经济效益,体现了中心城市的价值,也发挥了城镇体系的作用。随着我国经济的高速发展,中心城市在推动区域经济发展进程中将起到更大的作用,对以中心城市为首的区域城市规模分布状况进行解释,并对其形成的原因进行分析就显得尤为重要。

本章通过对产业集聚对城市首位度的影响进行研究,主要意义兼具理论和实践意义如下。

理论方面的意义在于深化城市规模理论,现有研究大多停留在解释城市规模对经济发展的作用,以及中心城市发展对城市群发展和演化的贡献上,而很少有对城市规模分布的形成及影响因素进行系统的分析。因而本研究能在一定程度上深化城市规模相关理论,也能通过进一步揭示城市群成长的内在规律,为城市群建设和健康发展提供理论基础。

实践价值则在于深入了解城市群的形成机制及影响因素,有助于我们了解城市群建设的出发点和立足点,从而在进行城市群发展战略安排时也能有的放矢,避免不合理的政策措施,减少不必要的资源浪费,并更为有效地为推动区域经济协调发展目的服务。

二 文献评述

(一) 城市及城市首位度

城市概念的界定、城市形成的标志、城市出现的原因等,在不同学科语境下有不同的讨论和认识。本章主要从经济学角度定义城市。古典经济学家亚当·斯密(A. Smith, 1776)认为城市产生是由于农业剩余。除了农业剩余之外,古典经济学家认为分工导致的专业化活动对城市出现也是必不可少的。贝罗奇(Paul Bairoch, 1991)将城市出现的标志扩展为满足农业技术进步、农产品剩余和出现劳动分工及专业化两个条件;而城市本身就是分工专业化、生产高效的社会结构的物质表现。新古典经济学家马歇尔(Marshall, 1989)提出外部规模经济的概念,他将城市的产生过程用外部规模经济产生生产集中、通勤成本节约产生人口集中、运输成本节约产生集聚经济来进行更为详细的描述。新古典经济学关于规模经济效益和节约运输成本之间权衡产生城市的理论，是城市起源的一个突破性进展。新经济地理学家克鲁格曼（Krugman，1991）、藤田昌久（Fujita，2001）等提出不完全竞争、报酬递增和市场外部性三大假设来解释空间的集聚现象。将各城市视为单独的点，关注城市间运输成本。而实际上，单个城市自身的结构对聚集经济也有深刻影响。我国学者陈良文和杨开忠（2007）整合了两者的优势，建立新经济地理学模型进行实证，证实了外部规模经济效应的引入影响了运输成本对经济活动在区域内集聚的解释力度。综合来看，城市的形成应是城市内部结构和城市间运输成本共同作用的结果。

继城市形成问题的讨论之后，对城市规模的解释、最优城市规模的确定，成为学术界一个热门的课题。对于最优城市规模思想，可以认为最早由柏拉图提出。他认为一个城市人口不应超过广场中心的容量。对城市规模进行描述的学者也有很多，奥尔巴克和辛格用帕累托分布来描述城市规模分布，即 $y = Ax^{-\alpha}$。齐普夫（G. K. Zipf，1949）在帕累托分布描述的基础上，提出当 $\alpha = 1$ 时，系数 A 常与最大城市的规模相一致。这就是现今最为常用的描述城市规模分布规律的法则之一，称为位序 - 规模法则。除位序 - 规模法则外，另一种常用的城市规模分布描述法则是城市首位度。马克·杰弗逊（M. Jefferson，1939）认为在大多数情况下，一个大得异乎寻常的城市周围只能产生小得多的城市。大城市的发展抑制了中等规模城市产生的可能性。还有一种解释是由德国地理学家克里斯泰勒（Walter Cristaller）提出，即著名的"中心地理论"。他认为不论考察的地区单位有多少，始终会有一个基本的中心城市，中心与外围的差异始终存在。德国学者廖什（Losh）证实了这个观点。这个理论几乎成为城镇体系研究的基本框架。如何准确描述城镇体系是各国学者一直在深入研究的问题，城市规模主要有人口规模和用地规模两种表达方法，而其中人口规模应用更为广泛。马克·杰弗逊提出使用人口规模对城市规模分布进行准确描述。他指出一个国家"大得异乎寻常"的城市是首位城市，首位城市与二位城市的人口规模之比叫作城市首位度，首位度大的城市规模分布称为首位分布。

自马克·杰斐逊提出城市首位度以来，许多学者对其概念进行了指标完善、使用范围引申和概念上的扩展。

马歇尔（Marshall，1989）对城市首位度进行了完善，量化了比值，定义了正常的城市首位度应为2.00，在2.00以上才能认为城市规模分布呈首位分布。在2.00和4.00之间为中度首位分布，而4.00以上为高度首位分布。周一星（2003）在《城市地理学》中提到为了改进过于简化的两城市首位度，有人提出了四城市首位度和十一城市首位度。将城镇体系中城市按人口规模大小排序后，用首位城市人口比二位到四位城市人口之和是四城市首位度，首位城市人口数的2倍比二位至十一位城市人口之和是十一城市首位度，四城市首位度和十一城市首位度的正常值都应是1.00。

首位城市和城市首位度的概念被引入国内后，其定义被引申使用，用于描述区域人口分布不均，即使在省区甚至单个城市内部也使用首位度做计算。将城市首位度概念引入中国的宁越敏和严重敏（1981）最先使用此类引申，用在对我国1952年到1978年26个省份首位度变化研究中，他们指出直辖市、省会城市人口规模发展较快综合影响因素有历史因素、交通条件和国家工业生产布局。王馨（2003）对1990年到2000年我国各省份的市首位度分析，将不同省份按城市首位度分类，以2.5为界发现城市首位度低的区域经济增长率高于全国平均水平，其余的则相反。支持此类随经济发展水平增高首位度呈降低趋势的研究还有汪明峰（2001）。他通过对我国城市首位度省际差异的研究，得出我国西部省份首位度较高，中部至东部依次降低，也证实了城市首位度与经济发展水平负相关。王家庭（2012）对此现象做出了解释，他认为各省份首位城市的过度增长，阻碍了周边城市与其资源的双向流动，首位城市的资源流出过少，影响了区域经济的协调发展。徐长生和周志鹏（2014）认为之前的研究皆为单独研究各个区域，忽略了不同区域之间存在空间溢出效应。他将空间溢出效应加入城市首位度的省际差异分析，得出某一区域城市首位度的提高显著提高了相邻地区的经济发展水平，城市首位度的空间溢出效应具有积极的经济意义。他们在同年发表的论文中推翻了该项研究，并提出某区域城市首位度提高抑制了邻近区域经济增长，从长期来看也抑制了本地经济增长（周志鹏、徐长生，2014）。从以上研究来看，在区域经济发展的进程中，城市首位分布应是趋于降低。

卢学法和申绘芳（2008）提出对城市首位度概念的扩展，即将过去的范围、指标由国家、人口扩展到对更小区域的研究，并以综合的经济指标代替单一的人口指标，而将城市对城市的点对点计算扩展为城市对区域的点对面比较。赵维良和韩增林（2015）延伸了城市首位度的应用，提出使用网络中心性评价体系来解释城市规模分布，对中心城市在网络中的作用和功能做出更为专业的分析。

从国内对城市首位度的近期研究来看，我国区域首位城市对区域经济的带动方面与经济学家的首位度理论有相悖的情况，表现为越发达的地区城市首位度越呈现下降态势，文献已对城市首位度未发挥其积极作用的原因进行深入探讨。宁越敏和严重敏（1993）在《我国中心城市的不平衡发展及空间扩散研究》一文中对我国20世纪80年代以来的中心城市发展及空间扩散理论进行了探讨，他们将中心城市发挥带动作用推动区域经济发展的机制定义为形成以中心城市为核心的经济网络，但由于发展的不平衡性及其他一些原因，中心城市作用的发挥尚未取得突破性进展。陈刚强等（2008）从中心城市规模的角度做出了解释，认为在经济发展的早期阶段，资源集聚与一个大型城市对经济发展是有效的，随着该大城市的过度增长，会出现社会边际成本超过边际收益的情况，这种情况即过度集聚，过度集聚会引起经济效率的降低。对于我国区域中心城市由首位度指数体现出的消极现象，本章拟通过对我国省级城市首位度进行统计分析，同时探讨影响城市首位度的因素，根据影响因素进行实证分析，最后给出合理解释。

（二）产业集聚与城市结构基本理论

产业集聚与城市结构基本理论最重要的是新古典经济学中马歇尔的外部经济理论，该理论主要是对产业集聚现象及其形成要素的分析。马歇尔认为产业集聚形成的外部性主要为高度专业化的劳动力和新思想的形成，存在现代化基础设施，具有专业化投入服务、大规模生产。马歇尔解释了外部性对产业集聚的促成，却忽略了城市空间因素。杜能用农业区位论解释了经济的空间集聚，该理论发表在《孤立国同农业和国民经济的关系》中。杜能用发挥作用的离心力量和向心力量作为核心作用力解释了产业集聚与城市规模的关系。杜能的理论与克鲁格曼的中心－外围结构理论有一定的相似性，是解释产业集聚与城市规模关系的较为完善的理论。

德国经济学家克里斯塔勒在杜能理论的基础上提出中心地理论,认为某区域内存在多个中心地,中心地内的生产者为提高利润会扩大规模,导致中心地之间的距离增大。消费者遵循就近和方便原则选择最近中心地,使中心地呈现不同的等级。高级别中心地提供的货物和服务皆多于级别低的中心地。在中心地区域市场结构中,较高级别的中心地更为有效地拉动产业集聚。所以中心地理论是在农业区位论的基础上进一步细化分析了城市中不同级别区域市场对产业集聚影响力的差异,中心地理论是从城市空间结构对产业集聚的影响进行分析的。

在杜能和克里斯塔勒理论的基础上,廖什提出了市场区位论。他认为对企业最优区位的选择起决定性作用的是市场因素,他根据集聚力和分散力相互作用形成的区域,提出了经济区概念,在市场的形成过程中,趋于集中的经济力(规模经济)和趋于分散的经济力(多样化)起决定性作用。廖什的市场区位论仅停留在理论层面,并没有提出用于详细分析的模型,但其为研究产业集聚与城市规模分布的关系提出了具有针对性的重要启示。

胡佛根据区域经济学理论,将聚集经济的类型归纳为内部规模经济、区域化经济外部性和都市化经济外部性。他在《区域经济学导论》中详细阐述了影响产业集聚的三大因素:自然资源优势、集中的经济性和运输成本。他不仅考虑了运输的距离,还将运输成本与运输方向、运量纳入研究,阐述了产业区位的变化与运输成本的关系,区域经济学理论的完善是研究产业集聚区位形成中的一个重大突破。

佩鲁提出"增长极"理论。该理论认为在同一个经济空间,增长的出现是有先后顺序的,且有规律可循。特别是在经济发展初期,某些具有竞争优势的企业在某一区位集聚,优先于其他地区和企业发展,形成增长极。增长极吸引生产要素向优势企业集聚,极化效应形成了高效的发展模式,又由涓滴效应将集聚优势扩散至周边区位,乃至整个区域。增长极理论很好地解释了产业集聚对区域城市规模发展的作用。初期形成集聚,后期不断发展的集聚对周边产生积极影响,最后作用于区域经济的全面发展,从增长极理论可以看出产业集聚是城市规模首位分布形成的原因。

城市经济学的研究重点为对城市最佳规模的探寻,主要是通过对产业集聚与城市规模分布的影响机制的研究。阿朗索假设城市规模的扩大存在一个最高临界值，超过临界值之后城市规模的继续扩大将与经济效益呈反向关系。亨德森认为产业的集聚与城市规模呈正向关系，城市的分布总是会倾向于产业专业化程度高的区域，产业集聚程度越高，城市规模越大。

新经济地理学的出现对于产业集聚与城市规模分布理论的研究是一个里程碑。以克鲁格曼、藤田昌久等为代表，新经济地理模型以 D－S 模型为基础，融入克鲁格曼三大假设，用严密的数学模型演算了规模报酬递增的理论。起初由于和古典经济理论报酬不变的观点相悖而没有得到广泛应用。新经济地理学构建中心－外围模型，有效地利用数学解释了制造业集聚形成工业集聚区和农业边缘区的循环累积演化机制。克鲁格曼对"中心－外围"结构的形成用市场接近效应和生活成本效应来进行理论解释，假设存在两个经济区域，由于某偶发因素，人口由其中一个区域向另一个区域转移，人口转入区域市场规模增大，引发市场接近效应，进而获得更多的人口流入并使该区域市场规模进一步增大，集聚力产生并循环累积。由于两个区域规模的不平衡，生活成本效应也成为人口向规模较大的区域流动的原因，市场接近效应和生活成本效应的循环累积过程是相互交织的，共同促进制造业的集聚，新经济地理学将产业集聚作用于城市规模分布的机制进行了从理论到数理上非常全面的解释。

（三）产业集聚与城市首位度的研究

集聚经济的思想源自新古典经济学家马歇尔，他关于区域和城市问题的理论被总结为"马歇尔外部性"，这一概念解释了集聚经济的形成及其所带来的效益。马歇尔对产业集聚形成的解释和其带来收益的原因总结为三点：人力资本的积累所引发的专业化的劳动队伍和新思想；可得的专业化的投入服务；现代化基础设施的存在（马歇尔，1997）。胡佛（Hoover, 1948）对马歇尔外部性加以分类，他把马歇尔外部性分为两类：第一类是区域化经济外部性；第二类是都市化经济外部性。区域化经济外部性是指相同的某种产业有多家企业在区域内集聚时，集聚中的每一个企业都能够降低生产成本。都市化经济外部性是描述经济活动在地理上的集中，对单个企业和某种行业都具有的外部性。中心－外围模型的提出者克鲁格曼对集聚现象的解释为：规模报酬递增、人口流动和运输成本因素。他认为经济活动的空间聚集是非均衡力导致，非均衡力的来源为产生集聚力的"市场接近效应"、"生活成本效应"和产生扩散力的"市场拥挤效应"。他对区域内中心－外围结构形成原因的描述为运输成本较低、制造业比重较大、规模经济较强。国内对于集聚经济理论的研究进展主要是在产业集聚方面。张超（2008）在对长三角产业集聚做实证分析时指出，从产业集聚的空间维度上看，集聚力和扩散力的交互作用，以及由最初的产业集聚、城市集聚到区域集聚，乃至最后大都市圈的形成，实质上是一个空间集聚的过程。空间集聚是经济发展进程中的必然产物，究其原因是集聚使生产要素在空间上能够更有效配置，而且生产的组织形式能够重新整合，是产业和区域发展到一定阶段后竞争力的重要来源。他描述了一个工业城市在经历"比较优势产业—工业化、工业经济的空间集聚—形成中心城市—产业转移"这一动态过程后，发现原本集聚程度较高的工业城市的空间集聚密度呈下降趋势，其周边地区在产业转移过程中工业集聚明显上升。郭晔（2010）经对长三角、珠三角、环渤海三大经济区城市和区域集聚效应进行实证研究，得出珠三角和环渤海经济区呈现减弱的趋势，其中，珠三角的集聚效应下降幅度最大，长三角则呈现增强的趋势的结论。他根据"集聚力"和"扩散力"理论给出解释。在张超（2008）描述产业集聚到转移的基础上，他认为工业生产向周边地区转移，伴随而来的是人力资本和技术等生产要素的外溢，中心城市有效发挥其在经济网络中的带动力，从而促使周边城市产业的空间集聚。保证这一动态空间集聚过程有效性的关键在于集聚力和扩散力在循环累积过程中知识与技术的外溢。他认为珠三角在知识、技术和人力资本上的落后，使其集聚效应逐步减弱，集聚力与扩散力的循环累积未能较好地实现，中心城市的集聚力不足导致珠三角的城市集聚效应下滑很大。张云飞（2014）使用国外学者藤田昌久和蒂斯的产业集聚理论模型对城市群内进行分析，认为城市群内产业集聚对经济增长有非线性影响；进一步使用山东半岛城市群产业集聚相关数据对城市群内部产业集聚对经济增长的作用机制进行回归分析，得出产业集聚与区域经济增长间是倒"U"形的曲线关系。这与城市首位度与经济增长的关系十分相似，皆为初期推动经济增长，增长到临界水平后，城市规模的过大和产业的过度集聚会抑制区域经济增长。

产业集聚与城市规模的相关研究主要为实证研究。朱江丽（2012）对长三角的产业集聚与城市规模的关系进行实证研究，指出长三角城市规模分布呈相对集中度高、均衡度区域增强的现状，并对工业化水平和城市规模进行实证分析，结果证实工业占比的下降会导致城市规模的增长。陈林生（2004）从中心地理论的角度出发研究产业的集聚效应，对比分析了沿海和内地省份的中心指数，实证得出具有较高中心地层次的省份有较大的经济规模，而聚集效应区域发展不均衡的原因。高鸿鹰（2007）对我国城市规模分布的特征进行分析，并对包括工业化的多种城市规模分布的变化机制进行回归分析。结果表明，工业化扩大了中小城市的人口规模，使城市人口规模分布区域平均化。以上研究均不同程度地证实了产业在区域内的集聚会影响城市规模分布，然而由于研究范围、视角的不同，并没有达成高度一致的结论。

第二节 我国城市首位度的测度及结构

一 城市首位度指数测度方法

（一）城市首位度概念及计算方法

城市首位度的定义在引入我国之后与最初杰斐逊的概念已经有所不同，杰斐逊把城市首位度定义为一个国家最大的城市与二位城市的比率，而本研究则将其宽泛化，将适用范围扩展至省级层面，并将只有首位城市和二位城市相比较进行扩展，加入我国学者周一星提出的双城、四城首位度计算方法。首位度计算公式见式（6.1）、式（6.2）、式（6.3）。

双城首位度：$S_2 = P_1/P_2$ （6.1）

四城首位度：$S_4 = P_1/(P_2 + P_3 + P_4)$ （6.2）

十一城首位度：$S_{11} = 2P_1/(P_2 + P_3 + P_4 + \cdots + P_{11})$ （6.3）

显示首位分布的四城市指数和十一城市指数最小值应为 1.00。一种很流行的观点是，城市首位分布与经济发展水平负相关，经济不发达造成高首位分布。本章将对此观点进行验证和分析。

(二) 数据选取说明

为避免所选区域的独立性导致对城市首位度进行度量时缺乏经济意义，一般以具有独立核算的经济区和行政省为研究对象。针对经济区的研究多数为城市群，而城市首位度研究一般选择行政省。另外考虑到研究范围的覆盖面，本研究以行政区域划分，部分省份（新疆、西藏等）多数年份只有一个地级城市的统计数据，无法进行城市首位度计算，故本研究将青海、新疆、西藏以及4个直辖市剔除。根据所在地区将24个省份分为东、中、西部各个地区，分别代表不同的经济发展水平层次，进行分类对比分析。根据数据可得性，时间范围选取为2003年至2013年。

对于人口指标的选取，我国较早进行相关研究的是宁越敏和严重敏（1993），他们使用的指标是市区非农业人口，这一指标后被广泛应用于城市首位度的研究中（汪明峰，2001；王家庭，2012）；周一星（2003）指出使用市区非农业人口来计算首位度并不准确，他认为使用"市人口"来计算首位分布，计算结果的变化特征和趋势更适用于我国改革开放和市场化大背景下的实际状况，优于城镇非农业人口所做的同类分析；余吉祥等（2013）在2013年基于全国人口普查数据的城市规模分布研究中发现采用"市区非农业人口"来计算城市规模分布，低估了我国的城市集中度。由于本研究所取的时间段为数据较全的2003年至2013年，故使用"市人口"来计算城市首位度。

二 我国城市首位度结构

(一) 城市首位度现状

由表6-1可以看出我国多数省份两城市首位度在2003年到2013年呈逐步降低的态势。东部地区首位度指数较低，西部首位度指数偏高，其东、西部地区的平均值有较大幅度的下降，中部地区多数为上升趋势。此外，西部地区首位分布的等级多数发生变化，四川、陕西、甘肃均由中首位分布降至低首位分布，云南也由7.05的高首位分布降至2.99的中首位分布，东部地区除海南、江苏外首位度等级未发生变化，也依然整体呈下降态势。

表 6-1 我国 24 省份两城市首位度 2003 年与 2013 年对比

地区	2003 年 2 城首位度			地区	2013 年 2 城首位度		
	高	中	低		高	中	低
东	4.01 海南	2.15 江苏	1.32 河北	东		2.82 海南	1.26 河北
			1.48 辽宁				1.23 辽宁
			1.90 浙江				1.98 浙江*
			1.60 福建				1.14 福建
			1.20 山东				1.03 山东
			1.04 广东				1.29 广东*
							1.93 江苏
中		3.29 江西	1.48 吉林	中		2.05 江西	1.76 吉林*
		2.85 湖北	1.79 山西			2.14 湖南*	1.61 山西
		2.35 黑龙江	1.57 内蒙古			3.42 黑龙江*	1.06 内蒙古
		2.21 河南	1.04 安徽			3.42 河南*	1.11 安徽*
			1.86 湖南				
西	5.40 陕西	2.66 四川	1.85 宁夏	西	4.04 陕西	2.20 宁夏*	1.55 四川
		2.52 贵州	1.39 广西			2.99 云南*	1.47 贵州
		2.65 云南					1.55 甘肃
		2.91 甘肃					1.02 广西

注：*标记省份首位度不变或增高。

西部省份两城市首位度下降明显，且首位分布等级发生较大变化的现象与 21 世纪初我国中央政府提出的发挥中心城市作用，以线串点，以点带面，逐步形成我国西部有特色的西陇海兰新线、长江上游、南（宁）贵（阳）昆（明）等跨行政区域的经济带的西部大开发战略有密切联系。该战略符合增长极理论中对于中心城市以点带面，引导区域总体发展的解释。

中部地区根据首位度的变化趋势主要为上升趋势，首位度等级总体没有发生变化，首位城市的城市规模相对扩大，随着经济的发展和首位城市对人口的吸引力增大、规模增大，城市首位度上升，以湖南、河南、黑龙江等省区为典型。内蒙古是个特例，虽然其城市首位度处于下降趋势，但首位城市不是其省级行政中心，呼和浩特市目前还是三位城市，所以其行政中心对人口的吸引力其实是处于增强状态。

东部地区发展得较早，由于 20 世纪 80 年代改革开放政策的实行，东部的经济特区和沿海开放城市在早年间就已经实现对外经济和贸易增加及经济的高速发展。特区的建设和相对自由的对外经济贸易使东部一些省份的第二位城市甚至中小城市的规模扩大速度远大于首位城市，在 20 世纪首位度等级已大幅下降，多数省份已呈低首位分布，甚至不再呈首位分布。

（二）城市首位度的区域差异

东、西部的城市首位度降低趋势与近些年学者研究得出的城市首位度与经济增长方向相反的结论大体吻合，而中部恰恰相反。探究城市首位度在不同地区变化趋势不同的原因，需要从影响城市首位度的因素来着手分析，据前文分析可知产业集聚是影响城市首位度的主要因素。对于城市首位度影响因素及其与我国各省份城市首位度变化特征关系的分析将主要从产业的角度出发，兼顾其他因素。由于对自然条件的依赖程度相对较低，工业产业更容易产生集聚。产业集聚主要分析工业产业，包括采掘业、制造业和电力、燃气及水的生产和供应业三大类，共 37 个小类。东、中、西各省份城市首位度变化率如表 6-2 所示。

表 6-2 我国 24 个省份 2003~2013 年两城市首位度变化率

地区	省份	2003 年	2013 年	变化率（%）
东	海南	4.01	2.82	-29.68
	江苏	2.15	1.93	-10.23
	河北	1.32	1.26	-4.55
	辽宁	1.48	1.23	-16.89
	浙江	1.90	1.99	4.21
	福建	1.60	1.14	-28.75
	山东	1.20	1.03	-14.17
	广东	1.23	1.29	4.88
中	吉林	1.73	2.00	15.90
	山西	1.79	1.62	-9.82
	内蒙古	1.57	1.17	-25.42

续表

地区	省份	2003年	2013年	变化率（%）
中	安徽	1.04	1.11	7.21
	河南	1.42	2.68	87.72
	湖南	1.43	2.15	49.87
	江西	1.89	1.90	0.34
	湖北	3.58	2.26	-36.76
	黑龙江	2.21	3.42	54.89
西	宁夏	1.85	2.20	18.92
	四川	2.66	1.55	-41.73
	贵州	2.53	1.47	-41.79
	陕西	5.40	4.05	-25.01
	甘肃	2.91	1.55	-46.74
	云南	2.65	2.99	13.01
	广西	1.39	1.02	-26.62

1. 东部

东部沿海地区发展较早，由于20世纪80年代改革开放政策的实行，东部的经济特区和沿海开放城市在早年间就已经实现对外经济和贸易增加及经济的高速发展。而市场接近效应和生活成本效应的循环积累更会导致工业产业在空间上向更具集聚优势的地区集中；伴随市场化改革的推进，东部地区工业经济发展相较中、西部地区发展更快。这导致各个地区的发展起点不同步，改革开放以来区域经济发展的差距持续存在，甚至一度不断扩大。新古典经济增长理论中的趋同假说在改革开放早期阶段没有得到印证（蔡昉、都阳，2000）。

部分学者认为政治因素对城市首位度的影响比经济因素更大，他们认为国家力量是决定城市规模分布的重要因素，政治因素对城市规模分布的作用主要是省会城市作为区域政治中心对人口规模的影响。本章统计的24个省份中，有19个首位城市为省会城市；而在5个首位城市不是省会城市的省份中，中部的内蒙古包头由于新中国成立初期钢铁工业发展的需求而先于呼和浩特发展，安徽省的阜阳和六安毗邻人口大省河南，农业人口占比较大，人口总量大于省会城市合肥，其他3个省份（河北、福建、山东）

均分布于东部沿海。河北唐山、福建莆田人口规模分别高于省会城市石家庄和福州；山东青岛于2012年人口超过济南，跃居首位。除此之外，东部多数省份同时存在两个至多个大型城市。

由于1980年颁布的《城市规划定额指标暂行规定》对城市人口规模的划分已经赶不上近年来我国城市人口的增长速度，我国2003年底城市人口总数为34196万人，是1981年底13870万人的2.47倍。本研究中参照《城市规划定额指标暂行规定》对城市人口规模划分标准，适应本研究内容提出一个划分标准，即特大城市人口规模为250万人以上，大城市人口规模100万人至250万人，中等城市50万人以上100万人以下，小城市50万人及以下。依照这个分类列出东部地区城市规模现状（见表6-3）。

表6-3 东部地区城市规模现状

单位：个

省份	2003年				2013年			
	特大城市	大城市	中等城市	小城市	特大城市	大城市	中等城市	小城市
河北	1	2	5	3	2	2	6	1
辽宁	2	2	8	2	2	2	9	1
江苏	2	6	4	1	4	8	1	0
浙江	1	4	5	1	1	5	4	1
福建	0	3	2	4	0	4	2	3
山东	2	11	4	0	4	9	4	0
广东	3	7	5	6	4	10	5	2
海南	0	1	1	0	0	1	1	0

时至2013年，河北、辽宁、江苏、山东、广东五省特大城市数量不止一个。特别是河北和山东，首位城市与二位城市人口差不超过50万，规模接近，出现"双中心"。由此可以看出东部地区多数省份城市人口规模分布呈"中间大、两头小"的菱形结构，大城市和中等城市居多，发展较为均衡。由于经济特区的建设，相对自由的对外经济贸易和市场化使东部一些省份的第二位城市甚至中小城市的规模扩大速度远大于首位城市，一些大型城市甚至在规模上已经超越省会城市跃居首位。

例如，山东省青岛市在2003年到2013年人口增速为42%，远高于济南6%的增速。改革开放以来，青岛根据自身条件和市场变化，进行工业结构调整，优先发展以传统工业消费品为主的轻工业，加强轻工业产品对外贸易；建立经济园区和城镇特色工业功能区，推动青岛工业集聚化，重新规划青岛工业的整体布局。时至2013年，青岛55个工业集聚区签约亿元以上投资项目344个，其中新开工建设项目98个，实际完成投资115.6亿元，占全市工业投资的30.3%；落户企业投产65家，实际完成投资145.3亿元，占全市工业投资的34.2%。从2006年到2013年，工业增加值总量增长了2.3倍，共创造工业增加值1.9万亿元，占全市八年GDP合计的43.8%，对全市经济增长的年均贡献率保持在46%以上。2013年规模以上工业增加值增速在全国15个副省级城市中居第5位，在5个计划单列市中居第2位。

可见在经济因素的作用下，政治因素的作用会受到影响。然而在经济发展水平相对较低，开放程度不如东部高的中西部，省会城市依然是首位城市。东部地区的首位分布在20世纪大幅下降。一方面表现在特大城市数量增多，二位城市规模增大；另一方面表现在大中型城市数量增多。多数省份整体城市规模分布模式仍呈首位分布形式，但规模趋于平均。

2. 中部

中部地区较东部沿海地区发展较晚，2004年中部地区在国家中部崛起总体战略的指导下，依托现有基础，提升产业层次，推进工业化和城镇化，建立中部经济区。自中部崛起战略实施以来，中部地区经济总体发展迅速。在本章研究的时间区间，中部省份多数正处于经济高速发展的初期。中部9个省份中，除内蒙古、湖北城市首位度下降以外，其他省份城市首位度均有不同程度的上升，这意味着近年来中部地区省会城市的影响力、对人口的聚集力正在上升。由于内蒙古首位城市不是省会城市，从2003年到2013年，包头市人口规模变化率为－17.77%，而呼和浩特市为13.58%，故内蒙古的情况也属于省会城市影响力上升的情况。

现阶段政治因素对中部城市规模分布的影响明显大于东部，省会城市对人口的集聚作用正在逐渐增加。目前中部地区发展模式符合佩鲁的"增长极"理论，首位城市（省会）的极化效应在经济发展初期，形成能够高效发展的增长极。将中部地区省会城市人口增长率与二、三、四位城市人口增长率做一个比较，便于观察规模各级城市发展速度的差异（见表6-4）。

表 6-4　中部各省份前四位城市人口增长率

省份	首位城市	二位城市	三位城市	四位城市
山西	13.84%	*26.23%	4.95%	8.62%
内蒙古	-17.77%	10.26%	*13.58%	6.87%
吉林	*17.35%	1.25%	14.30%	12.83%
黑龙江	*50.26%	-2.99%	15.59%	-2.54%
安徽	31.37%	22.53%	21.00%	*31.67%
江西	*15.29%	14.91%	14.61%	10.15%
河南	*115.59%	14.75%	20.43%	23.08%
湖北	-34.38%	*3.76%	-23.17%	-7.50%
湖南	*52.50%	1.75%	5.86%	5.81%

注：前缀 * 标记为该省增长率最高的城市。

中部地区除山西、安徽和湖北皆为省会城市（内蒙古行政中心呼和浩特和安徽省会合肥是第三位城市）。不考虑安徽处于特殊位置的阜阳和六安，陕西、安徽和湖北增长最快的是除省会城市以外的二位城市。中部崛起政策可视作"中心-外围"模型中的"偶发因素"，引起省会城市市场规模的扩大、制造业的集聚，产生集聚力，最终结果是城市规模的扩大。

3. 西部

相对东部发达地区需要大量的大城市作为制造业中心而言，西部地区技术密集型产业受条件限制只能布局于中心城市，如四川的金属制品业、交通运输设备制造业，陕西的电气机械及器材制造业等。因为发达地区支撑着许多城市而不是一个，所以城市体系不太可能出现很高的首位度。而对于经济发展较为迟缓的西部地区，增长总是趋于向单个城市集中，增长的高集中度使城市首位度很高。目前西部地区发展水平仍较低，且多数省份主要工业产业对自然资源的依赖性较高。截至 2013 年底，西部地区 GDP 占全国比重为 20%。本研究的西部 6 个省份面积占全国比重为 18.34%，截至 2013 年底人口占全国比重为 16.79%，而自然资源占全国比重为 25.44%。

城市首位度还与城镇体系的等级规模分布有密切关系。刘涛和曹广忠（2012）通过实证研究发现西部首位城市区域影响力有限，小城市发展主要依靠自主，主要是由于城市规模体系等级不完整。由于我国幅员辽阔，地区差异显著，经济发展水平也不同。东、中、西各地区城镇体系的完整程度不一，也是城市首位度有明显区域差异的原因。东部、中部部分地区等级规模系列相对完整；东部省区大中城市数量较多，各等级数量相对均衡；中部部分省份（湖北、江西、安徽）城镇规模体系也相对完整，二位城市乃至三位、四位城市的规模与首位城市相差不大。而西部多数地区城镇等级规模不完整，除四川省相对完整外，其他省份基本表现为大城市特别发达，小城市偏多，陕西甚至出现断层，只有500万人以上的特大城市和若干中小城市，没有100万人至250万人规模的大城市。除四川外，西部地区城镇等级规模分布情况见图6-1。

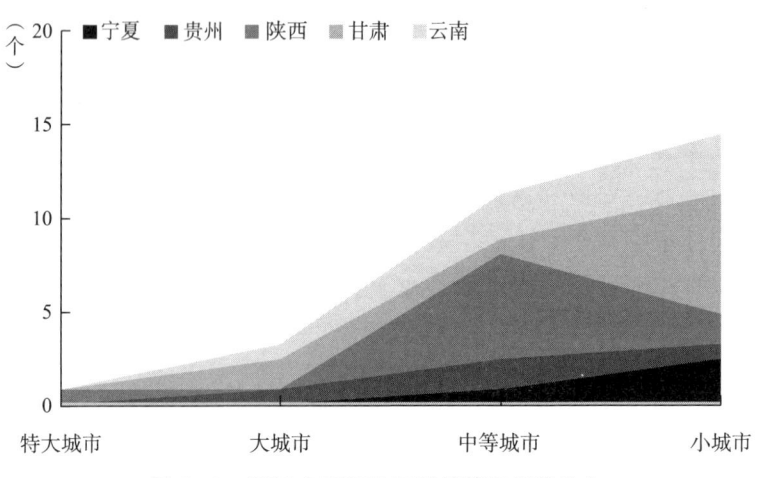

图6-1 2003年西部地区城镇等级规模分布

（三）城市首位度不同测度的对比分析

尽管采用四城市乃至十一城市指数比只比较两个城市更能全面地解释区域内城市的规模分布，显得比较有效，但其本质不外乎是对第一大城市与其他城市比例关系的描述。马歇尔在 *The Structure of Urban Systems* 中表明了它们并不比两城市指数有显著的优处。国外部分学者在对81个国家的比较中发现，两城市指数与四城市指数和十一城市指数保持0.86的高度正相关性（L. Thomas，1985）。为验证此观点，本章对除去地市不足11城的省份之外的16个省份2003年到2013年的两城市、四城市和十一城市首位度进行对比，绘制出折线图，发现多数本研究的省份的 $S2$、$S4$、$S11$ 随时间变化趋势相同，而时序变化幅度不同。例如广西，见图 6-2 所示。

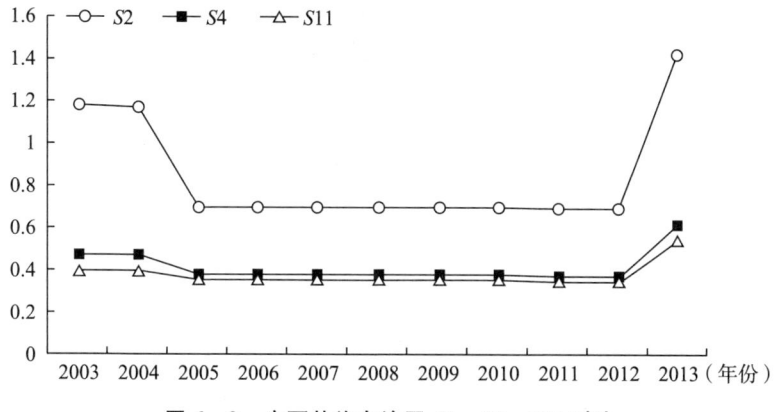

图 6-2 广西壮族自治区 $S2$、$S4$、$S11$ 对比

由于部分省份地级以上城市数量少于 11 个，十一城市首位度计算数据不足，本节不做分析。做对比分析的 16 个省份基本都呈现这样一个趋势：选取样本较少的两城市首位度时序变化幅度明显大于四城市和十一城市首位度，十一城市首位度时序变化幅度也略小于四城市首位度；三种指标变化趋势大体相同。部分省份二城市首位度相较四城、十一城首位度的变化趋势略有不同（浙江、山东、广东、安徽），而部分城市二城市首位度对首位分布的解释力度与四城、十一城首位度有一定差距（黑龙江、江西、河南、湖北、湖南、四川）。对于这些省份，哪种指标对城市规模分布的解释更贴近实际情况，在下文中分类探讨。

1. 首位度走势相同分析

黑龙江、江西、河南、湖北、湖南、四川均存在部分年份 $S2$ 显示出较高的首位分布，而 $S4$、$S11$ 对首位分布的解释力度不足甚至不显示首位分布。这种情况分布于中部和西部，例如中部地区的湖北省和西部的四川省。

湖南省 2011 年至 2013 年二城市首位度均大于 2.00，呈中度首位分布，而四城市首位度和十一城市首位度在这三年均值分别为 0.76 和 0.61，且每年都小于 1.00，已不呈首位分布。四川省 2003 年、2004 年二城市首位度为 2.66、3.01，而十一城市首位度为 0.84、0.95，均不显示首位分布。其他省份均有三年至五年不等的两城市首位度高于 2.00，而四城市首

(a) 中部：湖南

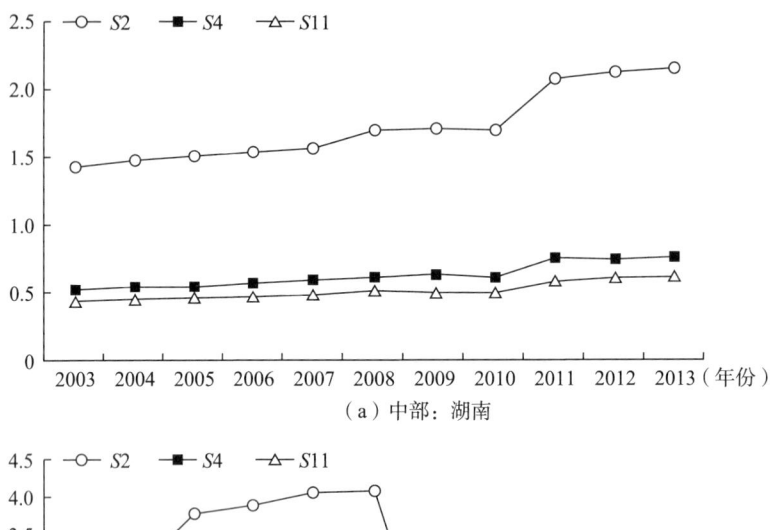

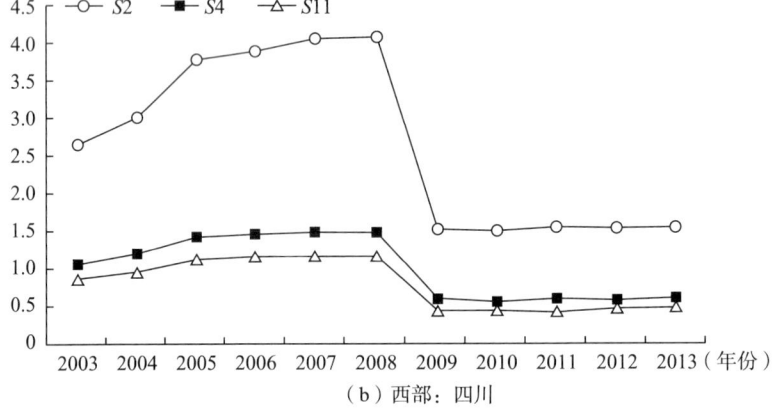

(b) 西部：四川

图 6-3 $S2$、$S4$、$S11$ 对比

位度或十一城市首位度低于 1.00 的情况。这与中西部地区不同规模等级城市的数量和发展情况有关。

以黑龙江省为例。黑龙江省 2003 年至 2006 年十一城市首位度均低于 1.00，而二城市首位度高于 2.00。对比 2003 年和 2013 年黑龙江省前 11 位城市人口分布，如图 6-4 所示。

由图 6-4 可见，哈尔滨市人口规模增长了 158.41 万人，而中小城市人口规模几乎没有变化，大城市大庆总共增加了仅仅 14.13 万人。2006 年以前人口规模介于 70 万到 150 万的城市数量庞大，导致十一城市首位度偏低，而实际上黑龙江省的城市规模分布情况属于不均衡分布，人口分布基本符合杰斐逊（Jefferson，1939）对首位分布（存在一个"大得异乎寻常"的城市）的描述：首位城市偏大，中等城市数量多。

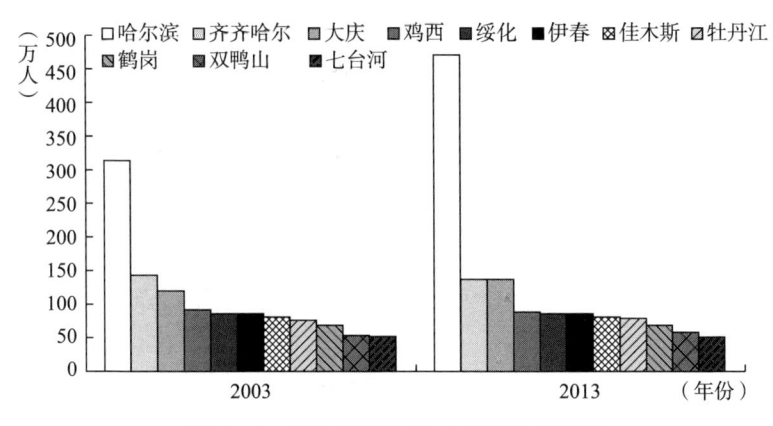

图 6-4　黑龙江省前 11 位城市人口情况

其他省份的情况基本类似，所以这里统一使用两城市首位度来描述这些省份的城市规模分布情况。

2. 首位度走势差异分析

浙江、山东、广东、安徽 4 个省份四城、十一城首位度的变化趋势基本相同，而二城市首位度与前两个指标部分年份变化趋势不同。除安徽外其余 3 个省均属于东部地区，两城市首位度呈现与其他两个指标不同的情况，与东部地区多中心城市、大城市数量多的规模分布情况有很大关联。

山东省 2012 年两城市首位度陡然下降，四城市首位度和十一城市首位度几乎没有变化，主要是 2012 年首位城市由济南变成青岛，取前四位乃至前十一位城市比较的情况下首位城市增长 14.5 万人，相对而言并不明显（二位至十一位城市人口增加 79.80 万人）。而仅仅比较前两位城市情况则不同：2011 年二位城市淄博市人口规模为 280.8 万人，2012 年青岛市成为首位城市，济南作为二位城市人口规模 350.2 万人，远高于淄博市 2011 年的人口规模；二位城市人口增长 71.40 万人，故引起两城市首位度的下降。其他城市的变化并不明显。因此对于山东省城市规模分布的描述宜选用四城市或十一城市首位度。

2005 年至 2013 年，广东省两城市首位度整体有略微上升趋势，而四城市首位度和十一城市首位度整体略微下降。截至 2013 年底广东省有 4 个人口规模在 250 万人以上的特大城市，且四位城市人口规模增速高于广州。从 2005 年到 2013 年深圳人口规模上升了两个梯度（见图 6-5）。

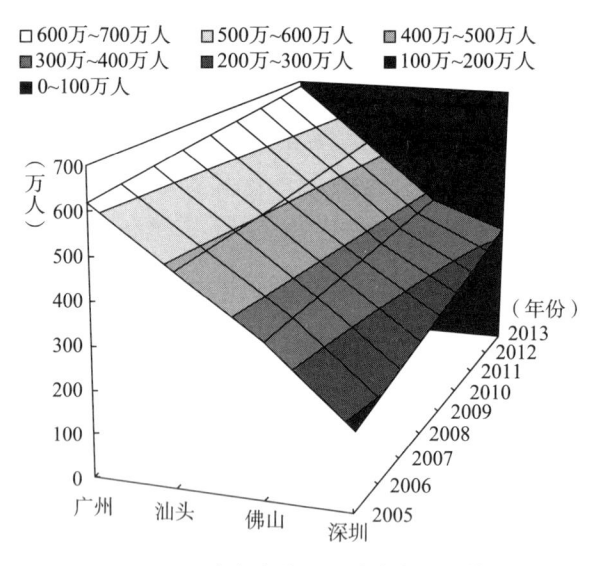

图 6-5 广东省前四位城市人口规模

浙江省两城市首位度略有平稳上升,四城市首位度和十一城市首位度变化趋势一致,而 2011 年至 2013 年转而下降。浙江省有 1 个人口规模 400 万人以上的特大城市、5 个大型城市、5 个中小城市。对比各位次人口增长率可知(见表 6-5),2011 年至 2013 年,浙江省除前二位城市外、首位城市、其他大城市和中小城市规模增长较快,以中小城市的增速最快。浙江省城市规模分布正在趋于平均,尤其是 2011 年以后,因此两城市首位度对浙江省城市规模分布的描述并不准确,宜选用四城市首位度或十一城市首位度来度量。

表 6-5 浙江省各位次人口增长率对比

	2011 年	2013 年	增长率(%)
首位城市(万人)	440.3	450.8	2.38
二位城市(万人)	224.7	227.6	1.29
二位至四位城市(万人)	528.4	602.1	13.95
二位至十一位城市(万人)	1063.1	1236.9	16.35

安徽省阜阳和六安由于地理位置的特殊性,受河南省影响较大,人口规模较大,但主要是农业人口。阜阳和六安使安徽省三种城市首位度指标

变化趋势不同。合肥、阜阳和六安的基本情况对比见表6-6。

表6-6 合肥、阜阳和六安的基本情况对比

城市	综合		2014年就业人数（万人）			城乡概况		
	非农业人口（万人）	生产总值（亿元）	第一产业	第二产业	第三产业	城镇化率（%）	乡村从业人员数（万人）	农用地占比（%）
合肥	238.60	4672.91	92.70	181.40	239.80	69.10	259.40	72.17
阜阳	215.70	1062.48	215.10	170.30	224.80	37.50	492.83	76.55
六安	187.90	1010.32	187.90	95.10	150.20	41.44	360.95	82.61

资料来源：《安徽统计年鉴》。

综合分析三个地市的各项指标可知，将阜阳和六安作为首位二位城市并没有太大的经济意义。一方面是阜阳和六安受其他省份的区域影响较多，另一方面阜阳和六安经济发展状况不如省会城市合肥。因此在本章对安徽省城市首位度的计算中仍把合肥市作为首位城市，总体除去阜阳和六安。

第三节 产业集聚与城市首位度关系的实证研究

一 研究范围、数据来源及处理

（一）城市首位度（S）

在剔除不确定数据后选取我国24个省份，人口数据指标为市人口。由于不同首位度指标准确度不同，根据上节分析，浙江、安徽、山东3个省份使用十一城市首位度（$S11$），其他省份均选取两城市首位度（$S2$）。

（二）产业集聚（LQ）

以工业总产值计算的区位熵来表示产业集聚度，数据来源为《中国工

业经济统计年鉴》《中国统计年鉴》和各省统计年鉴，同时以产业集聚指数测度为依据筛选 24 个省份相对全国呈增长趋势且具有集聚优势的产业。区位熵又称地方专业化指数，其计算公式如下：

$$LQ = \frac{x_{ij} / \sum_i x_{ij}}{\sum_j x_{ij} / \sum_i \sum_j x_{ij}} \quad (6.4)$$

其中，LQ 是区位熵，$x_{ij} / \sum_i x_{ij}$ 表示产业 i 在地区 j 内的总产值占比，$\sum_j x_{ij} / \sum_i \sum_j x_{ij}$ 表示产业 i 在全国范围内的总产值占比。一般而言，区位熵大于 1，就存在产业集聚。通过计算各省份 2003 年至 2013 年区位熵，并由高到低选择前三位的产业作为该省份的代表性产业，作为产业集聚的指标。

（三）控制变量

城市首位度影响因素存在多样性特征，根据文献通行做法，选取交通基础设施、产业结构、对外经济联系、教育和城镇化水平，各变量说明如下。

交通基础设施：对交通基础设施条件的描述有多种数据选取方法。有选取每千人机动车拥有量（盛科荣等，2013）、道路设施投入量（陈宽民、马超群，2003）或二级公路里程数（孙莹莹，2013）。克鲁格曼和藤田昌久等的研究表明运输成本是经济活动集聚的原因之一（Kugman，1991；Fujita，2005），运输成本的降低使规模经济优势得以显现。本研究用货运总量（HY）和客运总量（KY）来作为交通基础设施的替代。

产业结构（JC）：城市的形成发展与工业化关系密切，同时城市又是第三产业的主要载体，本研究用第二、第三产业产值占 GDP 的比重来表示产业结构。

对外经济联系（FDI）：根据数据可获得性和本研究对象的性质，选择实际利用外资度量对外经济联系。

教育水平（EDU）：从城市发展的角度来看，高等学校在校生数作为衡量教育水平的指标，其合理性得到许多学者的认同与应用（薛颖慧、薛澜，2002；赵宏斌等，2007）。本研究使用首位城市的高校在校生人数来度量教育水平。

城镇化水平（UR）：对城镇化水平的描述一般为城镇化率。城镇化率的测度方法主要有城镇人口比重指标法、非农人口比重指标法、城镇土地利用比重指标法和综合指数法。国家统计局规定的测度方法为第一种，用城镇人口占总人口数的比重来表示城镇化率，以常住人口计算。这种方法应用也比较广。由于缺乏常住人口统计数据，魏后凯（2014）在研究中用城区人口代替了常住人口。本研究采用这种思路，直接取用《中国城市统计年鉴》中各省份城区人口比总人口来计算城镇化率。

二 实证研究

考虑到我国中、东、西部的城市首位分布呈现明显区域差异的等级和变化趋势，并且中、东、西部的优势产业根据区域发展程度、地理环境而有很大区别，本章在对产业集聚和城市首位度的回归分析中将分为中、东、西三部分分别研究。由于数据获得方面的限制时间跨度较短，不适合使用时间序列，本章将中、东、西三部分分别建立横截面数据来做回归分析。

根据本章第一节的分析，本研究选取的实验变量和相对应的指标选取及其符号见表6-7。

表6-7 城市首位度及其各影响因素的指标选取

变量	指标选取	符号
因变量		
首位分布	两城市首位度	S2
	十一城市首位度	S11
自变量		
产业集聚	区位熵	LQ
控制变量		
产业结构	第二、第三产业GDP占比	JG
交通基础设施	客运总量	KY
	货运总量	HY
对外经济联系	实际使用外资金额	FDI
城镇化水平	城镇化率	UR
高等教育	普通高等学校在校生人数	EDU

考虑到不同类型的产业对城市规模分布的作用不同,将采掘业与制造业区分开来,鉴于电力热力的生产和供应业、燃气生产和供应业及水的生产和供应业对自然资源的依赖性,与采掘业放到一起,用 LQ_1 表示;制造业分为劳动力密集型产业和技术密集型产业,具体分类标准学术界存在争议,本研究参考相关研究按产业对劳动力、技术设备的依赖程度制定分类标准(见表 6 – 8)。

表 6 – 8 制造业分类

劳动力密集型产业	技术密集型产业		
农副食品加工业	石油加工、炼焦及核燃料加工业	化学纤维制造业	橡胶和塑料制品业
食品制造业	化学原料及化学制品制造业	家具制造业	非金属矿物制品业
饮料制造业	仪器仪表及文化、办公用品机械制造业	造纸及纸制品业	文教体育用品制造业
烟草制品业	木材加工及木、竹、藤、棕、草制品业	专用设备制造业	印刷业和记录媒介的复制
纺织业	有色金属冶炼及压延加工业	通用设备制造业	交通运输设备制造业
纺织服装、鞋、帽制造业	废弃资源和废旧材料回收加工业	医药制造业	电气机械及器材制造业
	黑色金属冶炼及压延加工业	金属制品业	工艺品及其他制造业
皮革、毛皮、羽毛(绒)及其制品业	通信设备、计算机及其他电子设备制造业		

将劳动力密集型产业用 LQ_2 表示,技术密集型产业用 LQ_3 表示。对于同一地区同类型产业有多个代表产业的,对这几个产业取均值。

对于不同类型产业分别建立城市首位度影响因素的多元线性回归模型,见式 (6.5)、(6.6)、(6.7)。

$$S2 = \beta_0 + \beta_1 LQ_1 + \beta_2 JG + \beta_3 KY + \beta_4 HY + \beta_5 FDI + \beta_6 UR + \beta_7 EDU + \mu \quad (6.5)$$

$$S2 = \beta_0 + \beta_1 LQ_2 + \beta_2 JG + \beta_3 KY + \beta_4 HY + \beta_5 FDI + \beta_6 UR + \beta_7 EDU + \mu \quad (6.6)$$

$$S2 = \beta_0 + \beta_1 LQ_3 + \beta_2 JG + \beta_3 KY + \beta_4 HY + \beta_5 FDI + \beta_6 UR + \beta_7 EDU + \mu \quad (6.7)$$

由于采掘业的分布较为依赖资源的自然分布,大部分省份没有形成采掘业的集聚,将东、中、西三部分具有采掘业集聚优势的省份单独列为一节分析。

(一) 东部地区回归

东部地区代表产业主要为技术密集性产业，其次是劳动密集型产业，先根据式（6.7）、（6.6）进行回归，回归结果见表 6-9 所示。

表 6-9 东部地区城市首位度影响因素分析初步结果

变量	式（6.7）	式（6.6）
常数项	-8.34562***	-10.3173***
	(0.0011)	(0.0000)
LQ	-0.07581***	0.078615**
	(0.0027)	(0.0434)
JG	9.271952***	10.91914***
	(0.0004)	(0.0000)
HY	-0.10084	-0.05977
	(0.1212)	(0.4417)
KY	0.085301	-0.19553***
	(0.1362)	(0.0001)
FDI	-0.02866	0.005827
	(0.3692)	(0.8532)
EDU	-0.06573*	0.015518
	(0.0527)	(0.8067)
UR	3.453144***	3.590596***
	(0.0000)	(0.0000)
R^2	0.748655	0.894323
P 值	0.000000	0.000000

注：*、**、***分别表示在10%、5%、1%水平上显著；括号内为对应的 P 值，样本数均为 98，F 值分别为 38.2 和 72.5。

式（6.7）的回归中，交通基础设施（KY、HY）和对外经济联系（FDI）回归系数的 t 统计量值小于10%水平临界值，且 P 值偏大。F 值较大，可以通过 F 检验，方程总体线性显著，自变量中至少有一个对因变量有显著影响。对于 T 检验和 F 检验出现的矛盾可能是因为存在多重共线性，可能是交通条件和对外经济联系与产业集聚、产业结构有一定因果关系，宏观经济变量之间相互关联有时难以避免。所以接下来使用逐步回归法排除几个对因变量解释程度不高又可能和其他自变量存在相关关系的指标。求自变量的简单相关系数矩阵见表6-10所示。

表6-10 简单相关系数矩阵

	UR	LQ3	KY	JG	HY	FDI	EDU
UR	1.00	0.56	0.21	-0.58	-0.11	0.06	-0.25
LQ_3	0.56	1.00	0.07	-0.37	-0.19	-0.18	-0.36
KY	0.21	0.07	1.00	0.19	0.84	0.59	0.68
JG	-0.58	-0.37	0.19	1.00	0.31	0.39	0.43
HY	-0.11	-0.19	0.84	0.31	1.00	0.54	0.81
FDI	0.06	-0.18	0.59	0.39	0.54	1.00	0.49
EDU	-0.25	-0.36	0.68	0.43	0.81	0.49	1.00

可见 UR 与主要解释变量 LQ 相关度较高,且与 JG 也存在明显的负相关。在修正的回归中去除自变量 UR。将各自变量分别单独与因变量做回归,按照对因变量解释程度排序,对每个自变量分别对因变量进行简单回归,得出自变量重要程度顺序见表6-11所示。

表6-11 自变量重要程度

	R^2	F值
JG	0.169093	21.9785
LQ	0.136757	15.20854
EDU	0.120217	14.75755
HY	0.062082	7.148645
KY	0.008766	0.955127
FDI	0.000533	0.057599

以 $S2 = 14.89 - 13.85JG$ 为基础,依次引入 LQ、EDU、HY、KY、FDI。将 LQ 引入模型后,得到方程 $S2 = -10.59 + 0.07LQ + 11.18JG + 3.67UR - 0.21KY$,$R^2$ 由 0.17 增加到 0.19,截距项、UR 和 JG 的系数均在 0.1、0.05、0.01 水平通过显著性检验。继续引入 EDU,R^2 由 0.19 增加到 0.20,EDU 系数不通过显著性检验,JG 系数在 0.1 水平上显著,EDU 与 JG 相对应 P 值均大于 0.05。去除 EDU,继续引入 HY,样本可决系数下降,JG 显著性下降,去除 HY。引入 KY,R^2 无明显改善,KY 不通过显著性检验,剔

除 KY。引入 FDI，R^2 从 0.20 增加至 0.23，自变量均通过显著性检验且 P 值均小于 0.05，方程整体通过 F 检验，对应 P 值为 0.000015。最后确定的模型为式（6.8）。

$$S2 = 11.29 - 10.60JG + 0.10LQ + 0.10FDI \quad (6.8)$$

对式（6.6）的修正也遵循以上步骤，具体操作过程不在文中赘述。最后确定的模型为式（6.9）。

$$S2 = -10.59 + 0.07LQ + 11.18JG + 3.67UR - 0.21KY \quad (6.9)$$

最终得出各统计量值见表 6-12。

表 6-12 东部城市首位度影响因素分析最终结果

变量	式（6.8）	式（6.9）
常数项	11.29264 *** (0.0008)	-10.58689 *** (0.0000)
LQ	0.098911 *** (0.0041)	0.069729 ** (0.0239)
JG	-10.5971 *** (0.0002)	11.17809 *** (0.0000)
KY		-0.2097 *** (0.0000)
FDI	0.09837 ** (0.0209)	
UR		3.665541 *** (0.0000)
R^2	0.233253	0.893143
P	0.000015	0.000000

方程（6.8）总体线性显著，能较为完整地描述城市首位度的各影响因素；式（6.9）样本可决系数略低，但各自变量拟合度较好。可以看出两类产业对城市首位度均有正向影响，意味着产业的集聚引起城市规模分布的不均衡，而产业的扩散会使城市规模分布趋于均衡，基本符合理论假设。劳动力密集型产业对东部地区城市首位度的影响并不如技术密集性产业，拟合度不高，系数也略低。与第五章预期的基本符合。

(二) 中部地区回归

中部地区主要以劳动力密集型产业为主,且技术密集型区位熵多为下降趋势。中部地区也将两类产业分开回归,具体操作步骤见上文,此不再重复演算步骤。以式（6.6）与式（6.7）为模型得出的方程分别为式（6.10）、式（6.11）。

$$S2 = 27.98 + 0.21LQ_2 - 27.88JG + 0.18EDU$$
$$(0.00)\quad(0.01)\quad(0.00)\quad(0.00)$$
$$N = 65 \quad R^2 = 0.65 \quad F = 35.16$$
$$(0.000000)$$
(6.10)

$$S2 = 29.75 + 0.14LQ_3 - 29.74JG + 0.31EDU$$
$$(0.00)\quad(0.02)\quad(0.00)\quad(0.00)$$
$$N = 57 \quad R^2 = 0.70 \quad F = 42.07$$
$$(0.000000)$$
(6.11)

两种类型的产业在中部地区城市首位度影响因素模型中的作用基本一致,对城市首位度均有正向影响,劳动力密集型产业对中部地区城市首位度的影响要高于技术密集型产业。由于目前中部地区城市首位度呈上升趋势,因此劳动力密集型产业是带动目前中部地区首位城市高速发展的主要产业。计量结果符合第五章对中部地区城市首位度现状及变化趋势的分析。

(三) 西部地区回归

西部地区除采掘业以外优势产业多为以资源为基础的技术密集型产业,如石油加工、炼焦及核燃料加工业,劳动力密集型产业较少。以式（6.6）为模型对西部地区产业集聚和城市首位度进行回归。回归结果见式（6.12）。

$$S2 = 10.00 - 0.24LQ_2 - 17.39UR - 0.30EDU$$
$$(0.00)\quad(0.02)\quad(0.01)\quad(0.00)$$
$$N = 29 \quad R^2 = 0.51 \quad F = 8.65$$
$$(0.000415)$$
(6.12)

技术密集型产业对西部地区城市首位度的回归结果不显著，主要是由于以资源为基础的技术密集型产业受资源分布限制，再加上该类产业主要为国有企业，对市场变化不敏感。劳动力密集型产业对西部地区城市首位度的影响为负向，意味着劳动力密集型产业在西部地区的集聚会导致城市规模分布趋于均衡。

三　计量结果解释

（一）产业集聚

东部地区技术密集型产业对城市首位度的变化有正向作用。其原因一方面是技术密集型产业溢出效应明显，带动中心城市周边城市产业的发展；另一方面是东部地区多为多中心城市，二位城市乃至三位、四位城市的高新技术产业亦较为发达。

中部地区劳动力密集型产业对中部地区城市首位度的影响要高于技术密集型产业。由于目前中部地区城市首位度呈上升趋势，所以劳动力密集型产业是带动中部地区首位城市高速发展的主要产业。中部地区劳动密集型产业的集聚一方面是由于中部目前处于经济发展初期，劳动密集型产业还是经济发展的支柱产业；另一方面是由于东部地区过剩的劳动力流入。

西部地区由于市场因素产业集聚情况较少，西部地区的产业集聚主要是围绕自然资源分布的。以资源为基础的技术密集型产业对城市首位度的影响不显著，而劳动力密集型产业对城市首位度有负向影响。结合第五章对西部地区代表产业的分析，西部诸如烟草制品业等产业对产地的依赖性也较强，且产地不一定分布在首位城市，故产业集聚的上升引起了城市首位度的下降。

全国范围内采掘业集聚的省份与西部地区产业情况类似，采掘业对资源的依赖更为明显，综合所有采掘业具有集聚优势的省份分析得出采掘业的集聚对城市首位度有负向影响。

从对城市首位度有正向作用的产业来看，产业集聚与城市首位度的相关系数较小。根据很多学者对产业集聚的研究指出其对城市的贡献呈倒U形的经验来看，可能是我国产业集聚发展阶段正处于倒U形顶端左侧，首位城市趋于饱和，大城市病逐渐呈现，城市向周围扩散。工业化促进了中小城市对人口的吸收能力，使中小城市规模扩大，区域城市规模分布趋于均衡。首位城市对区域经济发展的作用并没有被否定。

（二）产业结构

除西部地区外，其他模型中产业结构对因变量的解释程度都较好，在东部、中部的回归结果中产业结构系数绝对值皆较高。西部地区产业结构对城市首位度解释力度不足的情况可能是由于西部地区工业企业分布较为依赖自然资源分布，市场化水平不足，产业结构还不足以对城市的规模分布形成较强的影响。中部地区产业结构对城市首位度的影响为负向，可能是由于中部多数地区农业较为发达，且主要分布于中小城市。

东部地区对式（6.7）的回归中和采掘业回归模型中，产业结构回归系数为正。产业结构的指标第二、第三产业 GDP 占比的系数明显偏高，对城市首位度有很大的正向影响。符合产业的专业化特征在不同等级城市之间分布不同的经验判断，不同的城市规模对应的产业结构存在层次关系。而不同规模城市间产业存在的壁垒，是产业结构对特大城市规模扩大影响显著，导致产业结构与城市首位分布呈正向关系的一种解释。

（三）高等教育

高等教育水平对城市首位度影响在中部地区模型中较为显著。中部地区的情况符合本研究对高等教育水平影响城市首位度为正向的预期。由于高校的扩招，省会中心城市对生源的吸引力增强，首位城市的高校在校生人数必然呈逐年上升趋势，而其他城市高校的分布量及其对人口的吸引能力不及首位城市。东、西部地区高等教育水平不显著可能是由于模型中存在与高等教育序列有相关性的自变量，其对城市首位度的影响作用高于高等教育水平，不能完全代表东、西部地区首位城市的高等教育水平不具有吸引人口集聚的作用。

（四）城镇化水平

东部地区省均城镇化水平对城市首位度的影响为正向。这一定程度上说明东部地区整体城镇化进程增长缓慢，但大型城市对城区新增人口的吸引力仍然要高于中小城市。

西部地区城镇化率对城市首位度的负向影响说明在西部地区省均城镇化水平的升高是城市首位度下降的原因之一,可见西部地区中小城市对农业转移人口的吸引力相较大型城市正在升高。故我国城镇化建设进程对西部地区城市规模分布的均衡起到了积极的作用。

(五) 对外经济联系和交通基础设施

由于对外经济联系与产业集聚有较强的相关性,而其与城市首位度的拟合程度不如产业结构高,在模型中引入对外经济联系序列之后往往会引起产业集聚变量 t 统计量明显变小,相应 P 值增加,故在多数模型中对外经济联系因素被剔除。在式 (6.5) 模型中对外经济联系拟合程度较好,可能是由于采掘业的集聚与对外经济联系的关系并不密切,不构成共线性。

交通基础设施中的货运因素与影响产业集聚三因素之一的运输成本较为相似,与产业集聚具有一定的相关性,故在各模型中不显著。客运因素在多数模型中显著性不高,在东部式 (6.6) 回归中显示与城市首位度存在负相关关系,客运总量的增加使城市首位度降低,是城市分布趋于平均的因素之一,证明交通基础设施条件的完善对城市规模分布的均衡有积极的影响。

第四节 结论

本研究分析了产业集聚对城市规模分布的影响的理论机制,并将 24 个省份分为东、中、西三部,对 2003 年至 2013 年城市首位度的演变趋势和特征及其原因进行分析,并通过城市首位度和区位熵的回归分析,解释了产业集聚对城市首位分布的影响作用。回归分析中涉及一些其他影响因素作为控制变量,同时也解释了控制变量对城市规模分布的影响机制,并分析了其在模型中的作用。通过本研究得出以下结论。

第一,我国东部地区城市规模分布正趋于平均,中心城市有多个,大、中型城市偏多,主要是由于经济发展起步早,技术密集型产业发展较好,对区域中非中心城市的发展带动作用明显。中部地区处于经济发展起步阶段，城市首位度呈增高趋势；中心城市发展速度快，优势产业偏向对人口集聚作用较大的劳动力密集型产业。西部地区和采掘业集聚分布的地区资源型的产业居多，资源型产业集聚对城市规模分布的影响为负向，中小城市的发展与首位城市的带动关系不密切，发展较为独立，人口规模增长较快，城市首位度呈降低趋势。

第二，通过实证研究证实引起城市首位度变化的主要因素为产业集聚。技术密集型产业的集聚使首位城市的辐射力增强，进而带动周边城市的发展，城市规模分布趋于均衡；劳动力密集型产业使首位城市对人口的集聚力增强，首位城市规模相对于其他城市扩大，城市规模分布呈两极分化；资源密集型产业以及具有产地依赖性的其他类型产业的集聚对原产地城市规模的扩大有正向作用。

第三，除产业集聚以外，第二、第三产业的 GDP 占比和省均城镇化水平也是影响城市首位度的重要因素。此外，对外经济联系在东部地区的模型中对城市首位度也有一定的影响；首位城市的高等教育水平对中部地区城市首位度的影响较为明显，可见高校具有吸引人口集聚的作用；代表交通基础设施水平的客运总量对城市首位度也有影响，货运总量与产业集聚具有相关性在各模型中不显著。

在我国区域经济建设进程中，对城市体系的完善非常重要。需要降低城市首位度，使区域内形成分布均衡、层次完整的城市规模体系。本研究通过对城市首位度影响因素的分析，得出以下启示：首先，需要产业模式升级，从依赖大量人力劳动的产业逐渐升级为以技术为主导的产业；其次，要均衡不同规模城市的城镇化水平，增加中小城市对城区新增人口的吸引力；最后，需要合理规划高等教育资源的分布，提高中小城市的高等教育水平，以提升中小城市的规模。

第七章 人口集中、城市群发展与经济增长

第一节 研究背景与文献评述

一 研究背景

改革开放以来,中国经济在 40 年时间里保持高速增长,工业化和城镇化水平也有了较大幅度的提高,但增长是否源于工业化或城镇化的推动并没有得到明确的解释(陈晓光、龚六堂,2005)。从文献来看,人们特别偏爱运用技术进步来解释增长,这不但是因为技术是增长理论永恒的主题,更重要的是它得到了广泛的经验研究支持(Barro,2004),但用技术进步来解释我国经济高速增长显然是难以令人信服的(林毅夫,2012)。对发展中国家而言,结构变迁对经济增长的作用更应该得到重视(多恩布什,1998),这提示我们仍然需要回到工业化和城镇化中去寻找答案。

二 文献评述

但到目前为止,我们都无法真实地刻画城市化与经济增长之间的关系,一些研究表明二者之间呈现较为明显的对数关系(周一星,1995;许学强,1989;成德宁,2004);但另外的研究不赞同这一观点,如 Fay 和 Opal 2000 年的研究,发现世界上一些地区的城镇化根本不能用制造业的增长来解释,Lipton(1977)、Ades 和 Glaeser(1995)甚至认为发展中国家的城市化只是一种为消除农村的贫穷与饥饿的城市偏爱政策,与经济增长

无关。一些观察到的现象也提供了上述结论完全相异的佐证，如印度在1981~1991年、1991~2001年和2001~2008年三个时段，其国内生产总值增长速度分别为5.2%、6.1%和7.7%，但其城市人口增长分别高达146%、140%和158%。而日本在战后的1956~1973年，其实际增长率年平均为9.8%，国民生产总值增长了4.2倍，与此同时，日本的城市化也在这一时期有了快速的增长。1950年，日本的城市化水平为37.3%，到1955年猛增到56.1%，到1973年则增长到75.9%。显然，简单地讨论经济增长与城市人口增长之间的关系是没有意义的，人口向城市的集中在不同国家可能存在内在的复杂机制，从而导致迥异的增长结果。仍然观察上述两个国家的情形，印度的城市化主要来源于城市人口的自然增长，从而导致原本占城市较大比重的贫民区增长快于城市，并形成城市增长中的贫困压力。日本正相反，其城市人口增长主要源于人口向大城市的集中，同时在地域上形成了具有世界规模的城市群。可见，着眼于人口集中的性质，从城市群经济的角度来进行讨论可能是探寻经济增长背后动力的正确思路。

在中国经济发展的版图上，星罗棋布地分布着658个城市，其中地级以上城市271个。我国城市发展受行政力量巨大推动，城市等级及城市间的关系与城市的行政等级密切相关，并形成了一些具有区域意义的城市群。观察这些城市群及其所在地区经济发展在我国总体经济中的表现会发现，越是经济发展速度快的地区，其对资源要素的吸引越显著，城市群发展水平也越高，从而形成城市群经济与区域增长相互推动的结果。本章目的即在于综合考虑城市群经济形成机理及其结构性质，以分析我国城市群经济发展与区域经济增长之间的内在关系。

第二节　人口集中与城市群经济效应

一　人口向城市集中的总体趋势

为了讨论城市群发展与增长的关系，需要先对城市化的过程进行总体描述，特别是人口集中带来的城市扩张与区域差异。一般来说，城市化的本质是要素和生产的集中，但更多的时候用人口城市化来代表。改革开放以来，我国的总体城市化率呈现稳定上升的趋势（见图7-1），从1978年的17.92%稳步上升到2012年的52.57%。值得注意的是，在这期间我国的总人口从9.63亿人增长到13.54亿人，表明人口向城市快速集中的趋势。1980年，中国有51个50万人以上人口的城市，到2010年，增加到236个，据联合国《世界城市化展望2009年修正报告》预测，到2025年中国将再增加107个50万人以上的大城市。

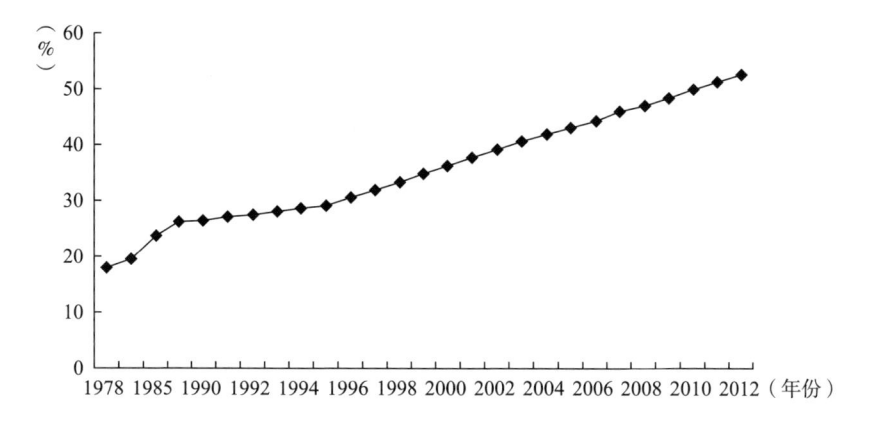

图7-1 历年城镇人口比重

注：历年城镇人口比重数据并非连续数据，包括1978年、1980年、1985年、1989年数据，其后为连续数据至2012年。

资料来源：《中国统计年鉴》（2013年）。

这种趋势不但在全国存在，而且在各省级层面具有大致同样的性质。我们以生产和人口分布的极化作用来进行具体的描述。所谓极化是一个同时包含绝对和相对的概念，即在国土面积大致相同的国家或地区选取其核心面积，比较其人口和产出的集中度。在本章中，我们以省份为界，以各省的省会城市和计划单列市为核心区域进行研究，人口集中度和产出集中度的计算公式根据Ellison和Glaeser（1997），如下：

$$G = \sum_i (s_i - x_i)^2 \tag{7.1}$$

其中，G为人口（产出）集中度，s_i为i地区某城市人数（产出）占全国城市总人口（总产出）的比重，x_i为该地区人口（产出）占全国总人口

（产出）的比重，显然，G 值越大，其集中程度越高。通过计算 2001～2012 年省会城市和计划单列市的人口集中度和产出集中度并进行比较后发现，人口集中度呈上升趋势（见图 7-2），这印证了中国人口向城市特别是向大城市集中的总体趋势。但产出集中度在 2012 年之前除 2004 年到 2005 年小幅上升外，其他年份均呈现下降的走势，二者的不一致性说明我国的城市化过于强调人的集聚，并没有形成有效的产业和就业支撑。2012 年之后产出集中度与人口集中度均呈现上升的趋势，且两者之间的差距在逐步缩小，但人口的集中度始终大于产出的集中度，城镇化过程中存在城镇化与工业化不协调的问题。

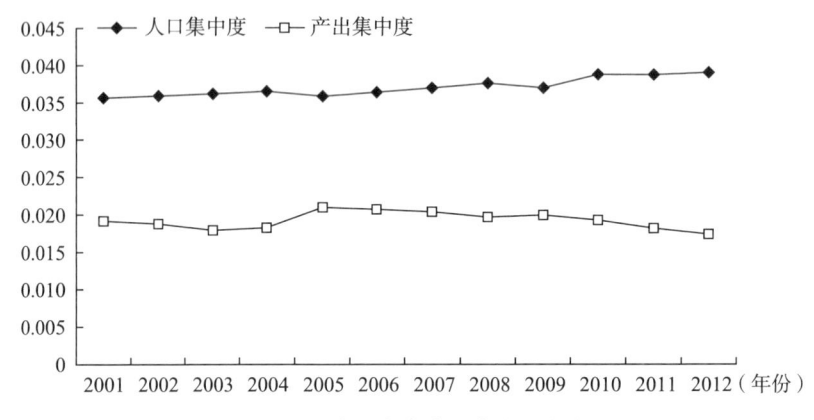

图 7-2 人口集中度和产出集中度

资料来源：据《中国统计年鉴》2002～2013 年数据计算。

二 人口集中与城市群经济效应

显然，单独考察城市发展与经济发展之间的关系难以深入理解二者之间的复杂联系，这需要进一步研究城市发展对经济发展的作用机制，特别是对于我国而言，在城市化明显滞后于工业化的背景下，城市化对经济增长的显著促进作用表明讨论单个城市对增长的作用是不够的，而应该从城市群的动态视野来研究（吴福象、刘志彪，2008）。陈刚强等（2008）的研究也表明，20 世纪 90 年代以来我国城市发展的显著特征是城市集聚增长日益显著和城市间连接性的增强，特别是从区域层面来看，经济发展水平较高的东部地区城市间的连接性更紧密，而中西部地区则强调单个城市的作用，反映了不同性质的城市极化发展方向。从经济效应角度而言，城市群还有优于单个城市作用的诸多方面。

第一，城市群相比单个城市对区域发展的较强作用来源于城市间的经济联系。城市间联系与城市内部经济主体之间的联系具有本质的不同，如果给定城市内部没有交通拥挤带来的负面效应，则城市在区域经济发展中的作用可以看作一个均质的点，不同等级城市的差别不在于城市内部的结构，而只在于城市规模本身，当不同规模的城市具有不同市场潜能时，市场潜能和产业向城市的集聚会显著地影响地区的劳动生产率，进而影响地区经济发展（谢长青、范剑勇，2012）。城市群就不同，不同的城市间具有不同的经济联系，受城市规模、距离、交通网络、产业联系等的影响，由于中心城市的增长与其获得要素的能力有关，当中心城市间具有良好的经济联系时，就能够加速要素集聚，并扩大经济增长的外部性效应（李煜伟、倪鹏飞，2013）。

第二，城市群经济通过提高人力资本积累水平和劳动生产率来促进区域经济发展。城市化进程中地方人力资本积累及知识溢出是最突出的现象，人力资本积累程度越高越利于促进创新和增长，而且这一人力资本积累效应在城市群地区更为明显。Carlino 等（2007）通过对美国东部城市群地带的实证研究，证实了上述结论。城市群经济带来的劳动生产率效应也在肖小龙和姚慧琴（2013）的研究中得到证实，城市群大规模基础设施建设的经济效应在 TFP 增长率中显现出来，城市群比单个城市的 TFP 增长具有更强烈的特征。

第三，城市群经济具有远高于单个城市的技术溢出效应。知识和技术溢出与空间距离有关，虽然人们还没有弄清楚什么样的技术具有跨距离溢出的机制，但对于聚集带来的溢出有确定的认识。从地理范围来看，集聚带来的技术外部性与空间密切相关（Fujita and Thisse，2002）。当空间距离扩大时，知识传递会逐渐消散，表明越集聚的空间环境越有利于知识传递和学习，城市不但是空间紧密的实体，也是产业集聚的区域，从而成为知识溢出的良好平台。城市群比单个城市区域具有更大的空间弹性，有更完善的产业体系和基础设施，这些对技术溢出而言不但提供了渠道，也提供了承载的平台，城市规模扩大与城市群发展的过程伴随知识积累和技术的溢出。

从理论上而言，城市群经济的上述效应体现了人口集中的性质。由于人口地理集中的经济活动外部性，城市群经济比单个城市能够带来更有效的经济增长效应,在新经济地理学框架中,报酬递增是理解城市发生以及城市对区域增长作用的起点。在Fujita等(1991)的经典模型中,要素向城市集中而驱动的经济增长解释了城市经济的外部性作用。

三 两种类型的城市人口集中性质

对于我国而言,人口向城市的集中伴随要素的地理集中和就业结构的转换,以及这种人口集中的人力资本溢出效应,在东部地区和中西部地区却存在不同的性质,其原因在于这两类地区城市间的连接性存在显著的差异。

对于一个具有二元结构的发展中国家而言,工业化是其实现转型的重要途径,它需要农村剩余劳动力在城乡间的转移来支撑。如果一个地区的城市化速度低于其工业化速度,表明其人口向城市的地理集中低于其就业转换,反之则是地理集中高于就业转换。当城市之间具有合意的连接性时,转移人口在城市具有较高的就业转换,区域人口集中反映出城市群经济效应。当城市之间连接性较低时,区域人口集中反映的是单个城市的经济效应,转移人口的就业转换不够明显。其数学描述如下:

$$\pi = G_t / G_e \tag{7.2}$$

其中,π衡量了一个地区人口向城市集中的性质,G_t为城市化速度,$G_t = \frac{\partial T}{\partial t}$,$T$为人口城市化率;$G_e$为工业化速度,$G_e = \frac{\partial N}{\partial t}$,$N$为工业化率。考虑到就业的城乡转换对城市工业化的推动,本章用各地城市工业就业比重来代替。

从人口集中度与产业集中度的趋势图中我们观察到,两者在2013年出现趋同的趋势,我们计算了2013年我国不同等级城市人口集中的性质,讨论了如下三种情形。

(一) 268个地级城市

由表7-1可知,在地级城市的测度范围内,城市化速度大于工业化速度的城市有57个,占到整个地级城市的21%。按照地区划分,东部地区11个,占整个东部地区地级市的14.1%;中部地区8个,占整个中部地区地级市的10%;西部地区29个,占整个西部地区地级市的34.11%。从这个角度测度,西部地区存在较为明显的人口城市化与经济集聚不一致的情况。城市化速度小于工业化速度的城市有 212 个,占到整个地级城市的 79%。按照地区划分,东部地区 67 个,中部地区 71 个,西部地区 56 个,东北地区 21 个,绝大多数城市人口的增长源于经济的发展人口向城市的集中。

表 7-1 地级城市人口集中的性质

π	城市
$\pi > 1$	三亚市、海口市、拉萨市、伊春市、乌鲁木齐市等 57 个城市,其中东部地区 11 个,中部地区 8 个,西部地区 29 个,东北地区 9 个
$\pi < 1$	辽阳市、南宁市、郑州市、长沙市、淄博市等 210 个城市,其中东部地区 67 个,中部地区 71 个,西部地区 56 个,东北地区 21 个

注:由于南昌市、三沙市、深圳市三个城市数据缺失,共计算了 268 个地级城市人口集中的性质。

资料来源:《中国城市统计年鉴》(2014 年)。

(二) 直辖市、省会城市

由表 7-2 可知,在直辖市、省会城市的测度范围内,城市化速度大于工业化速度的城市有 23 个,占直辖市、省会城市的 74%;城市化速度小于工业化速度的城市仅有 8 个,占直辖市、省会城市的 26%;绝大多数城市人口的增长源于人口的自然增长,而非由经济增长带来的人口向城市的集中。这种现象的出现主要是由于我国特殊的行政规划体制,政策上对于城市新区的规划,拉动了人口向城市的集中。

表 7-2 直辖市、省会城市人口集中的性质

π	城市
$\pi > 1$	海口市、北京市、拉萨市、乌鲁木齐市、上海市、广州市、呼和浩特市、南京市、西安市、沈阳市、天津市、太原市、银川市、兰州市、哈尔滨市、西宁市、成都市、重庆市、武汉市、济南市、杭州市、昆明市、贵阳市共 23 个城市,其中东部地区 8 个,中部地区 2 个,西部地区 11 个,东北地区 2 个
$\pi < 1$	南宁市、长春市、郑州市、长沙市、南昌市、石家庄市、合肥市、福州市共 8 个城市,其中东部地区 2 个,中部地区 4 个,西部地区 1 个,东北地区 1 个

(三) 以省份为单位的城市总体

由表 7-3 可知,在以省份为单位的测度范围内,城市化速度大于工业

化速度的省份共 9 个，占全部省份的 29%；城市化速度小于工业化速度的省份有 22 个，占全部省份的 71%。这与我们在地级市范围的测度结果是一致的。从整体上看，城市化速度与工业化速度是一致的，人口的就业转换大于地理集中，但是也存在部分城市人口的城市化不是由于经济的发展，而是由于城市人口的自然或者某些外部因素的增长。

表 7-3 各省份人口集中的性质

π	城市
$\pi > 1$	海南省、北京市、西藏自治区、新疆维吾尔自治区、上海市、天津市、青海省、重庆市、宁夏回族自治区共 9 个省份，其中东部地区 4 个，西部地区 5 个
$\pi < 1$	黑龙江省、辽宁省、内蒙古自治区、甘肃省、陕西省、吉林省、广东省、四川省、广西壮族自治区、江苏省、安徽省、山西省、浙江省、山东省、湖北省、云南省、贵州省、湖南省、福建省、河北省、河南省、江西省共 22 个省份，其中东部地区 6 个，中部地区 6 个，西部地区 7 个，东北地区 3 个

第三节 城市群经济的形成机理与结构性质

一 城市群经济形成机理

对城市群形成机理的研究，从理论上来讲主要有四种观点（赵勇，2009）。一是传统的城市经济学，认为城市群形成的集聚力主要来自本地化的外部规模经济，产业大量集聚，并通过产业关联或劳动分工等方式逐渐形成联系密切的城镇，形成城市群。城市群形成的分散力主要来自集聚对"地租"产生竞争使土地成本上升而导致的不经济，城市会有一个"最优规模"，随着城市规模的扩大，城市开始扩散，形成以大城市为核心，周围中小城镇密切联系的城市群。二是产业组织理论，从城市群形成的微观机理出发，认为产品的差异化和产业之间的联系是城市群形成的主要动力。三是新经济地理学，把城市群的形成主要归结为报酬递增、规模经济、运输成本和路径依赖等因素。四是内生增长理论，强调了知识和技术在城市增长中的作用。但是这些理论研究对象主要是发达国家，更多地强调厂商、消费者这两个市场主体在城市群形成中的作用，较少考虑政府的力量，因此并不能完全解释在中国这样一个市场机制尚不健全的社会形态中的城市群形成问题。中国城市群的形成机理，还应该包含以下几方面的内容。

（1）城镇化背景下人口的集聚。1978～2015年，中国的城镇化率由17.9%上升到了56.1%，人口集聚对非农产业劳动生产率呈倒U形影响，我国的人口集聚还处在促进非农产业生产率的阶段（周玉龙、孙久文，2015）。人口向城市集聚增加了对商品和服务的需求，扩展了城市的市场空间，助推了产业的集聚、第三产业的发展及整体产业结构的升级。这些促使城市形成规模较大的综合体，然而，人口的集聚由于城市的产业结构、空间结构和经济增长的差异，在核心城市和非核心城市也存在梯度（许庆明、胡晨光、刘道学，2015），这也就构成了城市群的人口分布结构。

（2）企业区位选择。企业是产业组成的基本单元，也是产生集聚的核心力量。企业对于组织和经营活动的选址，对城市人口和空间的布局起到重要作用。在企业的选择过程中，除考虑上述规模经济和知识溢出等效应外，还受到政策因素的影响。1978年以来，各地政府在招商引资上各显神通，在土地、税收、资金等方面予以支持，建设开发区、工业园区，健全企业发展所需要的基础设施，吸引企业入驻。这种政府的引导行为使不同的企业共同选择了相同的区位，直接影响了城镇的兴起和发展，并会进一步影响城镇之间的相互联系程度。

（3）政府战略引导。早在2005年，中国发布的《中国城市发展报告（2003～2004）》就提出了"组团式城市群"的概念。同年《国家"十一五"规划纲要》明确指出要把城市群作为推进城镇化的主体形态，此后在"十二五""十三五"的发展规划中均对城市群的发展进行了具体的战略布局。2014年《国家新型城镇化规划（2014～2020）》在京津冀、长三角、珠三角3个传统的城市群外，专门提出4个中西部城市群的发展目标，包括成渝城市群、中原城市群、长江中游城市群、哈长城市群。截至2016年4月，国家发改委先后审批了京津冀、长江中游、哈长和成渝4个城市群的发展规划，在交通、通信等基础设施上对城市群进行统一规划，提升城市群的功能，加强城市群之间的联系。正是由于政府的支持政策，城市群的空间扩展才得以保障，城市群的规模和体系更加合理，最终实现了城市群在设施、市场、功能和利益上的一体化。

（4）城市功能集聚和扩散的驱动。在城市化的过程中，单个城市不断扩展，规模扩展到一定程度之后，就会出现拥挤效应（王俊、李佐军，2014），产生交通拥堵、生活成本（房价）偏高、投资效率下降、环境问题严重、城市治理成本增加等一系列"城市病"。为了削减城市规模过大而产生的不经济，疏散城市功能，防治大城市病，城市的发展要进行功能定位，强调大小城市的分工协作，在大城市周围建设卫星城，形成功能完善、联系紧密、协调发展的城市群，使整个区域城市化水平达到均衡状态。

二 我国城市群结构性质

（一）研究对象

虽然人们对城市群经济的效应具有一致的认识，但如何对城市群经济进行测度并没有一个确切的方法。简·戈特曼认为，识别城市群要从城市密集度、经济社会联系、交通及城市规模等方面对城市群进行测度。1910年，美国"大都市区"从人口和就业的角度限定，认为人口规模和就业结构是判定城市群的标准。20世纪50~60年代日本"都市圈"也选取了人口规模、中心城市GDP占圈内的比例及交通运输占比等指标为城市群的判断依据。基于我国城市之间联系的复杂性，1986年周一星提出了"都市连绵区"，即"城市群"的早期概念，用两个及以上特大城市、便利的交通条件、人口密度及城市间的联系为标准来测度城市群。20世纪90年代以来，众多学者又对这一标准进一步发展，主要是姚士谋、顾朝林、方创琳等，界定城市群的标准集中在人口、城镇化率、经济体量（GDP）、产业结构、交通等方面。即使这样，我们尚未从细节上对城市群经济进行刻画，特别是，当我们要讨论城市群经济对区域经济增长的作用机制时，需要对城市群进行细致的测度。

基于现有学者的研究，对城市群的分类主要有4种。一是中国社会科学院在《中国城市竞争力报告》中提出的15大城市群，包括长三角城市群、珠三角城市群、京津冀城市群、山东半岛城市群、辽中南城市群、海峡西岸城市群、中原城市群、徐州城市群、武汉城市群、川渝城市群、长株潭城市群、哈尔滨城市群、关中城市群、长春城市群、合肥城市群。二是中国科学院地理科学与资源研究所在《2010年中国城市群发展报告》中界定的23个城市群，在15个城市群的基础上，增加了环鄱阳湖城市群、南北钦防城市群、晋中城市群、银川平原城市群、呼包鄂城市群、黔中城市群、滇中城市群以及天山北坡城市群。三是住建部在《全国城镇体系规划纲要（2005~2020）》中划分了三大都市连绵区及13个城市群。四是2007年国家发改委课题组提出的十大城市群，主要包括京津冀城市群、长三角城市群、珠三角城市群、山东半岛城市群、辽中南城市群、中原城市群、长江中游城市群、海峡西岸城市群、川渝城市群和关中城市群。通过对比和测度（缺少部分：具体指标测定城市群），结合要研究的主题，本研究借鉴国家发改委对城市群的界定，将研究的重心放在表7-4中的十大城市群。

表7-4 十大城市群及所辖城市

城市群	所辖城市
长三角城市群	上海、苏州、杭州、宁波、南京、无锡、南通、台州、绍兴、常州、嘉兴、扬州、泰州、湖州、镇江、舟山
珠三角城市群	广州、深圳、东莞、佛山、中山、珠海、惠州、江门、肇庆
京津冀城市群	北京、天津、石家庄、保定、唐山、沧州、廊坊、张家口、承德、秦皇岛
山东半岛城市群	济南、青岛、潍坊、烟台、淄博、威海、日照、东营
辽中南城市群	沈阳、大连、鞍山、营口、抚顺、铁岭、丹东、盘锦、本溪、辽阳
中原城市群	郑州、洛阳、许昌、平顶山、新乡、开封、焦作、漯河
长江中游城市群	武汉、信阳、黄冈、孝感、九江、岳阳、荆州、黄石、咸宁、荆门、随州、鄂州
海峡西岸城市群	福州、泉州、厦门、漳州、莆田、宁德
川渝城市群	重庆、成都、宜宾、南充、绵阳、乐山、德阳、泸州、眉山、遂宁、自贡、内江、广安、资阳、雅安
关中城市群	西安、咸阳、宝鸡、渭南、商洛、铜川

（二）城市群结构性质

城市群空间结构反映了资源、要素以及社会经济活动在空间中的分布与组合状态。按照中心城市的规模和职能,可以划分为单中心和多中心两种模式,我国典型的单中心城市群为长三角城市群,多中心城市群为海峡西岸城市群。城市首位度在一定程度上反映了城市发展要素在最大城市的集中程度。曾鹏、陈芬(2013)采用首位城市与第二位城市非农人口的比值来测算,由于非农人口数据缺失,而市辖区人口在一定程度上也反映城市人口的规模,本研究主要选取了两个指标,从人口和产出两个侧面来对城市群进行比较。一是二城市指数,即人口(产出)规模最大的首位城市与第二位城市人口(产出)的比值;二是四城市指数,即首位城市与第二、第三、第四位城市人口(产出)的比值。其计算方法如下:

城市首位度(二城市指数):$S_2 = \dfrac{P_1}{P_2}$ (7.3)

四城市指数:$S_4 = \dfrac{P_1}{P_2 + P_3 + P_4}$ (7.4)

其中 P_1 为最大城市的人口(产出),P_2、P_3、P_4 分别为第二、第三、第四大城市的人口(产出)。

从人口的角度,根据城市的位序-规模法则,正常城市首位度指数为2,四城市指数为1。从表7-5中可以看到,我国城市群中城市首位度均大于1,但是离2这个合理的城市规模还存在一定的偏离。其中长三角城市群、珠三角城市群城市首位度与2最为接近,城市规模位序比较合理;而京津冀城市群、中原城市群、山东半岛城市群、长江中游城市群和海峡西岸城市群城市首位度与2偏离较远,中心城市在城市群中的核心地位较为薄弱;川渝城市群首位城市指数为2.746,同时四城市指数也居于第一位,重庆城市规模一家独大。在四城市指数中,大于0.5的城市群有长三角、珠三角、辽中南、川渝和关中城市群,其余城市群均在0.4左右。城市群首位城市规模偏大的城市群为川渝城市群,偏小的城市群为长江中游城市群。

从产业的角度,城市群首位城市与第二位城市产出的比值大于2的城市群有4个:辽中南城市群、中原城市群、长江中游城市群和关中城市群。特别是长江中游城市群,首位城市的产出是第二位城市的3.7倍,排在首位。而在以人口计算的城市首位度中,长江中游城市群的城市首位度仅为1.083,人口和产出的集中情况出现不匹配的现象,这也再次印证了我们前

表7-5 按人口计算城市首位度

城市群	城市首位度	四城市指数
长三角城市群	1.882	0.669
珠三角城市群	1.949	0.701
京津冀城市群	1.119	0.413
山东半岛城市群	1.141	0.412
辽中南城市群	1.715	0.671
中原城市群	1.113	0.420
长江中游城市群	1.083	0.405
海峡西岸城市群	1.065	0.472
川渝城市群	2.746	1.337
关中城市群	1.465	0.555

资料来源：《中国城市统计年鉴》（2016年）。

面的观点，人口集中与产业集中并不一致。城市首位度小于2的城市群有6个，包括长三角、珠三角、京津冀、山东半岛、海峡西岸以及川渝城市群。发展越为成熟的城市群其城市结构越趋于合理，但综合看四城市指数，山东半岛城市群首位城市的四城市指数仅为0.492，首位城市的辐射带动能力较差。川渝城市群首位城市的产出是第二位城市的1.45倍，人口却是其2.75倍，城市群人口与产出不一致（见表7-6）。

表7-6 按产出计算城市首位度

城市群	城市首位度	四城市指数
长三角城市群	1.732	0.733
珠三角城市群	1.034	0.570
京津冀城市群	1.392	0.801
山东半岛城市群	1.279	0.492
辽中南城市群	3.308	1.514
中原城市群	2.108	0.960
长江中游城市群	3.778	1.636
海峡西岸城市群	1.092	0.518
川渝城市群	1.455	1.114
关中城市群	2.691	1.072

第四节 城市群经济与增长的实证研究

通过对人口集中的性质和城市群经济的形成与性质分析,不难发现城市群在经济增长中的重要作用。2015 年,沿海三大城市群面积只占 3.4%,却集聚了全国 27.6% 的人口,创造了 38.6% 的 GDP,全国 70.3% 的货物出口,吸引了 55.9% 的外国直接投资。从统计指标上来看,早在 2005 年,中国发布的《中国城市发展报告(2003~2004)》就提出了"组团式城市群"的概念,城市群的各项经济指标均发生了较大的变化。为突出研究的主题并考虑到数据的可得性,本研究选取了十大城市群 2005~2015 年的数据,并将这些城市群的各项指标与全国平均水平进行对比,试图从中找出一些规律性的结论。本研究资料均取自历年《中国统计年鉴》和《中国工业统计年鉴》以及《中国城市统计年鉴》。

一 指标选定与统计分析

(一)指标选定

经济增长水平(rgdp):通常表示经济增长水平的指标有人均 GDP 和单位资本 GDP,这里采用了前者。

城市化水平(rurban):采用城市人口占城市和农村总人口的比重,即城镇化率来表示。

固定资产投资(rinvest):用全社会固定资产投资总额及其增长率来表示。

就业人数(labor):选择总就业人数及其增长率表示劳动投入。

全要素生产率(tfp):衡量经济效率的指标,是产出增长率超出要素投入增长率的部分。通常认为它有三个来源:一是效率的改善,二是技术进步,三是规模效应。现有的文献,通常采用城市总产值占资本和劳动的比重来表示,这里延续了这一做法。

$$TFP_{it} = Y_{it}/K_{it}L_{it} \tag{7.5}$$

其中，Y_{it}表示城市i第t年限额以上企业总产值，K_{it}表示城市i第t年限额以上企业固定资本存量，L_{it}表示城市i第t年限额以上企业劳动力总和。

人口集中的性质（pi）：采用城市化速度和工业化速度的比值减去1再取绝对值，衡量了一个城市的人口集中与工业化发展之间与协调发展之间的差异，绝对值越大，表示城市化与工业化越不协调。

城市群内部联系（gravit）：采用城市群联系强度最强的三个城市的火车班次数据的和及其增长率表示。

消费水平（rcons）及其变化率（grcons）：采用城市居民人均消费品零售额来表示。

城市首位度（primacy）：采用产出首位城市与第二位城市的比值。

表7-7 数据说明

变量名称	变量定义	计量方法及单位
rgdp	人均国内生产总值	元
rurban	城市化率	%
rinvest	人均全社会固定资产投资	元
labor	城市群总就业人数	万人
tfp	全要素增长率	
pi	$pi = abs(\pi - 1)$，表示城市化与工业化的比率与均衡程度的差异	
gravit	城市群内部联系	
rcons	人均社会消费品零售总额	元
primacy	首位城市与第二位城市产出比	%

（二）统计分析

首先，经济增长方面的变化。在十大城市群中，无论是静态时点水平还是平均水平，川渝城市群的人均GDP均处于首位，长三角虽然GDP总量处于首位，但由于人口超出川渝城市群太多，人均GDP并没有绝对的优势。除此之外，长江中游，珠三角以及京津冀城市群也保持了相对较高的人均GDP。

其次，考察城市化率的变化。在十大城市群中，无论是静态的时点水平还是平均水平，长三角和珠三角城市群的城市化率明显高于其他城市群。在增长率差异上，城市化率起点高的城市群城市化率增长相对缓慢，城市化率较低的城市群城市化率增长较快。属于前者的是长三角、珠三角、辽中南、海峡西岸和京津冀城市群，属于后者的是山东半岛、长江中游、关中、川渝和中原城市群。

在固定资产投资方面，在总量上，十大城市群中长三角城市群遥遥领先，远超过其他城市群。在增长率上，2000年以后城市群固定资产投资呈现快速增长的态势，增长率均在10%以上，其中长江中游城市群增速较快。与此同时，辽中南城市群从2010年开始，固定资产投资不增反降，甚至出现负增长，在2015年下跌27.5%。在消费方面，长三角、珠三角、京津冀三大城市群消费能力占据优势，但是在增长上，长江中游、关中和中原城市群增速较快，而三大城市群增长乏力，差距逐渐缩小。

在城市群内部联系上，长三角、京津冀、珠三角城市群仍占据绝对的优势。经济总量排名前三位的城市之间一天的火车班次高达数百次，诚然，在短距离的城市联系上，火车并不能完全反映全貌，但也具有一定的代表意义。通常来讲，经济联系密切的地区之间铁路联系更为密切。

在人口集中的性质方面，整体来讲，π的值是趋向于1的，城市化与工业化逐步走向协调。横向来看，2006~2015年城市群的π值可以分为三类。一类是π值大于1，城市化先于工业化的发展，包括长三角、珠三角、京津冀、辽中南4个城市群。尤其是京津冀城市群，不仅在横向上位列第一，且在其他城市群逐步趋向均衡的时候，城市化率与工业化率仍然保持较大差距，造成这种现象的原因有两个：一是城市功能导致更高的城市化率；二是第三产业吸纳大量就业，使第二产业就业情况并没有明显优势。一类是在起始年份π值小于1，并逐步提高到2015年均大于1，包括中原城市群、海峡西岸城市群、川渝城市群、关中城市群。另一类是π值较为稳定，基本趋近于1，包括长江中游城市群。城市化与工业化的协调和同步发展是城市群实现经济效率的内在要求。

将上述的情况加以汇总可以看出，在十大城市群中，各项指标的差异正在逐渐缩小，呈现一定的收敛特征。这一现象正好反映了城市群在2005年以后对经济增长的贡献。贡献程度的大小和方向如何，必须借助计量检验来判断。

二 模型设定与计量检验

(一) 模型设定

根据前面的命题猜想和统计分析,下面构建城市群驱动经济增长的计量模型。

$$rgdp = \beta_0 + \beta_1 gravit + \beta_2 pi + \beta_i x_i + \mu_i \tag{7.6}$$

模型中,$i=2,3,\cdots$;$rgdp$ 表示城市群经济增长水平;$gravit$ 表示城市群内部的经济联系;pi 表示城市群城市化与工业化协调程度;x_i 为控制变量,分别是 $rurban$、$rinvest$、$rcons$、tfp、$labor$、$primacy$,分别表示城市化率、固定资产投资、消费水平、全要素生产率、劳动力水平及城市首位度。

(二) 计量检验

下面分别对各模型逐一进行计量检验,如表7-8所示。

表7-8 变量的回归结果

	模型1	模型2	模型3	模型4	模型5
$constant$	25782.660 (11.887)***	-25849.420 (-5.201)***	-6061.859 (-3.188)***	-6271.431 (-3.275)**	-5212.991 (-2.611)**
$gravit$	133.128 (10.317)***	71.985 (6.957)***	22.909 (5.948)***	21.998 (5.543)***	22.461 (5.703)***
pi	-8147.837 (-1.821)*	-9580.987 (-3.177)***	-2110.521 (-2.063)**	-1983.562 (-1.922)*	-2278.881 (-2.198)**
$rurban$		1102.466 (10.867)***	305.493 (6.055)***	297.718 (5.823)***	298.843 (5.903)***
$rinvest$			0.109 (2.445)**	0.116 (2.565)**	0.122 (2.717)***
$rcons$			1.631 (15.869)***	1.618 (15.6)***	1.605 (15.579)***
tfp			-1573.478 (-0.940)	-613.699 (-0.314)	-357.781 (-0.184)

续表

	模型 1	模型 2	模型 3	模型 4	模型 5
$labor$				0.456 (0.958)	0.362 (0.763)
$primacy$					-1657.717 (-1.692)*
R^2	0.524	0.786	0.979	0.978	0.979
Adj. R^2	0.514	0.780	0.977	0.977	0.977
DW 值	0.170	0.200	0.352	0.354	0.375
F 统计值	53.515	118.119	709.618	607.843	542.998

注：括号内为对应系数的 t 统计量，***、**、*分别代表1%、5%和10%的显著性水平。

根据 Hausman 检验，采用固定效应模型（FE）较为合适，综合模型 1 至模型 4 的估计结果和相应检验，我们得出以下结论。

第一，在控制了其他变量的影响后，城市群经济联系系数均显著为正。这表明从城市群经济增长的角度来说，城市群密切的经济联系，可以加速要素的流动，降低城市间的运输成本和交易成本，更有利于近距离的交流和知识溢出，提高公共基础设施的使用效率。

第二，城市化与工业化协调指数系数显著为负，这里 pi 取的是城市群城市化率与工业化率比值减去 1 的绝对值，这两个指标的比值在理想化的状态下是 1，也就是城市化与工业化协调发展，偏离 1 的程度越大，说明两者越不协调。该解释变量系数为负，即表明偏离程度越大，对城市群经济增长越不利，偏离程度越小，越有利于城市群经济增长。城市化快于工业化的发展，由于城市功能或城市政策等因素人口流入城市，如果没有完成就业转换，不能有效发挥劳动力的优势，反而成为城市经济增长的负担。反之，工业化发展快于城市化，城市人口不能有效支撑工业化的发展进程，会对经济的持续发展产生不利影响。

第三，城市化率系数为正，城市化率与城市群经济增长之间存在显著的相关性，城市化作为经济增长的新引擎，分别通过城市人力资本的积累和城市功能的创新两个渠道来实现，共享的基础设施是城市经济增长效率的保证。城市群是城市发展中一种很重要的形式，因此从城市群的角度研究经济增长问题是卓有成效的。

第四，全要素生产率在模型中的结果并不显著，这也印证了前文提到的用技术进步并不能完全解释我国城市群的经济增长。诚然，技术进步能够带来生产效率的提高，但技术变迁的过程是缓慢的，有时技术作用的发挥也需要一定的社会条件，当社会发展条件与技术进步相适应时，技术才能发挥其在经济增长中的积极作用。

第五节 结论与启示

本章利用 2006~2015 年中国十大城市群的面板数据，利用城市群内部经济联系和城市群城市化与工业化协调程度与经济增长之间的关系进行检验。结果表明，在控制了其他影响因素后，城市群这种城市形态内部经济联系对经济增长具有显著的正向影响，越成熟的城市群其内部经济联系越密切，这意味着共享基础设施，降低了交易成本的城市群是城市发展的有效形式。

与此同时，城市群内部城市化与工业化协调发展对经济增长也具有正向的影响，城市化率、消费等也是影响城市群经济增长的关键因素。但是城镇化本身并不是刺激经济增长的主要因素，而是城镇化过程中占主导的农业向效率更高的工业和服务业转变的过程，进而带动经济增长（李佳洺等，2014）。而城市化只是这个经济发展过程中的伴生物，而不是促进经济增长的主要因素，中国主要城市群城市化与工业化协调指数与经济增长的回归结果也和这一研究结果相呼应。因此在城镇化发展的过程中，单纯地将农村人口向城镇集中对经济增长的意义不大，甚至可能出现失业率增加等社会问题。

本章结论的政策含义有三。其一，政府应加大交通和通信基础设施的投资力度，加强城际资源和功能的整合，提高城市群一体化程度，培育共同市场，降低交易成本，有效发挥城市群集聚经济和规模经济效应。其二，引导人口和资源向城市集中要以产业的发展为基础，以城市的功能和服务来促进城镇化，避免单纯土地和户籍的城镇化，提高城市化与工业化发展的协同效率。其三，在城市群的结构上要合理发展，防止单一城市过度扩张和无序蔓延带来的拥挤效应，降低集聚不经济的因素。

参考文献

[1] 阿瑟·刘易斯:《劳动力无限供给条件下的经济发展》,载《二元经济论》,施炜等译,北京经济学院出版社,1989。

[2] 蔡昉、都阳:《工资增长、工资趋同与刘易斯转折点》,《经济学动态》2011年第9期。

[3] 蔡昉、都阳:《中国地区经济增长的趋同与差异——对西部开发战略的启示》,《经济研究》2000年第10期。

[4] 蔡昉:《劳动力供给与中国制造业的新竞争力来源》,《中国发展观察》2012年第4期。

[5] 曹骥赟:《知识溢出双增长模型和中国经验数据的检验》,博士学位论文,南开大学,2007。

[6] 曾鹏、陈芬:《城市化进程中城市群异速生长关系比较研究》,《云南民族大学学报》2013年第2期。

[7] 曾群华、徐长乐:《新型城镇化的研究综述》,《中国名城》2014年第6期。

[8] 曾先峰、张浩阳:《劳动力再配置与中国工业劳动生产率增长的实证》,《统计与决策》2012年第1期。

[9] 柴国俊、邓国营:《城市规模与大学毕业生工资溢价》,《南方经济》2012年第10期。

[10] 陈春林:《区域经济地理学视角下的我国城市化理论思考》,《经济地理》2014年第5期。

[11] 陈刚强、李郇、许学强:《中国城市人口的空间集聚特征与规律分析》,《地理学报》2008年第10期。

[12] 陈继勇、盛杨怿:《外商直接投资的知识溢出与中国区域经济增长》,

《经济研究》2008 年第 12 期。

[13] 陈洁雄：《中国城市劳动生产率差异的实证研究：2000~2008》，《经济学家》2010 年第 9 期。

[14] 陈宽民、马超群：《城市道路设施对经济发展作用的定量分析》，《交通运输工程学报》2003 年第 2 期。

[15] 陈立泰、张先怡：《服务业地区专业化与经济增长——基于中国 1999~2011 年省际面板数据的实证分析》，《经济问题探索》2013 年第 12 期。

[16] 陈良文、杨开忠：《集聚与分散：新经济地理学模型与城市内部空间结构、外部规模经济效应的整合研究》，《经济学》（季刊）2007 年第 1 期。

[17] 陈林生：《聚集效应、中心地理论与区域经济协调发展》，《经济经纬》2004 年第 1 期。

[18] 陈明星、陆大道、张华：《中国城市化水平的综合测度及其动力因子分析》，《地理学报》2009 年第 4 期。

[19] 陈耀：《西部产业结构调整与承接产业转移》，《中国科技产业》2010 年第 9 期。

[20] 成德宁：《我国入世后城市发展的战略分析》，《南都学坛》2004 年第 1 期。

[21] 邓宁：《供应链柔性研究》，博士学位论文，武汉理工大学，2005。

[22] 丁元：《劳动生产率与工资关系的脉冲响应分析——以广东省为例》，《中国人口科学》2007 年第 3 期。

[23] 都阳、曲玥：《劳动报酬、劳动生产率与劳动力成本优势——对 2000~2007 年中国制造业企业的经验研究》，《中国工业经济》2009 年第 5 期。

[24] 樊福卓：《地区专业化的度量》，《经济研究》2007 年第 9 期。

[25] 樊秀峰、康晓琴：《陕西省制造业产业集聚度测算及其影响因素实证分析》，《经济地理》2013 年第 9 期。

[26] 范剑勇、张雁：《经济地理与地区间工资差异》，《经济研究》2009 年第 8 期。

[27] 范剑勇：《产业集聚与地区间劳动生产率差异》，《经济研究》2006 年第 11 期。

[28] 冯云廷：《聚集经济效应与我国城市化的战略选择》，《财经问题研究》2001 年第 9 期。

[29] 高虹：《城市人口规模与劳动力收入》，《世界经济》2014 年第 10 期。

[30] 高鸿鹰、武康平：《我国城市规模分布 Pareto 指数测算及影响因素分析》，《数量经济技术经济研究》2007 年第 4 期。

[31] 高莎：《我国养老护理员缺口千万人》，《解放日报》2010 年 11 月 26 日。

[32] 高文书：《人力资本与进城农民工职业选择的实证研究》，《人口与发展》2009 年第 15 期。

[33] 辜胜阻、刘江日：《城镇化要从"要素驱动"走向"创新驱动"》，《人口研究》2012 年第 6 期。

[34] 郭庆旺、贾俊雪：《公共教育政策、经济增长与人力资本溢价》，《经济研究》2009 年第 10 期。

[35] 郭晔：《我国三大经济区的发展比较——基于城市与区域集聚效应的面板数据分析》，《中国工业经济》2010 年第 4 期。

[36] 郭志仪、逯进：《教育、人力资本积累与外溢对西北地区经济增长影响的实证分析》，《中国人口科学》2006 年第 10 期。

[37] 何洁：《外国直接投资对中国工业部门外溢效应的进一步精确量化》，《世界经济》2000 年第 20 期。

[38] 何绍辉：《新型城镇化建设应理顺基本要素关系》，《湖南城市学院学报》2013 年第 5 期。

[39] 何文举：《全要素生产率提升新型城镇化质量的路径研究——以湖南省为例》，《区域经济评论》2016 年第 1 期。

[40] 何雄浪、杨霞：《市场开放度、劳动生产率与我国地区工资差异》，《价格月刊》2012 年第 4 期。

[41] 何一民：《以"人的城镇化"为核心助力四川新型城镇化建设》，《成都行政学院学报》2013 年第 4 期。

[42] 贺菊煌：《我国资产的估算》，《数量经济与技术经济研究》1992 年第 8 期。

[43] 黄枫、吴纯杰：《中国省会城市工资溢价研究——基于分位数回归的

空间计量分析》，《财经研究》2008 年第 9 期。

[44] 江涛：《乡镇企业的城镇化集聚——基于劳动力市场分割理论的一种分析》，《上海经济研究》2001 年第 7 期。

[45] 赖永剑：《地区劳动生产率差异分解与条件收敛——基于产业经济的结构分析》，《产经评论》2011 年第 1 期。

[46] 李滨生：《我国职工工资收入影响因素分析》，《中国劳动》2010 年第 2 期。

[47] 李程骅：《服务业推动城市转型的"中国路径"》，《经济学动态》2012 年第 4 期。

[48] 李冠霖、任旺兵：《我国第三产业就业增长难度加大——从我国第三产业结构偏离度的演变轨迹及国际比较看我国第三产业的就业增长》，《财贸经济》2003 年第 10 期。

[49] 李恒：《基于 FDI 的产业集群研究》，社会科学文献出版社，2008。

[50] 李红、王彦晓：《金融集聚、空间溢出与城市经济增长——基于中国 286 个城市空间面板杜宾模型的经验研究》，《国际金融研究》2014 年第 2 期。

[51] 李红涛、党国英：《劳动生产率对工资的影响——基于动态面板数据的广义矩估计方法》，《社会科学战线》2012 年第 4 期。

[52] 李佳洺、张文忠、孙铁山、张爱平：《中国城市群集聚特征与经济绩效》，《地理学报》2014 年第 4 期。

[53] 李小平、朱钟棣：《国际贸易、R&D 溢出和生产率增长》，《经济研究》2006 年第 2 期。

[54] 李煜伟、倪鹏飞：《外部性、运输网络与城市群经济增长》，《中国社会科学》2013 年第 3 期。

[55] 李长亮：《中国省域新型城镇化影响因素的空间计量分析》，《经济问题》2015 年第 5 期。

[56] 林毅夫：《解读中国经济》，北京大学出版社，2012。

[57] 刘军、徐康宁：《产业聚集、经济增长与地区差距——基于中国省级面板数据的实证研究》，《中国软科学》2010 年第 7 期。

[58] 刘立云：《中西部文化产业集群的区域竞争优势研究》，《中国软科学》2011 年第 2 期。

[59] 刘璐:《产业集聚、知识溢出与城市经济增长——基于两广城市的对比分析》,《当代经济》2012年第23期。

[60] 刘涛、曹广忠:《城市规模的空间聚散与中心城市影响力——基于中国637个城市空间自相关的实证》,《地理研究》2012年第7期。

[61] 刘文燕:《产业集聚:实现新型城镇化的重要途径》,《中国市场》2014年第27期。

[62] 刘修岩、殷醒民:《空间外部性与地区工资差异:基于动态面板数据的实证研究》,《经济学》(季刊) 2009年第1期。

[63] 刘志彪、于明超:《从GVC走向NVC长三角一体化与产业升级》,《学海》2009年第5期。

[64] 龙志和、张馨之:《空间集聚、区域外溢与俱乐部收敛——基于省级和地级区划的比较研究》,中国经济学年会论文,2007。

[65] 卢学法、申绘芳:《杭州城市首位度的现状及对策研究》,《浙江统计》2008年第6期。

[66] 鲁德银、王习春:《农村城镇化程与小城镇集聚力协同研究——湖北与苏浙粤鲁德比较分析》,《乡镇经济》2007年第2期。

[67] 鲁迪格·多恩布什:《宏观经济学》,中国人民大学出版社,1998。

[68] 陆铭、高虹、佐藤宏:《城市规模与包容性就业》,《中国社会科学》2012年第10期。

[69] 吕丹、叶萌、杨琼:《新型城镇化质量评价指标体系综述与重构》,《财经问题研究》2014年第9期。

[70] 马克思、恩格斯:《马克思恩格斯全集》(第3卷),人民出版社,1960。

[71] 马克思、恩格斯:《马克思恩格斯全集》(第3卷),中共中央马克思恩格斯列宁斯大林著作编译局译,人民出版社,1971。

[72] 马晓君、刘璇:《我国地区间工资差异的比较研究》,《对外经贸》2010年第9期。

[73] 马歇尔:《经济学原理》(上卷),商务印书馆,1997。

[74] 毛丰付、潘加顺:《资本深化、产业结构与中国城市劳动生产率》,《中国工业经济》2012年第10期。

[75] 宁光杰:《中国大城市的工资高吗——来自农村外出劳动力的收入证据》,《经济学》(季刊) 2014年第10期。

［76］宁越敏、严重敏：《我国中心城市的不平衡发展及空间扩散的研究》，《地理学报》1993年第2期。

［77］牛丽贤、张寿庭：《产业组织理论研究综述》，《技术经济与管理研究》2010年第6期。

［78］诺斯：《制度、制度变迁与经济绩效》，上海三联书店，1994。

［79］潘文卿、刘庆：《中国制造业产业集聚与地区经济增长——基于中国工业企业数据的研究》，《清华大学学报》（哲学社会科学版）2012年第1期。

［80］潘文卿：《外商投资对中国工业部门的外溢效应：基于面板数据的分析》，《世界经济》2003年第16期。

［81］彭红碧、杨峰：《新型城镇化道路的科学内涵》，《理论探索》2010年第4期。

［82］彭树宏：《城市规模与工资溢价》，《当代财经》2016年第3期。

［83］彭文慧：《社会资本、产业集聚与区域工业劳动生产率空间差异》，《经济学动态》2013年第11期。

［84］盛科荣、金耀坤、纪莉：《城市规模分布的影响因素——基于跨国截面数据的经验研究》，《经济地理》2013年第11期。

［85］孙楚仁、文娟、朱钟棣：《外商直接投资与我国地区工资差异的实证研究》，《世界经济研究》2008年第2期。

［86］孙浦阳、韩帅、许启钦：《产业集聚对劳动生产率的动态影响》，《世界经济》2013年第3期。

［87］孙浦阳、韩帅、张诚：《产业集聚结构与城市经济增长的非线性关系》，《财经科学》2012年第8期。

［88］孙圣民：《制度变迁与经济绩效关系研究新进展》，《经济学动态》2008年第9期。

［89］孙学英：《中国各地区城市化水平比较的实证分析》，《经济研究导刊》2012年第20期。

［90］孙叶飞、夏青、周敏：《新型城镇化发展与产业结构变迁的经济增长效应》，《数量经济技术经济研究》2016年第33期。

［91］孙莹莹：《交通基础设施对城市规模的影响研究》，《交通运输系统工程与信息》2013年第6期。

［92］陶洪、戴昌钧：《中国工业劳动生产率增长率的省域比较——基于DEA的经验分析》，《数量经济技术经济研究》2007年第10期。

［93］藤田昌久：《聚集经济学》，西南财经大学出版社，2001。

［94］万广华、陆铭、陈钊：《全球化与地区间收入差距：来自中国的证据》，《中国社会科学》2005年第3期。

［95］汪明峰：《中国城市首位度的省际差异研究》，《现代城市研究》2001年第3期。

［96］王海宁、陈媛媛：《产业集聚效应与地区工资差异研究》，《经济评论》2010年第5期。

［97］王宏：《工资增长、地区分布与劳动生产率的影响因素》，《改革》2014年第2期。

［98］王际宇、易丹辉、郭丽环：《中国新型城镇化指标体系构建与评价研究》，《现代管理科学》2015年第6期。

［99］王家庭：《城市首位度与区域经济增长——基于24个省区面板数据的实证研究》，《经济问题探索》2012年第5期。

［100］王建国、李实：《大城市的农民工工资水平高吗？》，《管理世界》2015年第1期。

［101］王建康、谷国锋、姚丽、陈园园：《中国新型城镇化的空间格局演变及影响因素分析——基于285个地级市的面板数据》，《地理科学》2016年第1期。

［102］王俊、李佐军：《拥挤效应、经济增长与最优城市规模》，《中国人口·资源与环境》2014年第7期。

［103］王小鲁：《中国经济增长的可持续性与制度变革》，《经济研究》2000年第7期。

［104］王新越、秦素贞、吴宁宁：《新型城镇化的内涵、测度及其区域差异研究》，《地域研究与开发》2014年第4期。

［105］王馨：《区域城市首位度与经济增长关系研究》，硕士学位论文，天津大学，2003。

［106］王铮、毛可晶、刘筱、赵晶媛、谢书玲：《高技术产业聚集区形成的区位因子分析》，《地理学报》2005年第4期。

［107］卫言：《四川省新型城镇化水平及指标体系构建研究》，硕士学位论

文，四川师范大学，2012。

[108] 魏后凯：《外商直接投资对中国区域经济增长的影响》，《经济研究》2002年第4期。

[109] 魏后凯：《中国城镇化进程中两极化倾向与规模格局重构》，《中国工业经济》2014年第3期。

[110] 魏下海、张建武、赵秋运：《中国工资差距从何而来——来自202个地级市面板数据的发现》，《中国劳动经济学》2011年第1期。

[111] 文东伟、冼国明：《中国制造业产业集聚的程度及其演变趋势：1998~2009年》，《世界经济》2014年第3期。

[112] 吴福象、刘志彪：《城市化群落驱动经济增长的机制研究——来自长三角16个城市的经验证据》，《经济研究》2008年第11期。

[113] 吴建新：《中国工业劳动生产率分解及其对地区收入差距的影响研究》，《当代财经》2010年第11期。

[114] 吴江、王斌、申丽娟：《中国新型城镇化进程中的地方政府行为研究》，《中国行政管理》2009年第3期。

[115] 吴玉鸣：《空间计量经济模型在省域研发与创新中的应用研究》，《数量经济技术经济研究》2006年第5期。

[116] 肖金成：《实施新型城镇化战略：农民工是主体》，《中国经济时报》2013年12月16日。

[117] 肖小龙、姚慧琴：《中国城市群生产率变迁及差异性考察》，《当代经济科学》2013年第6期。

[118] 谢德体：《关于以工业化理念和力度推进我国农业现代化的建议》，《团结》2013年第2期。

[119] 谢品、李良智、赵立昌：《江西省制造业产业集聚、地区专业化与经济增长实证研究》，《经济地理》2013年第6期。

[120] 谢英彦：《略论近代以来的地理环境决定论与史学研究》，《开放时代》2000年第11期。

[121] 谢长青、范剑勇：《市场潜能、外来人口对区域工资的影响实证分析——以东西部地区差距为视角》，《上海财经大学学报》2012年第14期。

[122] 徐辉、陈芳、张明如：《农民工资性收入与城镇化关系实证研究》，

《长江大学学报》（自然科学版）2015年第12期。

［123］徐君、高厚宾、王育红：《新型工业化、信息化、新型城镇化、农业现代化互动耦合机理研究》，《现代管理科学》2013年第9期。

［124］徐敏、张小林：《金融集聚、产业结构升级与城乡居民收入差距》，《金融论坛》2014年第12期。

［125］徐维祥、唐根年：《浙江区域块状经济在城镇化进程中的运行绩效分析》，《经济地理》2004年第10期。

［126］徐学强：《近年来珠江三角洲城镇发展特征分析》，《地理科学》1989年第3期。

［127］徐长生、周志鹏：《城市首位度对不同产业发展的空间溢出效应——基于空间面板德宾模型的分析》，《贵州财经大学学报》2014年第4期。

［128］许庆明、胡晨光、刘道学：《城市群人口集聚梯度与产业结构优化升级——中国长三角地区与日本、韩国的比较》，《中国人口科学》2015年第1期。

［129］薛继亮：《技术选择与产业结构转型升级》，《产业经济研究》2013年第6期。

［130］薛俊菲、陈雯、张蕾：《中国市域综合城市化水平测度与空间格局研究》，《经济地理》2010年第2期。

［131］薛颖慧、薛澜：《试析我国高等教育的空间分布特点》，《高等教育研究》2002年第4期。

［132］亚当·斯密：《国民财富的性质和原因的研究》，商务印书馆，1964。

［133］亚当·斯密：《国民财富的性质及其原因的研究》，郭大力、王亚南译，商务印书馆，2002。

［134］严重敏、宁越敏：《我国城镇人口发展变化特征初探》，华东师范大学出版社，1981。

［135］杨继东、江艇：《中国企业生产率差距与工资差距——基于1999~2007年工业企业数据的分析》，《经济研究》2012年第S2期。

［136］杨仁发：《产业集聚与地区工资差距——基于我国269个城市的实证研究》，《管理世界》2013年第8期。

[137] 杨文举：《技术效率、技术进步、资本深化与经济增长：基于 DEA 的经验分析》，《世界经济》2006 年第 5 期。

[138] 杨艳玲：《劳动力流动与地区间工资差距》，《中国人力资源社会保障》2015 年第 5 期。

[139] 杨志诚：《浅议影响产业劳动生产率的因素及"三化"协调发展》，《科技广场》2014 年第 10 期。

[140] 姚先国、曾国华：《劳动力成本对地区劳动生产率的影响研究》，《浙江大学学报》（人文社会科学版）2012 年第 5 期。

[141] 叶援：《我国建筑业劳动生产率的实证分析》，《山东建筑工程学院学报》2004 年第 1 期。

[142] 于凌云：《教育投入比与地区经济增长差异》，《经济研究》2008 年第 10 期。

[143] 于燕：《新型城镇化发展的影响因素——基于省级面板数据》，《财经科学》2015 年第 2 期。

[144] 余冬筠、郑莉峰：《产业集聚、创新集聚与城市经济动力——来自长三角的证据》，《华东经济管理》2013 年第 3 期。

[145] 余吉祥、周光霞、段玉彬：《中国城市规模分布的演进趋势演进——基于全国人口普查数据》，《人口与经济》2013 年第 2 期。

[146] 张超：《城市体系视角下长三角工业空间集聚与转型研究》，《城市发展研究》2008 年第 2 期。

[147] 张建红等：《中国地区工资水平差异的影响因素分析》，《经济研究》2006 年第 10 期。

[148] 张军、刘晓峰：《工资与劳动生产率的关联：模式与解释》，《哈尔滨工业大学学报》（社会科学版）2012 年第 2 期。

[149] 张军、吴桂英、张吉鹏：《中国省际物质资本存量估算：1952～2000》，《经济研究》2004 年第 10 期。

[150] 张丽琴、陈烈：《新型城镇化影响因素的实证研究——以河北省为例》，《中央财经大学学报》2013 年第 12 期。

[151] 张培刚：《发展经济的非经济因素与政府作用》，《管理与财富》2001 年第 8 期。

[152] 张文武、梁琦：《劳动地理集中、产业空间与地区收入差距》，《经

济学》（季刊）2011年第1期。

[153] 张雪玲、叶露迪：《新型城镇化发展质量提升创新驱动因素的实证分析》，《统计与决策》2017年第9期。

[154] 张艳华、李秉龙：《人力资本对农民非农收入影响的实证分析》，《中国农村观察》2006年第6期。

[155] 张玉明、李凯：《基于空间知识溢出的经济增长模型》，《东北大学学报》（自然科学版）2008年第2期。

[156] 张云飞：《城市群内产业集聚与经济增长关系的实证研究——基于面板数据的分析》，《经济地理》2014年第1期。

[157] 张占仓：《河南省新型城镇化战略研究》，《经济地理》2010年第9期。

[158] 张志强：《聚集经济与中国城市经济增长——基于动态面板数据的实证研究》，《南京社会科学》2010年第10期。

[159] 章元、刘修岩：《聚集经济与经济增长：来自中国的经验证据》，《世界经济》2008年第3期。

[160] 赵春明、贺彩银：《贸易开放对我国城镇化进程影响的理论机制与实证分析——基于劳动力流动视角》，《新视野》2016年第5期。

[161] 赵大伟：《产业集聚推动新型城镇化建设的机理研究》，《时代金融》2015年第27期。

[162] 赵宏斌、刘念才等：《我国高校的区域分布研究：基于人口、GDP的视角》，《高等教育研究》2007年第28期。

[163] 赵维良、韩增林：《从城市首位度到网络中心性——城市规模分布的关系视角》，《城市发展研究》2015年第22期。

[164] 赵文军：《我国省区劳动生产率的变化特征及其成因：1990～2012》，《经济学家》2015年第6期。

[165] 赵颖：《中小城市国模分布如何影响劳动者工资收入？》，《数量经济技术经济研究》2013年第11期。

[166] 赵永平、徐盈之：《新型城镇化发展水平综合测度与驱动机制研究——基于我国省际2000～2011年的经验分析》，《中国地质大学学报》（社会科学版）2014年第1期。

[167] 赵永平：《新型城镇化、集聚经济与劳动生产率》，《山西财经大学

学报》2016 年第 8 期。

[168] 赵勇：《国外城市群形成机制研究述评》，《城市问题》2009 年第 8 期。

[169] 周一星、史育龙：《我国入世后城市发展的战略分析》，《地理学报》1995 年第 4 期。

[170] 周一星：《城市地理学》，商务印书馆，2003。

[171] 周玉龙、孙久文：《产业发展从人口集聚中受益了吗——基于 2005～2011 年城市面板数据的经验研究》，《中国经济问题》2015 年第 2 期。

[172] 周志鹏、徐长生：《龙头带动还是均衡发展——城市首位度与经济增长的空间计量分析》，《经济经纬》2014 年第 5 期。

[173] 朱江丽：《开放经济视角下产业集聚与城市规模增长》，《南大商学评论》2012 年第 21 期。

[174] 踪家峰、周亮：《大城市支付了更高的工资吗?》，《经济学》（季刊）2015 年第 14 期。

[175] A. D. & Iacute, Azbautista, "Agglomeration Economies, Economic Growth and the New Economic Geography in Mexico," Working paper, *Urban/regional*, 2005, 1: 57-79.

[176] Ades, A., & Glaeser., "Urban Trends and Economic Development in China: Geography Matters!" *Current Urban Studies* (1995).

[177] Acemogl, D., S. Johnson, "Unbundling institutions," *Journal of Political Economy*, 2005, 113 (5): 949-995.

[178] Aghion, P., Peter Howitt, *Endogenous Growth Theory* (The MIT Press, 1998).

[179] Amiti, M. "New Trade Theories and Industrial Location in the EU: A Survey of Evidence," *Oxford Review of Economic Policy*, 1998, 14 (2): 45-53.

[180] Auty, R. M., *Sustaining Development in Mineral Economies: The Resource Curse Thesis* (Routledge, 1993).

[181] Bacolod, M., B. S. Blum, and W. C. Strange, "Skills and the City," *Journal of Urban Economics*, 2009, 65: 136-153.

[182] Bacolod, M., B. S. Blum, and W. C. Strange, "Elements of Skill: Traits,

Intelligences, Education, and Agglomeration," *Journal of Regional Science*, 2010, 50 (1): 245 – 280.

[183] Bandyopadhyay, S., E. Green, "Urbanization and Mortality Decline," *Journal of Regional Science* 25 (2013).

[184] Bayer, C., Falko Juessen, "On the Dynamics of Interstate Migration: Migration Costs and Self-selection," *Review of Economic Dynamics*, 2012, 15 (3): 377 – 401.

[185] Bode, E. "Productivity Effects of Agglomeration Externalities," *Research Gate/ifw-kiel. de* (2004).

[186] Brülhart, M., N. A. Mathys, "Sectoral Agglomeration Economics in a Panel of European Regions," *Regional Science and Urban Economics*, 2008, 38 (4): 348 – 362.

[187] Baum-Snow, N., R. Pavan, "Inequality and City Size," *Review of Economics and Statistics*, 2013, 95 (5): 1535 – 1548.

[188] Baum-Snow, N., R. Pavan, "Understanding the City Size Wage Gap," *The Review of Economic studies*, 2012, 79 (1): 88 – 127.

[189] Carlino, A., S. Chatterjee, R. M. Hunt, "Urban density and the Rate of Invention," *Journal of Urban Economics*, 2007, 61 (3): 389 – 419.

[190] Carraway, R. L., Thomas L. Morin, Herbert Moskowitz, "Multicriteria Dynamic Programming: What to Do in the Absence of Monotonicity," *Decision and Control*, 1985 24th IEEE Conference on.

[191] Ciccone, A., "Agglomeration Effects in Europe," *European Review*, 2002, 46 (2): 213 – 227.

[192] Ciccone, A., R. E. Hall, "Productivity and the Density of Economic Activity," *American Economic Review*, 1996, 86 (1): 54 – 70.

[193] Combes, P. P., G. Duranton, L. Gobillon, "Spatial Wage Disparities: Sorting Matters!" *Journal of Urban Economics*, 2008, 63 (2): 723 – 742.

[194] Combes, P. P., G. Duranton, L. Gobillon, S. Roux, "Sorting and Local Wage and Skill Distributions in France," *Regional Science & Uran Economics*, 2012, 42 (6): 913 – 930.

[195] Combes, P. P., G. Duranton, L. Gobillon, D. Puga, S. Roux, "The Pro-

ductivity Advantages of Large Cities: Distinguishing Agglomeration from Firm Selection," *Econometrica*, 2012, 80 (6): 2543 - 2594.

[196] Combes, P. P. , S. Démurger, Li Shi, "Urbanisation and Migration Externalities in China," *McGraw-Hill* 108 (2013): 349 - 362.

[197] David, P. , L. Keely, "The Endogenous Formation of Scientific research Coalitions," *Economics of Innovation & New Technology*, 2003, (12) 1: 93 - 116.

[198] Diamond, J. , *Guns, Germs, and Steel: The Fates of Human Societies* (W. W. Norton, 1997).

[199] Dunning, J. H. , *Explaining International Production* (Boston: Unwin Hyman, 1988).

[200] Dunning, J. H. , " The Determinants of International Production," Oxford Economic Papers, 1973 (30): 289 ~ 336.

[201] Dunning, J. H. , "Trade, Location of Economic Activity and the MNE: A Search for an Eclectic Approach, " in Ohlin, B. , P. O. Hesselnorn and P. J. Wijkman (eds.), The International Allocation of Economic Activity, MacMillan, London, 1977.

[202] Ellison, G. , E. L. Glaeser, "Geographic Concentration in U. S. Manufacturing Industries: A Dartboard Approach," *Journal of Political Economy*, 1997, 105 (5): 889 - 927.

[203] Engelbrecht, H. J. , "International R&D spillovers, human capital and productivity in OECD economies: an empirical investigation," *European Economic Review*, 1997, 41 (8): 1479 - 1488.

[204] Esteban, J. , F. Cabria, E. Rollán, R. Fernándezroblas, I. Gadea, "Ch-aracterization of Rapidly Growing Mycobacteria Using a Commercial Identification System," *European Journal of Clinical Microbiology & Infectious Diseases*, 2000, 19 (1): 73 - 75.

[205] Fingleton, B. , "Beyond Neoclassical Orthodoxy: A View Based on the New Economic Geography and UK Regional Wage Data," *Papers in Regional Science*, 2005, 84 (3): 351 - 375.

[206] Fujita, M. , J. F. Thisse, "Economics of Agglomeration: Cities, In-

dustrial Location, and Regional Growth," *University Avenue Undergraduate Journal of Economics*, 2002.

[207] Fujita, M., J. F. Thisse, *Economics of Agglomeration: Cities, Industrial Location, and Regional Growth* (Cambridge University Press, 2002: 89 – 93).

[208] Fu. S., S. Ross, "Wage Premia in Employment Clusters: How Important Is Worker Heterogeneity?" *Human Capital and Economic Opportunity Working Group, Economic Research Center, University of Chicago*, Working Paper No: 2011 – 2027.

[209] Glaeser, E. L., J. E. Kohlhase, "Cities, Regions and the Decline of Transport Costs," *Papers in Regional Science*, 2004, 83 (1): 197 – 228.

[210] Glaeser, E. L., M. G. Resseger, "The Complementarity between Cities and Skills," *Journal of Regional Science*, 2010, 50 (1): 221 – 244.

[211] Glaeser, E. L., D. C. Mare, "Cities and Skills," *Journal of Labor Economics*, 2001, 19 (2): 316 – 342.

[212] Hall, A., "Capacity Development for Agricultural Biotechnology in Developing Countries: an Innovation Systems View of What It Is and How to Develop It," *Journal of International Development*, 2005, 17 (5): 611 – 630.

[213] Hall, R. E., C. I. Jones, "Why Do Some Countries Produce so Much Morn Output per Worker than Others," *Quarterly Journal of Economics*, 1999, 114 (1): 83 – 116.

[214] Henderson, D. J., R. R. Russell, "Human Capital and Convergence: A Production-Frontier Approach," *International Economic Review*, 2005, 46 (4): 1167 – 1205.

[215] Henderson, J. V. "Marshall's scale economies," *Journal of urban Economics*, 2003, 53 (1): 1 – 28.

[216] Holz, C. A., "New Capital Estimates for China," *China Economic Review*, 2006, 17 (2): 142 – 185.

[217] Hoover, E., *The Location of Economic Activity* (McGraw-Hill Book Company, 1948).

[218] Jefferson, M., "The Law of the Primate City," *The Geographical Re-

view, 1939, 29 (2): 226 - 232.

[219] Jos'e et al., "Provincial Disparities in Post-reform China," *China & World Economy*, 2010, 18 (2): 73 - 95.

[220] Krashinsky, H., "Urban Agglomeration, Wages and Selection: Evidence from Samples of Siblings," *Labour Economics*, 2011, 18 (1): 79 - 92.

[221] Kumar, S., R. Russell, "Technological Change, Technological Catch-Up and Capital Deepening Relative Contributions to Growth and Convergence," *American Economic Review*, 2002, 92 (3): 527 - 548.

[222] Krugman, P., "Increasing Returns and Economic Geography," *Journal of Political Economy*, 1991, 99 (3): 483 - 499.

[223] Lipton, S. G., "Evidence of Central City Revival," *Journal of the American Insitute of Planners*, 1977, 43 (2): 136 - 147.

[224] Lewis, W. A., "Economic Development with Unlimited Supplies of Labor," Manchester School of Economic and Social Studies 22 (1954): 139 - 191.

[225] Lucas, R. E., "On the Mechanics of Economic Development," *Journal of Monetary Economics*, 1988, 22 (1): 3 - 42.

[226] Marshall, J. U., *The Structure of Urban Systems* (University of Toronto Press, 1989).

[227] Martínez-Galarraga, J., E. Paluzie, J. Pons, D. A. Tirado-Fabregat, "Agglomeration and Labour Productivity in Spain over the Long Term," *Cliometrica*, 2008, 2 (3): 195 - 212.

[228] Mion, G., P. Naticchion, "Urbanization Externalities, Market Potential and Spatial Sorting of Skills and Firms," *CEPR Discussion Paper*, 2005: 5172.

[229] Moretti, E., "Local Labor Markets," http://www.nber.org/papers/w15947 (2010.4).

[230] North, D., *Institutions, Institutional Change and Economic Performance* (Cambridge University Press, 1990).

[231] Pesrson, T., G. Tabellini, "Constitutional rules and fiscal policy out-

comes," *American Economic Review*, 2006, 94 (1): 25 – 45.

[232] Pietrobelli, C., T. O. Barrera, "Enterprise clusters and industrial districts in Colombia's fashion sector," *European Planning Studies*, 2002, 10 (5): 541 – 562.

[233] Robert, J. Barro., Xavier Sala-i-Martin., *Economic Growth* (The MIT Press, Cambridge, Massachusetts, London, England, 2004).

[234] Serda, A., *The Basic Principle of Urbanization* (London: Macmillan, 1867), pp. 51 – 54.

[235] Smith, A., *An Inquiry into the Nature and Causes of Wealth of Nations* (Indianapolis Liberty Fund, 1776).

[236] Solow, R. M., "Technical Change and the Aggregate Production Function," *The Review of Economics and Statistics*, 1957, 39 (3): 312 – 320.

[237] Sveikauskas, L., "The Productivity of Cities," *Quarterly Journal of Economics*, 1975, 89 (3): 393 – 413.

[238] Tabuchi, T., A. Yoshida, "Separating Agglomeration Economies in Consumption and Production," *Journal of Urban Economics*, 2000, 48 (1): 70 – 84.

[239] Thomas, L., "City – size distribution and the size of urban systems," Environment and Planning 1 (1985): 905 – 913.

[240] Usai, S., R. Paci, "Externalities and Local Economic Growth in Manufacturing Industries," *Working Paper Crenos* (2001): 293 – 321.

[241] Wheeler, C. H., "Cities and the Growth of Wages among Young Workers: Evidence from the NLSY," *Journal of Urban Economics*, 2006, 60 (2): 162 – 184.

[242] Yankow, J. J., "Why do Cities Pay More? An Empirical Examination of Some Competing Theories of the Urban Wage Premium," *Journal of Urban Economics*, 2006, 60 (2): 139 – 161.

[243] Zipf, G. K., *Human Behavior and the Principle of Least Effort: An introduction to human ecology* (Addison-Wesley, 1949).

后　记

城市是人类最重要的发明，观察城市自然也是理解社会发展和人们生活状态的良好视角。但不同的人观察城市的初衷不同，自然也就有了不同的感受和结论。越是贫穷的人越向往城市，因为对他们而言，城市和乡村代表现代和传统、富裕和贫穷、舒适和艰难两类完全不同的生活。但是否越大的城市就有越好的工作，从而带来越高的工资和收入？即使从表象上来看大城市吸引了更多的人流入，但城市规模与工资水平之间的关系可能不是一个能够简单回答的问题。

为从理论上讨论我国新型城镇化进程中产业分布与工资水平的结构及其对城镇化的作用机制，河南大学"制度变迁与经济发展"哲学社会科学创新团队基于此主题进行了设计，并进行了一些尝试性的研究，以"产业空间分布、地区间工资差异与我国新型城镇化研究"为题于2015年申请国家哲学社会科学基金并获得一般立项。课题组围绕这一主题进行了一系列的研究工作，并培养了两届西方经济学专业的硕士研究生，朱林青、张金召、韩敏敏、王晓丹、赵舒莹分别参与撰写了第二章、第三章、第四章、第五章和第六章的主要内容，博士生石琳琳参与了第七章的写作。陈超然通读了全文，调整了部分图表问题，订正了参考文献。

本书的出版得到了河南大学经济学院出版基金的慷慨资助，谨致谢忱！社会科学文献出版社经济与管理分社陈凤玲主任和田康编辑高效的工作和认真负责的态度令我们深受感动，感谢他们在本书出版中的辛勤付出。我们希望本书能够为本主题相关研究提供有价值的参考。由于资料、数据以及自身研究能力的限制，本书难免存在诸多不足，希望同行指教和批评。

李恒
2018年7月于开封

图书在版编目(CIP)数据

产业空间分布、地区间工资差异与我国新型城镇化研究 / 李恒著. -- 北京：社会科学文献出版社，2018.10
（河南大学经济学学术文库）
ISBN 978 - 7 - 5201 - 3052 - 3

Ⅰ.①产… Ⅱ.①李… Ⅲ.①产业发展 - 影响 - 城市化 - 研究 - 中国 ②工资制度 - 影响 - 城市化 - 研究 - 中国 Ⅳ.①F299.21

中国版本图书馆 CIP 数据核字（2018）第 155239 号

河南大学经济学学术文库
产业空间分布、地区间工资差异与我国新型城镇化研究

著　　者 / 李　恒

出 版 人 / 谢寿光
项目统筹 / 恽　薇　　陈凤玲
责任编辑 / 田　康　　李蓉蓉

出　　版 / 社会科学文献出版社·经济与管理分社（010）59367226
　　　　　　地址：北京市北三环中路甲 29 号院华龙大厦　邮编：100029
　　　　　　网址：www.ssap.com.cn

发　　行 / 市场营销中心（010）59367081　59367018
印　　装 / 三河市龙林印务有限公司

规　　格 / 开　本：787mm × 1092mm　1/16
　　　　　　印　张：14　字　数：227 千字

版　　次 / 2018 年 10 月第 1 版　2018 年 10 月第 1 次印刷
书　　号 / ISBN 978 - 7 - 5201 - 3052 - 3
定　　价 / 79.00 元

本书如有印装质量问题，请与读者服务中心（010 - 59367028）联系

▲ 版权所有 翻印必究